Dagmar Macêdo

Märchenhaft wandern

Unterwegs zu sagenhaften Orten
in Ostwestfalen-Lippe

aktiv
KLARTEXT

Bildnachweis

Seite 13 oben: UlfRic16, CC BY-SA 4.0
<https://creativecommons.org/licenses/by-sa/4.0>, via Wikimedia Commons
Seite 24, 86, 92, 93, 114, 117, 126, 140, 148: Kai Lange
Seite 56: IMAGO/Zoonar
Alle übrigen Bilder stammen von der Autorin.

Bibliografische Information der Deutschen Nationalbibliothek
Die Deutsche Nationalbibliothek verzeichnet diese Publikation
in der Deutschen Nationalbibliografie; detaillierte bibliografische
Daten sind im Internet über portal.dnb.de abrufbar.

Impressum

1. Auflage September 2024
Satz und Gestaltung: Birgit Lonsdorfer
Lektorat: Kerstin Goldbach
Druck und Bindung:
AALEXX Druck Produktion, Thönser Str. 5a, 30938 Burgwedel
Umschlaggestaltung: Guido Klütsch
Umschlagabbildung: Dagmar Macêdo
Autorinnenfoto hintere Umschlagklappe: Martina Klein
Karten: Leon Thomes/© OpenStreetMap-Mitwirkende

ISBN 978-3-8375-2612-7

KLARTEXT

Jakob Funke Medien Beteiligungs GmbH & Co. KG
Jakob-Funke-Platz 1, 45127 Essen
info.klartext@funkemedien.de
www.klartext-verlag.de

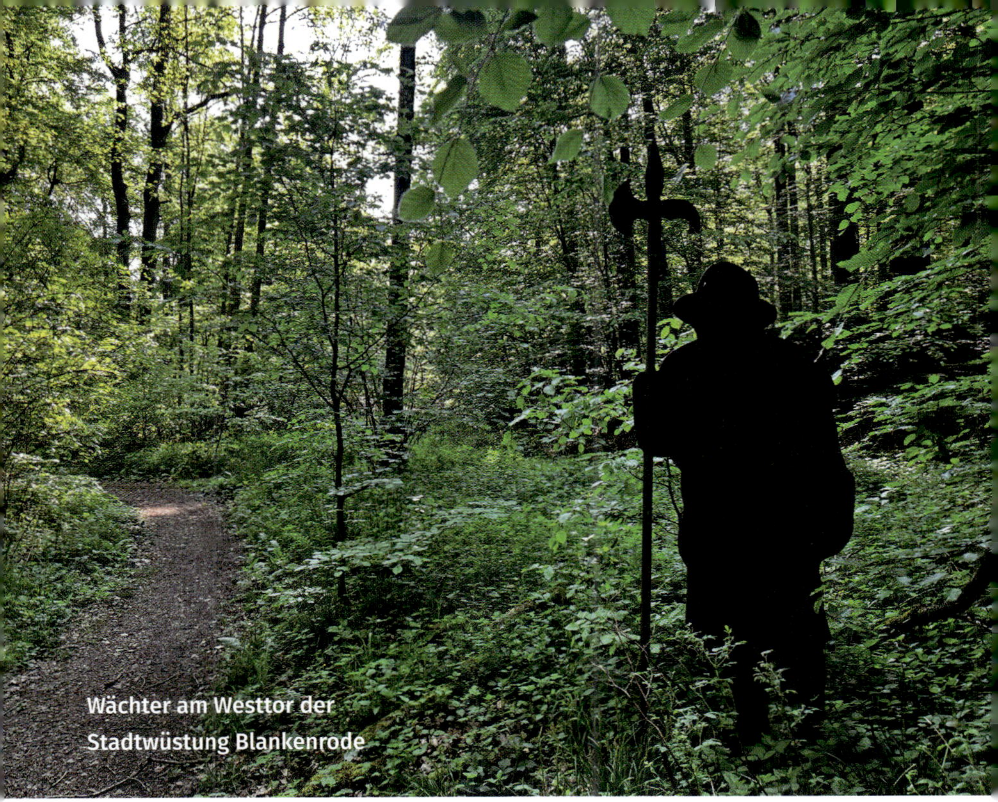

Wächter am Westtor der Stadtwüstung Blankenrode

Legende

- Startpunkt
- Zwischenziel
- Zielpunkt
- Haltestelle
- Parkplatz
- Gastronomie
- Aussichtspunkt
- Sehenswürdigkeit
- Naturerlebnis
- Freizeitspaß
- Familienfreundlich
- Fotospot
- Kulturstätte

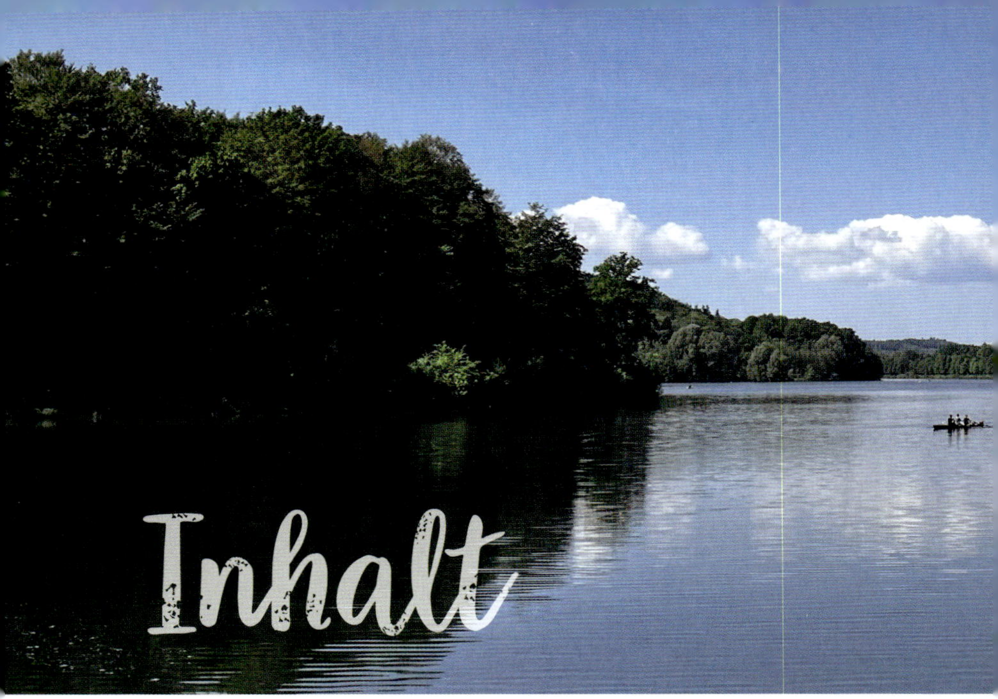

Inhalt

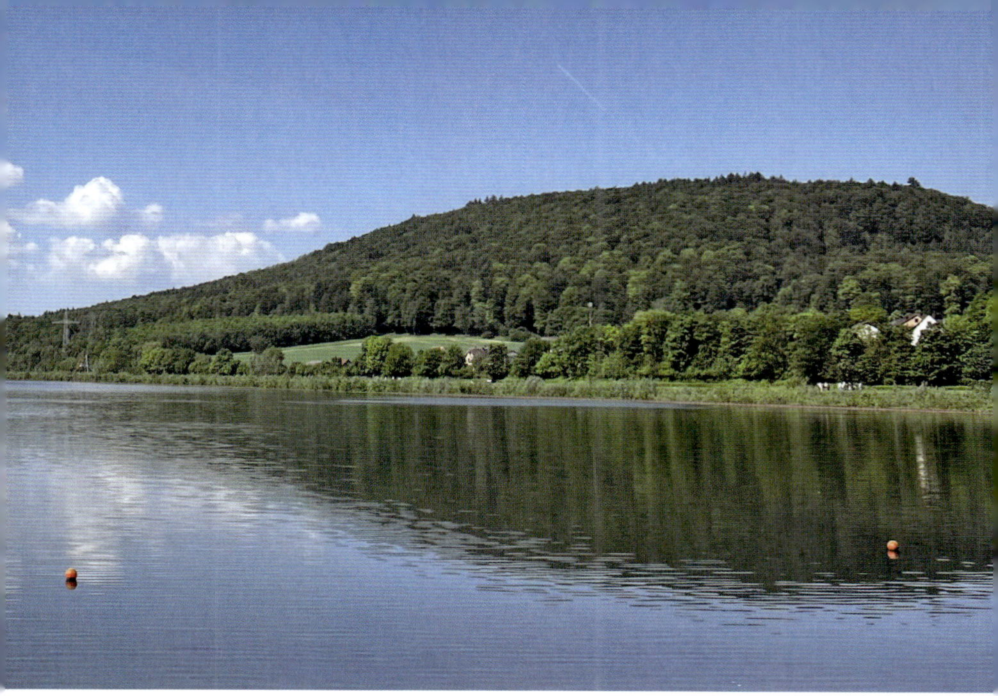

Die Touren

Tour 1 Rund um den Barenberg bei Borgholzhausen

Tour 2 Durch den Teutoburger Wald bei Bielefeld

Tour 3 In der Senner Moosheide bei Hövelhof

Tour 4 Rund um die Blankenrodener Bleikuhlen

Tour 5 Durch die Steinbeke zur Bielsteinschlucht

Tour 6 Rund um die Externsteine in Horn-Bad Meinberg

Tour 7 Im Brakeler Bergland rund um Bökendorf

Tour 8 Entlang der Weserhänge bei Höxter

Tour 9 Durch das Emmertal bei Schieder

Tour 10 Durch Schluchten und Täler im lippischen Extertal

Tour 11 Im Wesergebirge bei Porta Westfalica

Tour 12 Durch das Wiehengebirge rund um Rödinghausen

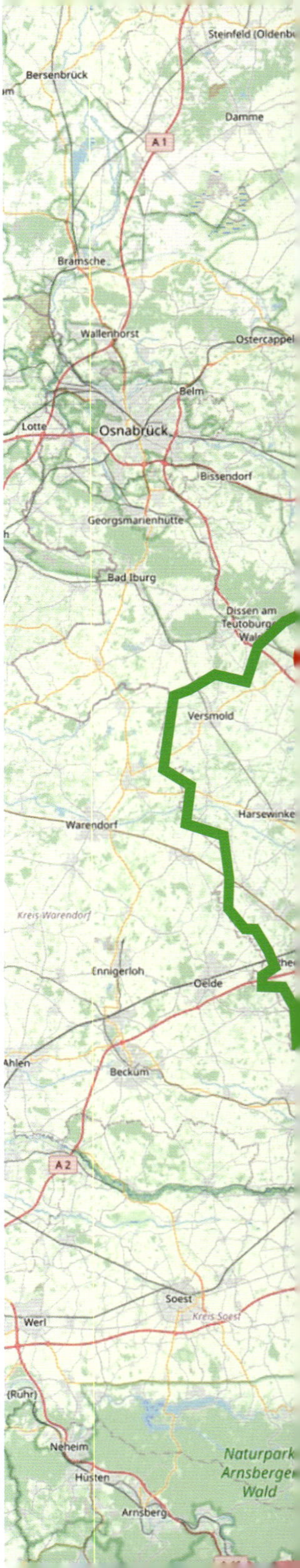

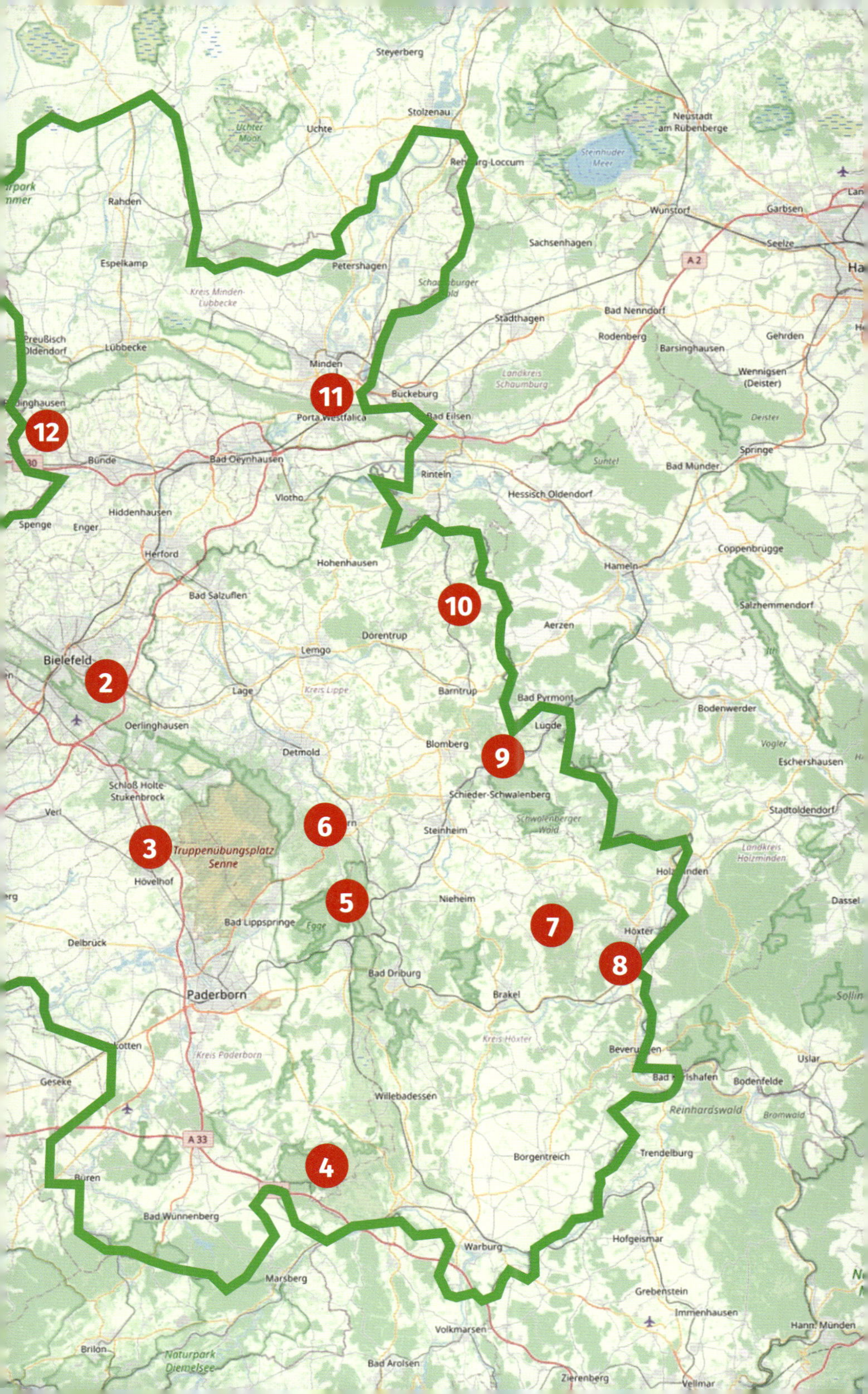

Steyerberg
Stolzenau
Uchte
Uchter Moor
Neustadt am Rübenberge
Steinhuder Meer
Rahden
Wunstorf
Garbsen
Espelkamp
Petershagen
Sachsenhagen
Seelze
A 2
Kreis Minden-Lübbecke
Stadthagen
Bad Nenndorf
Rodenberg
Barsinghausen
Gehrden
Lübbecke
Minden
Bückeburg
Landkreis Schaumburg
Wennigsen (Deister)
Deister
Bad Eilsen
Porta Westfalica
Bünde
Bad Oeynhausen
Rinteln
Süntel
Bad Münder
Springe
Vlotho
Hiddenhausen
Hessisch Oldendorf
Spenge
Enger
Herford
Hohenhausen
Coppenbrügge
Hameln
Bad Salzuflen
Salzhemmendorf
Aerzen
Dörentrup
Lemgo
Bielefeld
Lage
Kreis Lippe
Barntrup
Bad Pyrmont
Lügde
Bodenwerder
Oerlinghausen
Blomberg
Vogler
Eschershausen
Detmold
Schloß Holte-Stukenbrock
Schieder-Schwalenberg
Schwalenberger Wald
Stadtoldendorf
Verl
Steinheim
Landkreis Holzminden
Truppenübungsplatz Senne
Hövelhof
Nieheim
Dassel
Bad Lippspringe
Egge
Höxter
Delbrück
Bad Driburg
Solling
Paderborn
Brakel
Kreis Höxter
Kreis Paderborn
Uslar
Geseke
Bodenfelde
Willebadessen
Reinhardswald
Bramwald
A 33
Trendelburg
Borgentreich
Büren
Bad Wünnenberg
Hofgeismar
Warburg
Marsberg
Grebenstein
Immenhausen
Volkmarsen
Hann. Münden
Brilon
Naturpark Diemelsee
Bad Arolsen
Zierenberg
Vellmar
2
3
4
5
6
7
8
9
10
11
12

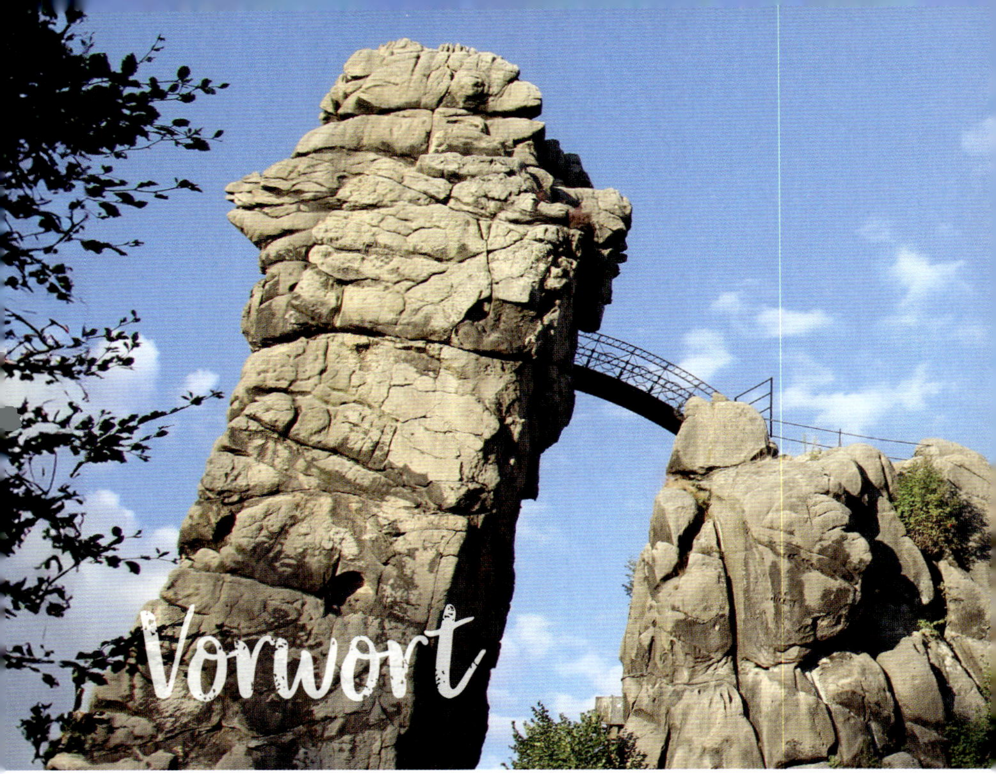

Vorwort

Märchenhaft wandern in Ostwestfalen-Lippe

Die Region im äußersten Nordosten Westfalens zwischen Wiehen-, Weser- und Eggegebirge ist bekannt als erfolgreicher und effizienter Wirtschaftsstandort. Die Menschen, die hier leben, gelten als stur, eigensinnig und nüchtern. Aber Ostwestfalen-Lippe kann auch anders: Wer sich in den Kreisen Gütersloh, Paderborn, Lippe, Höxter, Minden-Lübbecke, Herford und der kreisfreien Stadt Bielefeld auf den Weg macht, entdeckt hier nicht nur ein abwechslungsreiches und buntes Wanderparadies mit urigen Schluchten, weiten Tälern, romantischen Heideflächen, schimmernden Seen und rauschenden Wäldern, sondern auch unzählige Legenden, Sagen und Märchen. Und diese Geschichten sind so fantasievoll und fantastisch, wie man sie bei den eher wortkargen und pragmatischen Westfalen gar nicht vermuten würde.

Die Erzählungen sind geprägt von der Landschaft, besonders vom Teutoburger Wald, und stammen aus einer Zeit, als der „Teuto“ noch

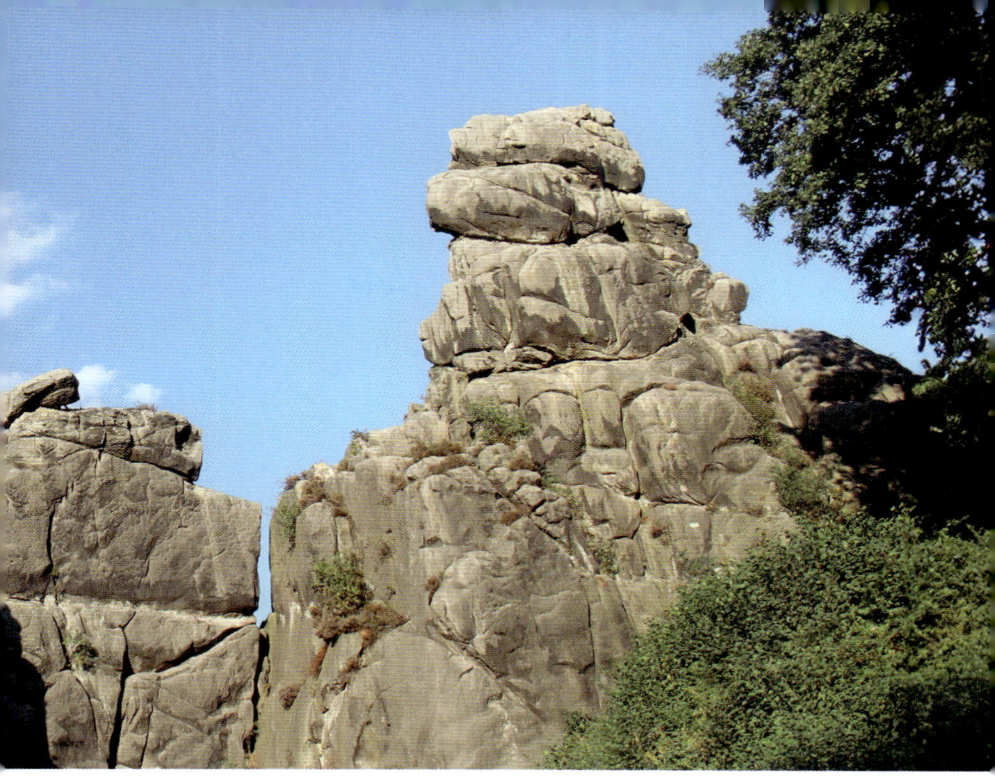

schwer umkämpft war und es Ostwestfalen-Lippe noch nicht gab. Viele der Sagen ranken sich um den Sachsenherzog Widukind, der erbitterte Gefechte mit seinem Widersacher Karl dem Großen führte, oder um Arminius, den Cheruskerfürsten, der die römischen Truppen besiegte. Doch abseits dieser bekannten Heldengeschichten gibt es einen großen Schatz an unbekannten, fast vergessenen Sagen. Auf ruhigen, naturnahen Touren durch diese zauberhafte Region erwachen sie zum Leben.

Und nun wünsche ich euch ein märchenhaftes Eintauchen in die wunderschöne Natur und die spannenden Geschichten Ostwestfalen-Lippes, die sich so oder so ähnlich einmal am Wegesrand zugetragen haben sollen – wobei ich hier und da auch etwas dazugedichtet oder leicht abgewandelt habe.

Dagmar Macêdo

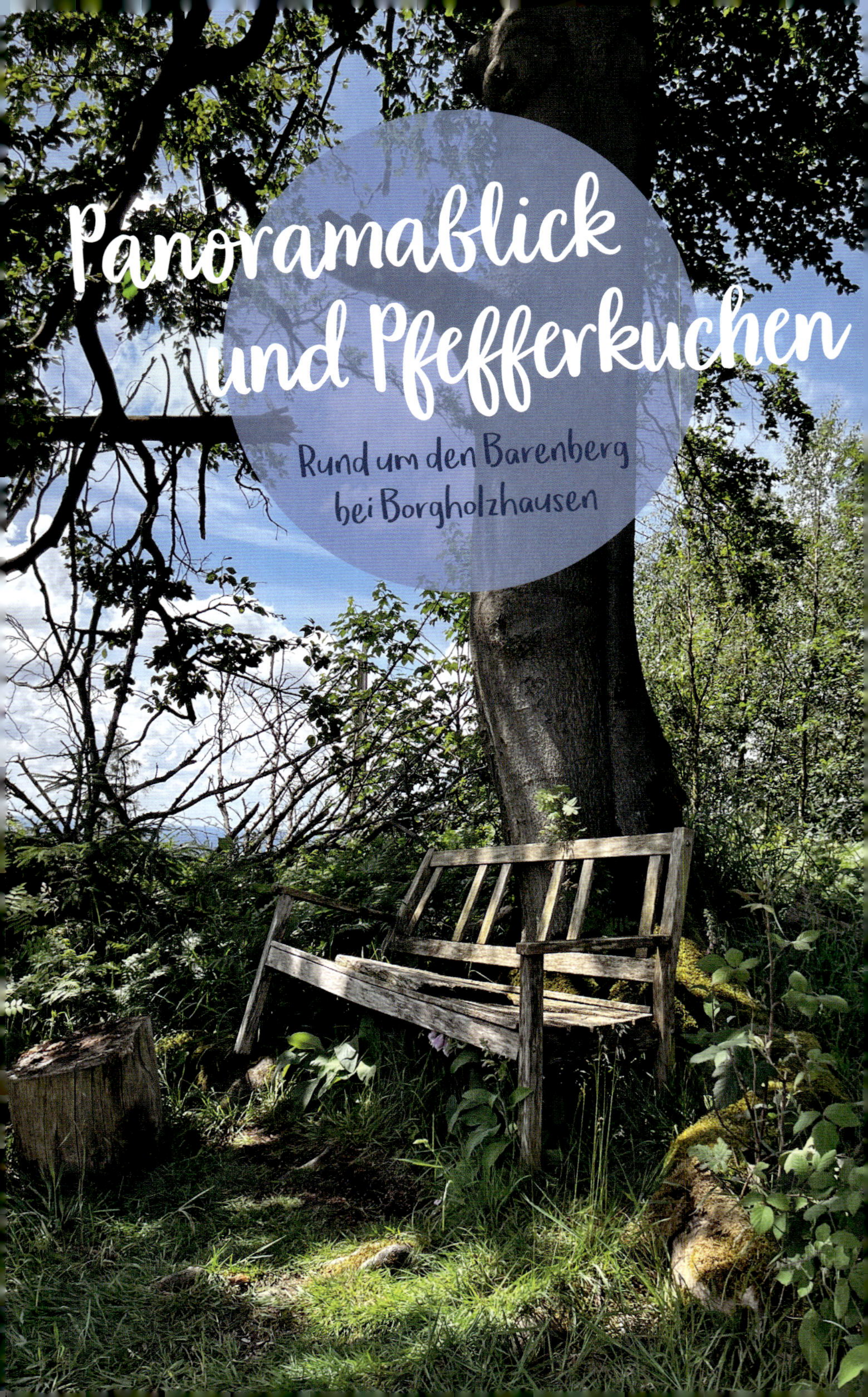

Panoramablick und Pfefferkuchen

Rund um den Barenberg bei Borgholzhausen

Diese Wanderung hat alles, was ein kleiner Kurzurlaub braucht: einen rauschenden Wald, weite Panoramablicke, Schluchten und Täler, gemütliche Picknickmöglichkeiten, eine Gaststätte mit selbstgebackenem Kuchen sowie eine alte Burgruine mit einer bedeutenden Geschichte und einer beeindruckenden Sage. Die Wanderung führt einmal um den Barenberg herum und endet auf der Ravensburg. Verlängert werden kann die Tour durch einen Abstecher ins Zentrum der Lebkuchenstadt Borgholzhausen. Der Burg-Ravensberg-Weg ist als Qualitätsweg vom Deutschen Wanderverein ausgezeichnet.

Tour 1

2:50 Std. | 8 km | 160 m

Start/Ziel: Wanderparkplatz Clever Schlucht, 33829 Borgholzhausen
Wegbeschaffenheit: hauptsächlich Wald-, Gras- und Schotterwege, ein wenig Asphalt
Parken: am Wanderparkplatz
Anreise mit ÖPNV: Bahnhof Borgholzhausen
Besonderheiten: Der Bahnhof Borgholzhausen liegt etwa 2,2 Kilometer westlich von der Wanderroute entfernt. Das Zentrum von Borgholzhausen befindet sich dagegen etwas nördlich der Route und kann über einen Abstecher vom Barenberg aus besucht werden. Für den Hin- und Rückweg ins Zentrum müssen 4,6 Kilometer zusätzlich eingeplant werden.

Wegbeschreibung: Die Tour startet direkt am Wanderparkplatz. Wer mit der Bahn anreist, stößt schon ein paar Meter eher auf die Wanderroute (siehe Karte) und beginnt und beendet die Tour dann dort. Auf dem schmalen Sträßchen „Clever Schlucht" macht ihr euch auf den Weg nach Norden in Richtung Siedlungshäuser. Nachdem ihr die ersten Häuser passiert habt, weist euch ein Schild nach links zur Burg Ravensberg. Diesen Hinweis ignoriert ihr allerdings und setzt eure Route zunächst unbeirrt geradeaus durch die Siedlung fort. Da euer Wanderweg quasi in Form einer Acht verläuft, werdet ihr später erneut an diesen Knotenpunkt gelangen. Nun wandert ihr erst einmal die Clever Schlucht weiter bergauf, die euch nach dem letzten Haus direkt in den Wald führt. Sanft ansteigend geht es den Barenberg hinauf. Nach etwa 400 Metern erreicht ihr eine besonders für Kinder interessante Stelle: den Erlebniswald der Clever Schlucht. An diesem Natur-Abenteuerspielplatz ist eine kleine Pause fast Pflicht.
Zurück auf der Route, könnt ihr linker Hand den Bergfried der Burg Ravensberg in der Ferne aus dem Blätterdach blitzen sehen. Ihr wandert weiter geradeaus, bis ihr an ein Wasserwerk stoßt, dort wendet ihr euch nach rechts auf den Kammweg.

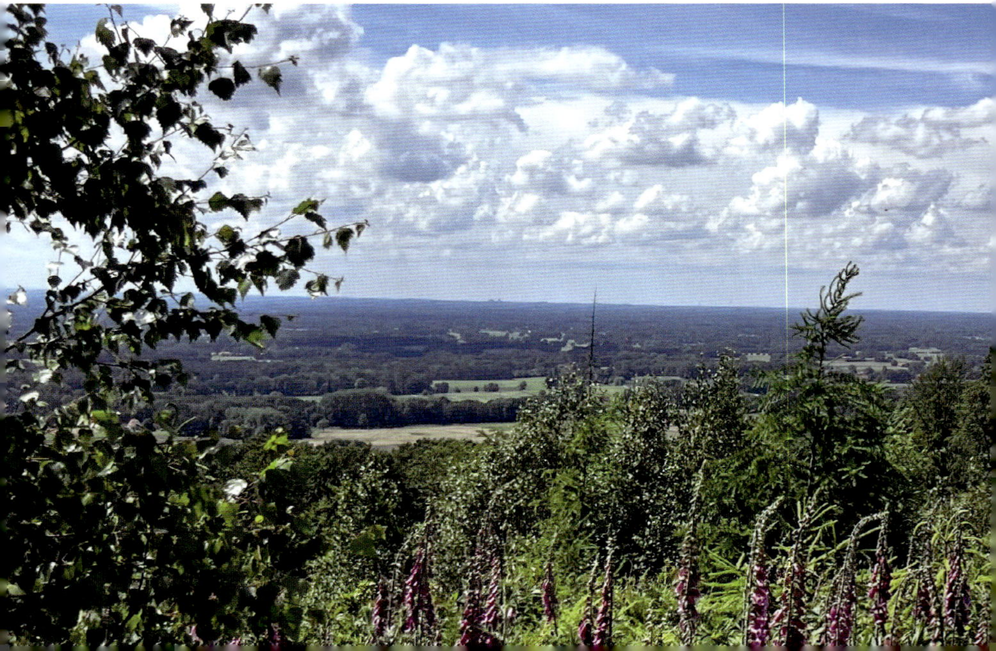

Tipp

Auf Saurierspuren

Direkt neben dem Ladencafé Schulze in Borgholzhausen befindet sich das Kultur- und Heimathaus Borgholzhausen in einem denkmalgeschützten Ackerbürgerhaus. Besonders interessant sind die Exponate von kreidezeitlichen Riesen-Ammoniten und die 240 Millionen Jahre alten Saurierfährten. Die Sammlung zählt zu den größten ihrer Art weltweit.

Kultur- und Heimathaus Borgholzhausen, Freistraße 25, 33829 Borgholzhausen, Tel. 05425/9559095 oder 1866, www.heimatverein-borgholzhausen.de

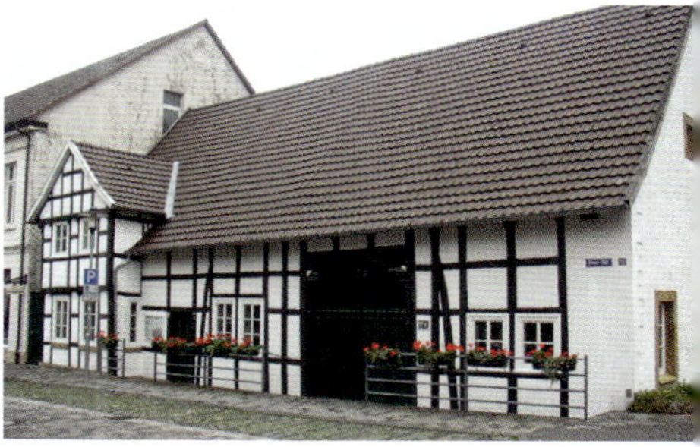

Abstecher Borgholzhausen: Wer einen Abstecher ins 2,3 Kilometer entfernte Borgholzhausen unternehmen möchte, biegt an dieser Stelle links und sofort bei nächster Gelegenheit rechts in einen schmalen Pfad ein. Ihr folgt dabei am besten den Schildern des Ent-

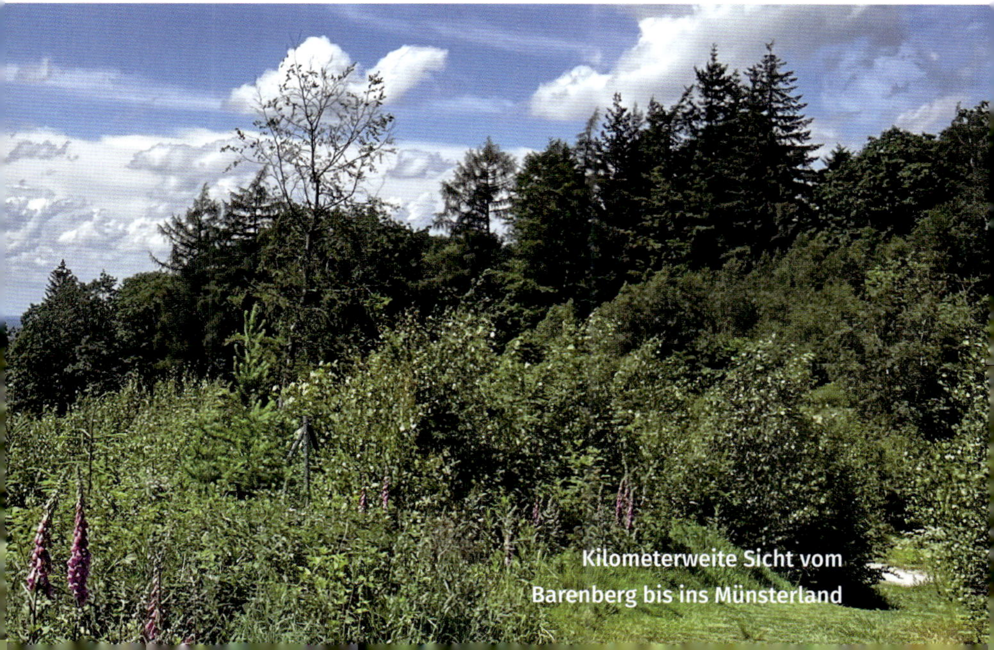

Kilometerweite Sicht vom Barenberg bis ins Münsterland

deckerwegs. Das Symbol ist ein weißer Ammonit auf rotem Grund. Die Wanderzeichen leiten euch bis ins Zentrum, an der Kirche vorbei zum Lebkuchencafé Schulze und dem nebenan gelegenen Kultur- und Heimathaus Borgholzhausen. Auf demselben Weg gelangt ihr auch wieder zurück auf den Wanderweg hier am Barenberg. Ruhig und still führt euch die Route immer weiter den Barenberg hoch. Um den höchsten Punkt des Barenbergs zu erreichen, verlasst

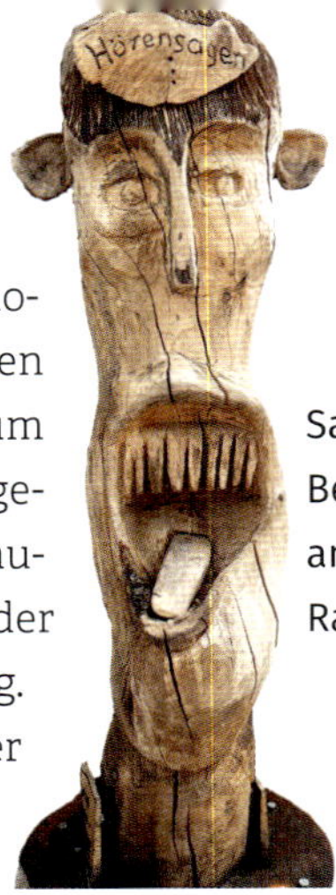

Sagenhafte Begrüßung an der Ravensburg

Tipp

Honigkuchenstadt Borgholzhausen

Borgholzhausener Honigwaren und Ravensberger Lebkuchen sind über die Grenzen Ostwestfalen-Lippes hinaus bekannt. Schon Mitte des 18. Jahrhunderts erhielt Borgholzhausen den Beinamen „Lebkuchenstadt". 1740 kamen die Honigkuchenbäcker aus dem Königreich Hannover ins preußische Borgholzhausen. Der Grund dafür war ganz einfach: Es war schwierig geworden, den Honigkuchen über die Grenzen des Hannoverschen Königreichs hinaus zu verkaufen. Komplizierte Zollbestimmungen erschwerten das Geschäft mit dem köstlichen Gebäck: Ein paar pfiffige Bäcker zogen deshalb kurzerhand mit Sack und Pack auf die andere Seite der Grenze um und entgingen so den Auflagen des Zollls. Das Beispiel machte Schule. Im Jahr 1783 hatte der kleine Ort Borgholzhausen 673 Einwohner, aber 16 Lebkuchenbäckereien, die von Borgholzhausen die Köstlichkeiten im preußischen Grenzgebiet verteilten.

Mittlerweile gibt es nur noch ein Unternehmen, das sich all die Jahre gehalten hat. Die Firma Schulze ist heute die einzige Lebkuchenbäckerei in Borgholzhausen. Im Ladencafé kann man den Honigkuchen kosten oder sich ein Souvenir mitnehmen. Heinrich Schulze Ladencafé, Freistraße 23, 333829 Borgholzhausen, Tel. 05425/4455, www.schulze-ladencafe.de

Übrigens, die Einheimischen nennen ihr Städtchen „Pium", was auf bodenständige, fromme Menschen hindeutet. Viele Gotteshäuser soll es in Borgholzhausen nämlich auch gegeben haben.

ihr nach knapp 1,5 Kilometern den breiten Wanderweg nach rechts auf einen schmalen Graspfad. Dreht euch unbedingt einmal um und genießt das malerische Panorama auf das im Tal sich erstreckende Borgholzhausen und die in der Ferne aufragende Johannisegge. Weiter auf dem Graspfad verläuft die Route an der nächsten Gabelung nach links. Hier bietet sich ein kleiner Abstecher zur Spitze des Barenbergs an. Gerade, wenn die Sonne kräftig auf den Kammweg scheint und es einem zu warm wird, lohnen sich die paar Schritte extra für ein kurzes Päuschen im Schatten. Unter einem Baum steht hier oben in 269 Meter Höhe eine kleine, etwas wackelige Bank, auf der gerade eben zwei Menschen Platz finden. Im Winter ist es hier zugig, aber im Sommer schön erfrischend – und romantisch.

Zurück auf dem Weg geht es nun sanft bergab. Der Wald wird bald wieder dichter und es dauert nicht lange, bis euer schmaler Weg auf einen breiten Schotterweg trifft, dem ihr nach rechts folgt. An der nächsten Waldwegkreuzung biegt ihr rechts auf den Hermannsweg ab. Hier erwartet euch auch eine gemütliche Schutzhütte und ein großes Waldsofa lädt zum Träumen und Waldbaden ein. Anschließend folgt ihr dem Hermannsweg, bis euch sowohl das „H“ als auch das blau-weiße Wanderzeichen des Burg-Ravensberg-Wegs nach links bis zum am Anfang erwähnten Knotenpunkt an der Straße „Clever Schlucht“ weisen.

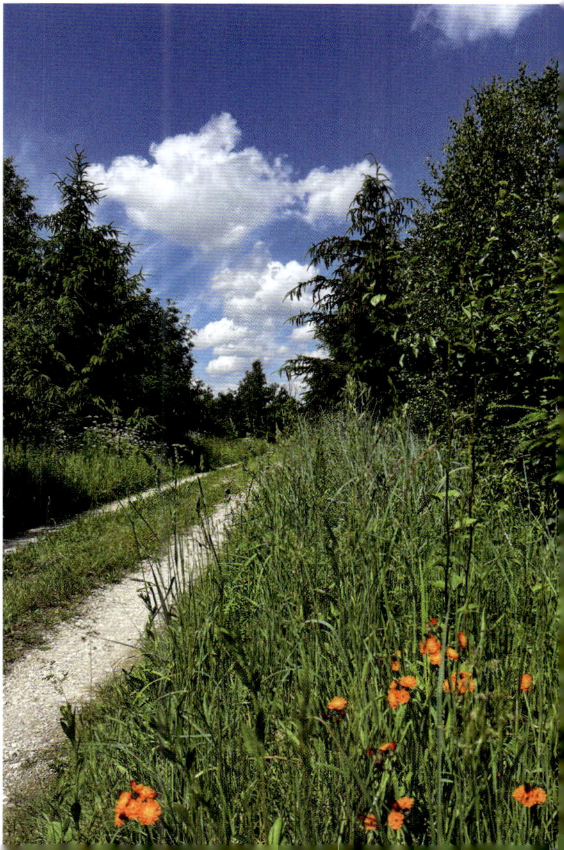

Kammweg Barenberg

Am Weg

Burg Ravensberg

Die Burg Ravensberg, auch verkürzt Ravensburg genannt, ist eine Höhenburg im Teutoburger Wald. Erbaut wurde sie um 1070 von Hermann von Calvelage. Sie war eine mächtige Wehrburg, was man heute noch an dem erhaltenen Bergfried sehen kann. Urkundlich erwähnt wird die Anlage erstmals 1141, und die von Calvelages nennen sich fortan nun Grafen von Ravensberg. Die Burg ist auch die Namenspatin für die gleichnamige Grafschaft. Ursprünglich konnte man die Anlage schon von Weitem sehen, denn der Ravensberg war damals fast kahl. Zusammen mit der Burg Sparrenberg in Bielefeld war sie die wichtigste Befestigungsanlage der Grafschaft Ravensburg. Nach dem Dreißigjährigen Krieg wurde die Burg stark beschädigt und Ende des 17. Jahrhunderts war sie so baufällig, dass sie verlassen wurde. Im 18. Jahrhundert verfiel die Anlage weiter und wurde sogar bis 1833 als Steinbruch genutzt. Als dann 1886 die Bahnstrecke des „Haller Wilhelm" fertiggestellt und das ehemalige Forsthaus zur Gaststätte umgebaut war, bekam die Burg eine neue Funktion und wurde zu einem beliebten Ausflugsziel. Die Pläne dazu lieferte Karl Friedrich Schinkel, einer der bekanntesten preußischen Baumeister.

Seit dem Zweiten Weltkrieg ist das Land Nordrhein-Westfalen Eigentümerin der Burg, und seit 2004 kümmert sich die Stiftung Ravensburg, die die gesamte Burganlage erneut restauriert und für die Öffentlichkeit wieder zugänglich gemacht hat, um den Erhalt. Zahlreiche Veranstaltungen finden auf dem Burggelände statt: von Führungen auf den 20 Meter hohen Bergfried und ins Brunnenhaus, in dem sich der 104 Meter tiefe Brunnen befindet, bis hin zu abendlichen Theatervorführungen im Open-Air-Theater oder mittelalterlichen Lagerwochenenden.

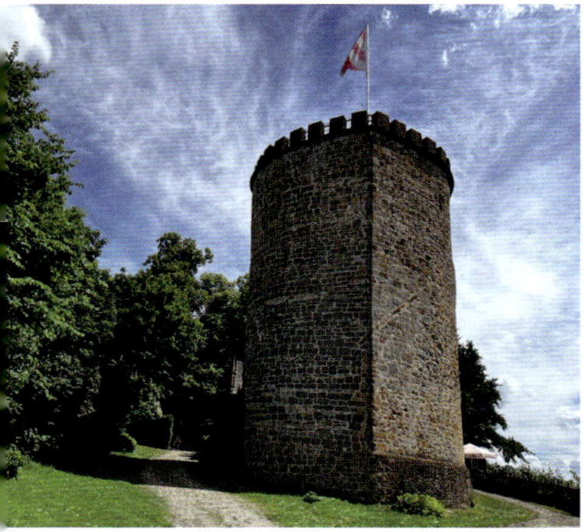

Weitere Informationen:
www.burg-ravensberg.de

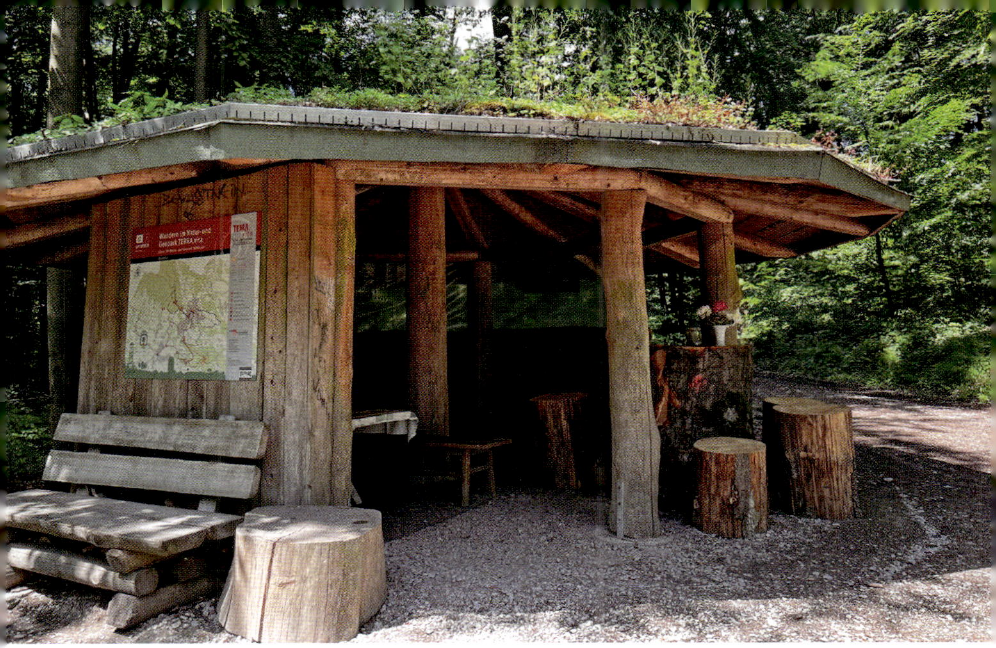

Schutzhütte am Hermannsweg

Auf der anderen Seite folgt ihr nun endlich dem Schild Burg Ravensberg, das euch am Anfang der Tour schon ins Auge gesprungen ist. Zwischen den Siedlungshäusern leitet euch der Hermannsweg bergauf, vorbei an einem kleinen Picknickplatz und geradewegs zur Ravensburg, die ihr übrigens auch auf einem schmalen Pfad einmal umrunden solltet. Im April/Mai ist dieser Abschnitt besonders schön, denn der Lerchensporn hat hier üppig einen Teppich in Violett und Weiß ausgeworfen.
Weiter geht es auf dem Hermannsweg. Diejenigen, die mit öffentlichen Verkehrsmitteln gekommen sind, kennen diesen Abschnitt schon, denn er führt sie zurück zum Bahnhof. Wer vom Wanderparkplatz gestartet ist, wendet sich nun an der Bank nach links und folgt dem schmalen Weg sanft bergab, vorbei an einer Koppel bis zur Straße „Clever Schlucht", und gelangt dann rechts wieder zum Wanderparkplatz.

Gastronomie

Restaurant Burg Ravensberg, Burg Ravensberg 1, 33829 Borgholzhausen, Tel. 05425/933544, www.burg-ravensberg.de

Die Hoffnung stirbt zuletzt

Im Brunnenhaus der Burg Ravensberg befindet sich eine in Deutschland einmalige Attraktion: ein original erhaltener Tiefbrunnen. Um das kristallklare Wasser aus 104 Metern Tiefe des Ravensbergs zu schöpfen, kommt ein Tretrad aus Holz zum Einsatz. Aufgrund der Bauweise des Brunnenschachts gilt es als gesichert, dass hier wohl erfahrene Bergmänner am Werk gewesen waren. Eine andere Geschichte, wie die Ravensburg vor über 1000 Jahren zu ihrem Brunnen in der felsigen Tiefe kam, erzählt eine alte Sage.

Die beiden Männer saßen Rücken an Rücken gelehnt in der Dunkelheit. Denn nicht nur dunkel war ihr Gefängnis im Bergfried, in das man sie geworfen hatte, sondern auch kalt und feucht. Egal zu welcher Jahreszeit. Wie sich Sonnenlicht anfühlt, hatten sie fast vergessen, so lange schon saßen sie ihre Zeit ab. Ob die Ihren jemals zu ihnen stoßen würden, um sie zu befreien? In der gemeinsamen Pein hatten sie so etwas wie Freundschaft geschlossen. Nicht, dass sie sich groß aus dem Weg gehen konnten. Die klamme Kälte ließ sie einfach näher rücken. Einst waren sie stolze Ritter gewesen, doch seit der Graf von Ravensberg sie im Kampf besiegt und in das Verließ hatte werfen lassen, war von Stolz und Mut nichts mehr übrig.
Das Essen war wenig und ungenießbar. „Selbst mein Vieh hätte bei mir besseres Essen!“, beschwerte sich der eine beim Kerkermeister, dessen Gesicht das einzige war, das sich ihnen einmal am Tag zeigte. Der schaute die Männer verächtlich an und sprach, „Es dauert nicht mehr lange und ihr werdet diesen Fraß herbeisehnen“. Wie sehr er die Wahrheit sprach, mussten sie schon am nächsten Morgen erkennen, als der Kerkermeister ihnen einen halben Krug Wasser auf den fleckigen Steinboden des Bergfrieds stellte. „Besser, ihr teilt es euch gut ein. Es ist wohl das Letzte, was ihr bekommen werdet.“
Seiner Stimme fehlten der übliche Hohn und Spott, eher war Verzweiflung zu hören. Durch den heißen Sommer waren die Quellen in der

Umgebung versiegt. Alle Brunnen waren trocken. „Sogar der Graf und seine Familie müssen nun Not leiden", schloss er seinen Bericht und gleichzeitig die schwere Kerkertür. Bei den Rittern aber war Traurigkeit, Müdigkeit und Verzweiflung mit dem letzten Satz des Kerkermeisters verschwunden. Inmitten des allgegenwärtigen Unglücks hatte sie beide urplötzlich ein solch tiefer Hoffnungsschimmer ergriffen, dass sie selbst in ihrer ausweglosen Situation plötzlich alle Kräfte mobilisierten. Als der Kerkermeister am nächsten Morgen nach ihnen sah, musste er überrascht feststellen, dass die beiden ihm bekannten zusammengekauerten Gestalten zwei vor Kraft nur so strotzenden Männern gewichen waren. Forsch trat einer der beiden nach vorne und sprach:
„Meister, wir haben eine Nachricht für deinen Grafen. Wir können seine Familie retten und möchten ihm einen Handel vorschlagen!"
„Sag ihm, wir werden mit unseren bloßen Händen hier auf dem Burghof einen Brunnen graben. Er wird so tief sein, dass das Wasser niemals versiegen kann. Unser Preis dafür ist unsere Freiheit!"

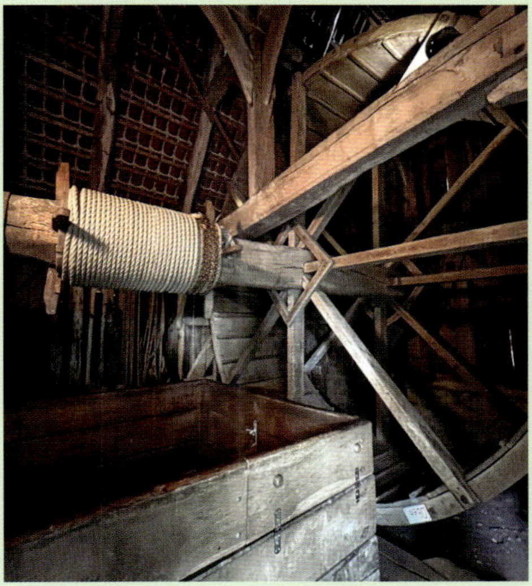

Das Brunnenhaus – hinter der Holzverkleidung geht es 100 Meter in die Tiefe.

Ungläubig nickte der Kerkermeister. Aber die Verzweiflung über die Dürre war auch bei ihm angekommen, sodass er eilte, den Handel seinem Herrn vorzubringen.

Der Graf ließ die beiden Gefangenen sogleich vorführen und sprach: „Wenn ihr es denn schafft, in der Tiefe auf eine Quelle zu stoßen, dann gelte mein ritterliches Ehrenwort, dass man euch dann verdient die Fesseln abnehmen möge, die Freiheit schenke und ihr gehen könnet, wohin euer Herz euch führen möge." Der Graf führte ein strenges Regiment, war oft unbarmherzig, aber er war bekannt dafür, dass er ein einmal gesprochenes Wort nicht brach. So war der Handel besiegelt und die Ritter machten sich sogleich ans Werk. Jeden Morgen traten sie aus dem dunklen Verlies und wurden hinabgelassen in den immer tiefer

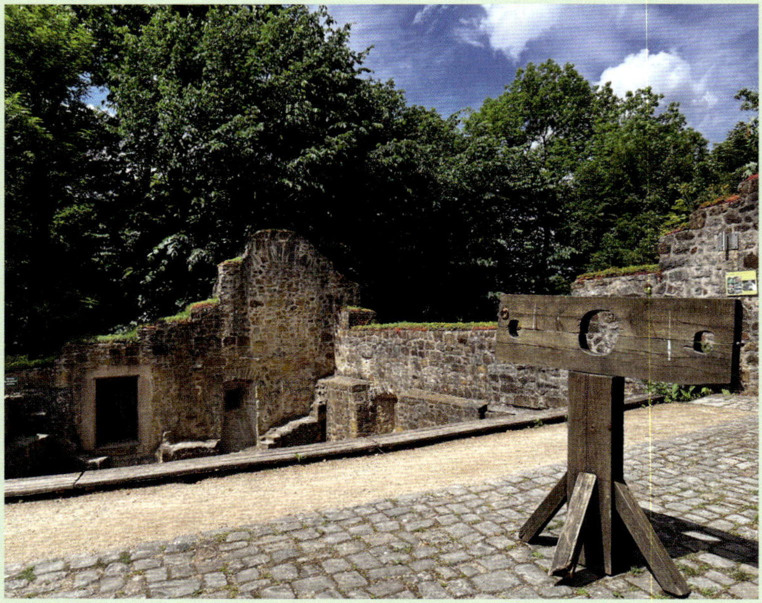

Wo ehemals die Vorburg stand, ist heute ein Freilichttheater.

werdenden Brunnenschacht. Sie bearbeiteten den harten Felsen vom ersten Morgengrauen, bis sich die Sonne am Horizont verabschiedete. Sie trotzten Hitze und Frost. Und obwohl sich jahrein, jahraus ihres ständigen Grabens kein einziges Tröpfchen Wasser zeigte, begaben sie sich jeden Tag mit einem Lächeln ans Werk und gingen abends mit einem zwar erschöpften, aber ebenso glücklichen Gesicht in ihr Verlies zurück. Ihre Hoffnung war so stark und von solcher Kraft, dass sie weder Schmerz noch Müdigkeit spürten. Nur Freude und Zuversicht.

Das zehnte Jahr war angebrochen, der letzte Frost geschmolzen und die ersten Röschen säumten zaghaft den Brunnenrand, als die beiden wie immer in den mittlerweile 100 Meter tiefen Schacht hinabgelassen wurden. Aber diesmal wurde, bevor die Sonne ihren höchsten Punkt erreicht hatte, das regelmäßige harte Klock-Klock-Klock-Klock der Hammerschläge durch ein durchdringendes zweistimmiges Freudengeschrei unterbrochen: „Wasser! Da ist das Wasser!“, schallte die Freude für alle hörbar aus dem Schacht. Schnell wurden die beiden Männer nach oben gezogen, und sie brachten einen Eimer Wasser von so guter Qualität mit ans Tageslicht, wie es nirgendwo ein köstlicheres gab. Und als ihnen über die Brüstung geholfen wurde, war schon der Graf bei ihnen, der befahl: „Sofort, nehmt ihnen die Fußfesseln ab!“ Die Sonne stand mittlerweile hoch am Himmel und strahlte den beiden Helden in ihre glücklichen Gesichter, dass sie geblendet ihre Augen schließen mussten. Für einen kurzen Moment stand die Welt still, dann öffneten beide Männer die Augen, nahmen die ganze Schönheit des erwachenden Frühlings wahr, hörten die Freudentöne der Vögel und der Menschen auf dem Burghof. Sie sahen sich an und beide flüsterten zueinander nur ein Wort „Freiheit!“ Dann sanken die beiden Freunde einander in die Arme – und dann gemeinsam weiter zu Boden. Ihre Hoffnung hatte sie die Jahre getragen, aber ihre Herzen konnten dem Übermaß der Freude, als ihr Ziel nun erreicht war, nicht standhalten.

Tour 1

Startpunkt

Zwischenziele

Parkplatz

Zielpunkt

Gastronomie

Aussichtspunkt

Familienfreundlich

Sehenswürdigkeit

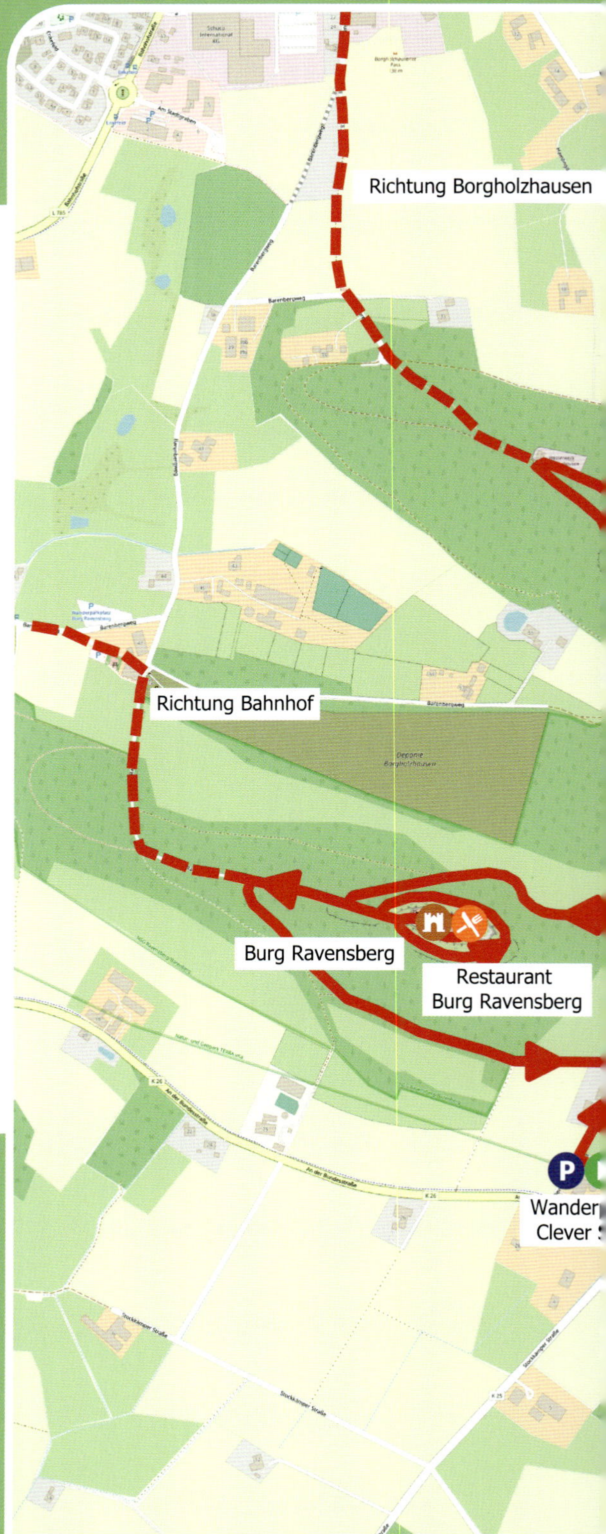

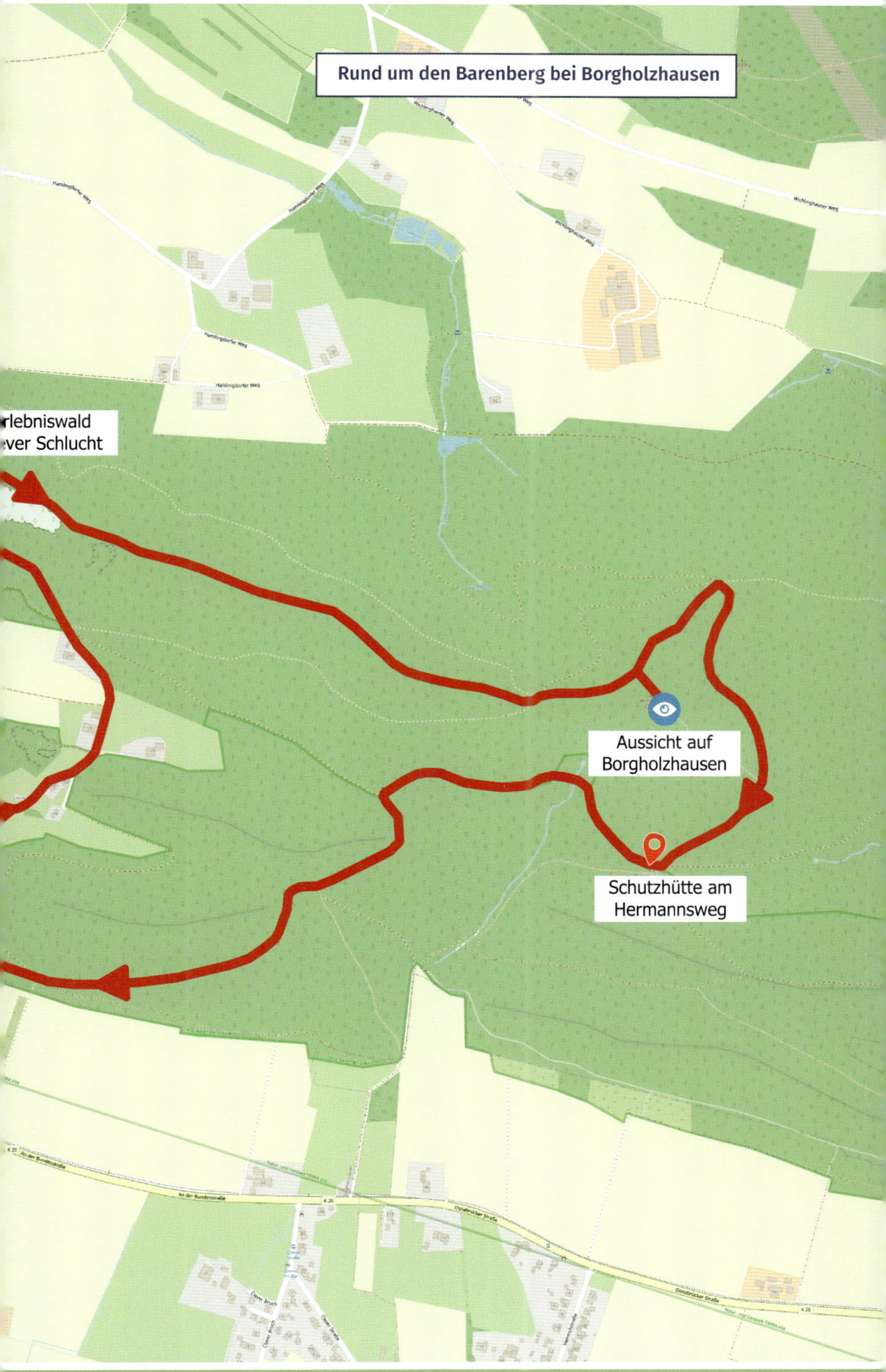
Rund um den Barenberg bei Borgholzhausen
rlebniswald
ver Schlucht
Aussicht auf
Borgholzhausen
Schutzhütte am
Hermannsweg

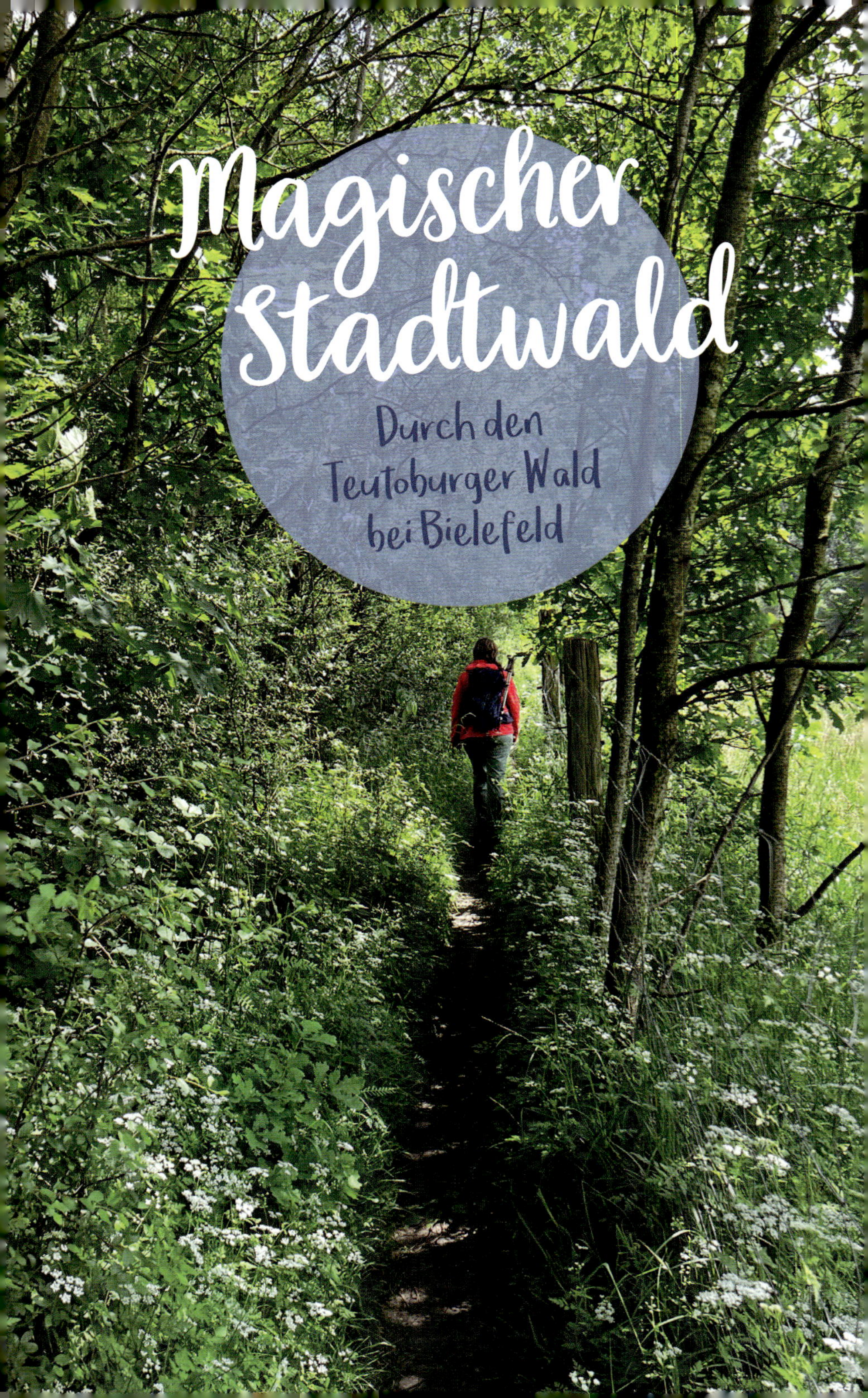
Magischer Stadtwald
Durch den Teutoburger Wald bei Bielefeld

Wie eine grüne Banderole verläuft der Teutoburger Wald mitten durch die ostwestfälische Metropole Bielefeld. Diese abwechslungsreiche Wanderung entführt euch so tief in den Stadtwald, dass ihr jegliche urbane Nähe vergesst: Von gemütlichen Forstwegen, auf denen ihr meistens nicht allein unterwegs seid, bis zu steilen, wurzeligen, schmalen Pfaden, auf denen ihr einsam nur von zwitschernden Singvögeln begleitet werdet, ist alles dabei. Ein eiserner Bismarckturm, ein imposanter Steinbruch, eine geschichtsträchtige Burg und der als Top Trail überregional bekannte Hermannsweg machen die Wanderung zu einem echten Erlebnis.

Tour 2

4:00 Std. | 14 km | 240 m

Start: Stadtbahnlinie 1, Endhaltestelle Senne, 33659 Bielefeld
Ziel: Sparrenburg, Am Sparrenberg 40, 33602 Bielefeld
Wegbeschaffenheit: hauptsächlich Waldwege
Parken: Park-and-ride-Parkplatz an der Endhaltestelle
Anreise mit ÖPNV: Stadtbahnlinie 1 bis Endhaltestelle Senne, 33659 Bielefeld
Besonderheiten: Diese Wanderung ist die einzige Streckenwanderung in diesem Buch. Start und Ziel liegen jeweils an der Stadtbahnlinie 1. Trittsicherheit ist für einige Passagen erforderlich.

Wegbeschreibung: Von der Endstation der Linie 1 wandert ihr die Waterboerstraße hoch Richtung Wald. Nachdem ihr den Wohnmobilstellplatz passiert habt, verlasst ihr die Straße bei der ersten Gelegenheit nach links in einen Schotterweg. Langsam geht es bergauf, bis ihr an eine Wegspinne gelangt. Hier biegt ihr nach rechts in einen ganz schmalen Pfad ab, ausgeschildert mit Nummer 7, Richtung Waterboer. Wer hier im Frühjahr oder Sommer läuft, tut dies quasi überdacht, denn das Blätterdach bildet einen fast geschlossenen Tunnel. Dann begleitet euch rechts eine Wiese, an deren Ende ein Waldsofa steht mit wunderschönem Ausblick über eben jene Grasfläche bis zum Wald hin. Es ist nun für die nächsten 3,5 Kilometer die letzte Sitzgelegenheit. Am Ende des Pfads gelangt ihr wieder auf die Waterboerstraße,

Am Weg

Der Eiserne Anton

Bismarcktürme schossen im Zuge der sogenannten Bismarck-Verehrung Ende des 19. Jahrhunderts wie Pilze aus dem Boden. Nur ganz wenige von ihnen waren aus Metall, so wie der Bielefelder Bismarckturm auf dem 308 Meter hohen Ebberg. Als der eiserne Turm 1895 errichtet wurde, muss die Aussicht phänomenal gewesen sein, denn der Ebberg war damals noch weitestgehend baumlos und damit die Sicht frei. Wenn heute von Frühjahr bis Herbst das Blattwerk dicht ist, hat man nur noch an wenigen Stellen freie Sicht auf Bielefeld-Stieghorst. Ein Aufstieg über die filigranen Stufen lohnt sich trotzdem. Der Name Bismarckturm hielt nicht lange, schon kurz nach der Erbauung setzte sich der Spitzname „Eiserner Anton“ durch.

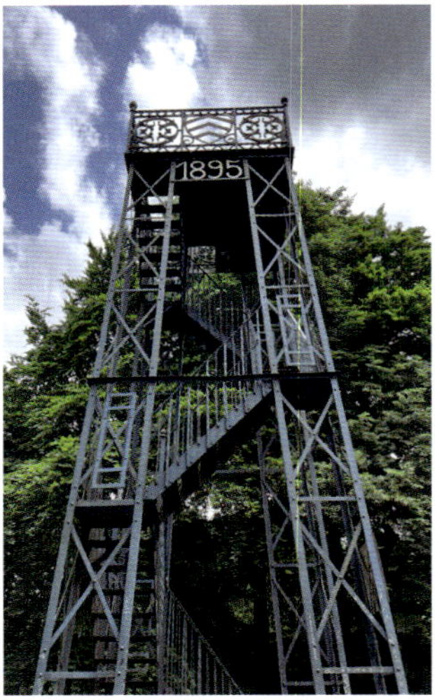

Info

Der Hermannsweg

Die Wanderung folgt zu einem großen Teil dem Hermannsweg. Benannt ist der Wanderweg, der zu den schönsten Höhenwegen in Deutschland zählt, nach Arminius, dem Cheruskerfürsten, dessen ostwestfälischer Name Hermann lautet. An den Externsteinen verbindet er sich mit dem Eggeweg zu den Hermannshöhen.

Immer am letzten Sonntag im April findet der Hermannslauf statt. Der recht anspruchsvolle Volkslauf startet am Hermannsdenkmal in Detmold, verläuft über den teilweise schmalen und steilen Höhenzug und endet nach 31,1 Kilometern an der Sparrenburg in Bielefeld. Für Wanderer gibt es eine eigene Startkategorie.

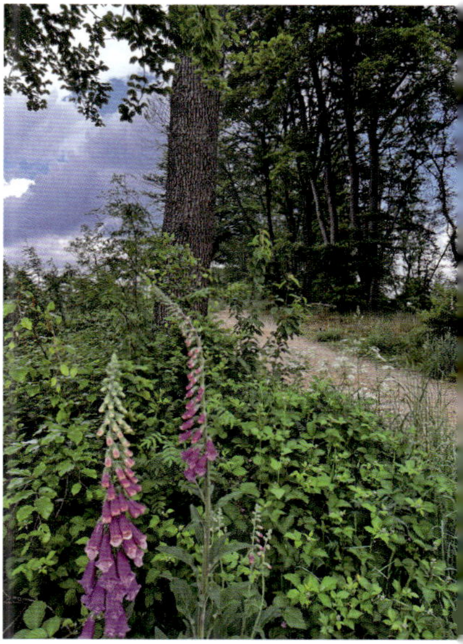

der ihr nach links dem Berg hoch vorbei an den Waterboerteichen bis zum Waterboerparkplatz folgt. Wer mag, kann hier einen Abstecher zur Freiluft-Kapelle unternehmen. Dazu folgt ihr weiter der Nummer 7 ein paar Meter links am Restaurant Waterboer vorbei den Berg hoch. Ansonsten verlasst ihr den Pfad mit der Nummer 7 und setzt eure Wanderung fort, indem ihr den Parkplatz nach rechts überquert und auf den Spiegelberger Weg gelangt. Orientieren könnt ihr euch am Schild „WanderNaturZeitreise 4“. Am Ende des Parkplatzes empfängt euch ein dichter Wald. Nachdem ihr den Waterboerbach überquert habt, der von links kommend unter dem Schotterweg her fließt, öffnet sich der Wald und ihr stoßt auf eine Koppel. Ihr folgt dem Wanderweg Nummer 4 nun eine Weile, der hier links auf einen breiten Wirtschaftsweg abbiegt, um weiterhin im Wald zu bleiben. An der nächsten Gabelung verlasst ihr den breiten Wirtschaftsweg und folgt einem hübschen Graspfad. An

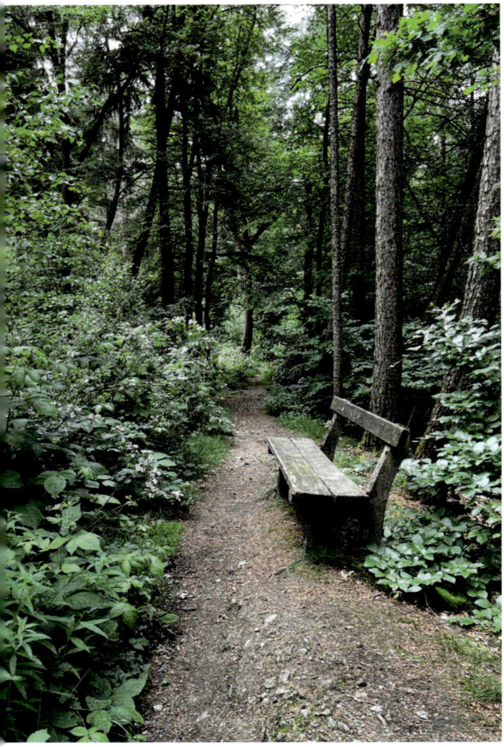

Schmaler Pfad oberhalb der Kapelle

der nächsten Abbiegemöglichkeit verläuft eure Route rechts weiter in Richtung Wanderparkplatz Buschkamp auf einem schönen weichen Sandboden. Auf diesem Weg bleibt ihr nun bis zur nächsten Weggabelung, an der ihr den Wanderweg Nummer 4 verlasst und nach links auf den Weg Nummer 5 umsteigt in Richtung Aussichtsturm „Eiserner Anton“. Die Osningstraße will nach links überquert werden und vor der Gaststätte „Eiserner Anton“ wandert ihr auf dem Hermannsweg weiter, der euch direkt zum Aussichtsturm bringt.

Nach einer Pause mit Turmbesteigung wandert ihr noch ein Stück den Hermannsweg entlang und könnt nach wenigen Metern einen fantastischen Ausblick auf die hügelige Landschaft bis nach Oerlinghausen genießen. Bei der nächsten Möglichkeit nehmt ihr den Weg nach links und wandert den Berg hinab. Damit verlasst ihr den Hermannsweg kurzzeitig. Euer Weg führt euch wieder bis zum Restaurant „Eiserner Anton“. Ihr quert erneut die Osningstraße und auf der anderen Straßenseite empfängt euch der Hermannsweg wieder und lässt euch zunächst ein paar Treppenstufen erklimmen. Oben im Wald folgen im kurzen Abstand zwei Bänke und in 1,5 Kilometern erreicht ihr eine Schutzhütte mit Bank, Tischchen und Ausblick auf Bielefeld.

Von der Schutzhütte aus geht es wieder tief in den Wald hinein, fast wie ein kleiner Hohlweg sieht der Wanderweg aus. Hier bleibt ihr aber nur für etwa 100 Meter. Dann führt euch links ein Pfad vom Hermannsweg weg. Auf diesem schmalen Weg bietet sich euch

Am Weg

Die Burg Sparrenberg

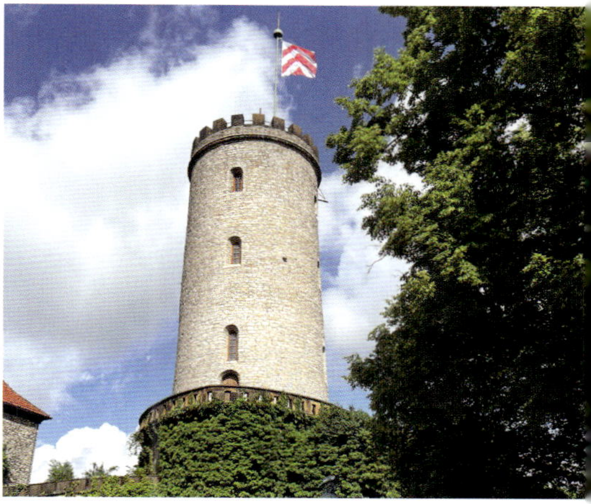

Der schon von Weitem sichtbare Burgturm auf dem 180 Meter hohen Sparrenberg ist das Wahrzeichen der Stadt Bielefeld. Wann genau die Burg erbaut wurde, ist nicht bekannt, aber urkundlich erwähnt wird sie zum ersten Mal 1256. Als Festungsburg diente sie dazu, die Passstraße entlang des Teutoburger Waldes zu sichern. Sie ist die nördlichste noch erhaltene Spornburg in Deutschland. Gegen Ende des 17. Jahrhunderts wurde ein Teil der Festungsanlage als Gefängnis genutzt. Ein mehrere 100 Meter langes Gangsystem befindet sich unterhalb der Burg. Die Kasematten können innerhalb einer Führung besichtigt werden. Eine Mär ist aber wohl, dass einer der unterirdischen Gänge bis zum Marktplatz in der Bielefelder Altstadt reichen soll oder sogar, wie es eine Sage erzählt, bis zur Burg Ravensberg in Borgholzhausen (siehe Tour 1).
Weitere Infos zur Turmbesteigung und zur Kasematten-Tour unter www.sparrenburg.info

ein wunderschönes Panorama: rechts auf Bielefeld, links über den Teutoburger Wald, der sich fast bis zum Horizont erstreckt. Wenige Meter nach einem Grenzstein – der Wald wird wieder etwas dichter – trefft ihr an einer Buche auf das Nummer-7-Zeichen, das euch nach links auf einen sehr schmalen Weg führt. Aber nur ganz kurz, denn nach circa 300 Metern leitet ein mit Gras bewachsener, schmaler Pfad in den Wald hinein, sehr uneben, sehr ursprünglich. An der nächsten Waldwegkreuzung nehmt ihr die zweite Möglichkeit links. Wieder etwas bergan und auf einem engen, urigen Pfad geht es weiter. Und hier erwarten euch tatsächlich kurz hintereinander

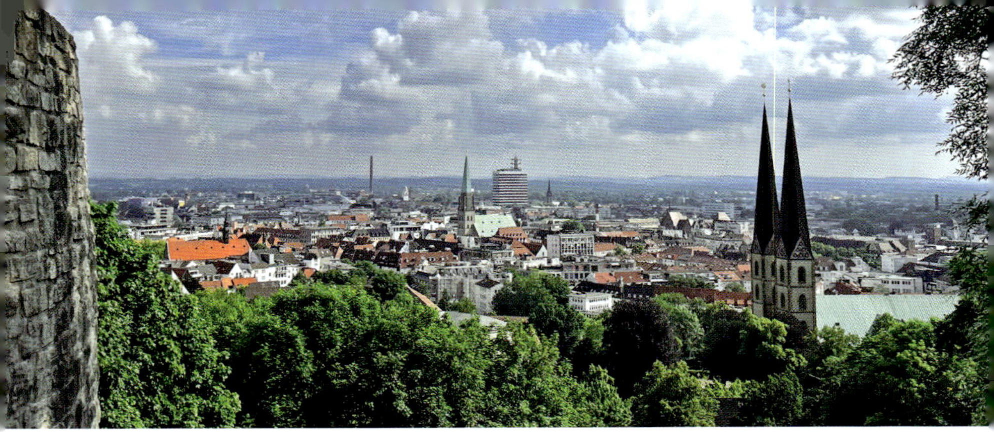

Blick auf Bielefeld, rechts die Neustädter Marienkirche

zwei Bänke. Mit Blick aufs Grün und wunderschön. Langsam wird der schmale Pattweg wieder etwas breiter. Es gibt hier alte Bäume, ganz weichen Waldboden und Stille. Ihr erreicht eine kleine Waldkapelle und folgt ein paar Treppenstufen nach unten, die in einen ebenfalls wieder sehr schmalen Pfad münden. Recht steil ist es hier. Am Ende des Pfads habt ihr einen Waldparkplatz erreicht, und hier wendet ihr euch in einer Spitzkehre nach rechts und wandert auf einem breiteren Waldweg nach oben in den Wald zu eurem nächsten Highlight, dem Halleluja-Steinbruch.

Info

Das Halleluja-Kreuz

Es ranken sich einige Sagen um das Halleluja-Kreuz oberhalb des Steinbruchs. Die bekannteste ist diese: Eines Tages soll eine Diakonisse zum Haus Salem in Bethel unterwegs gewesen sein, dann oberhalb des Steinbruchs das Gleichgewicht verloren haben und abgestürzt sein. Passiert ist ihr nichts, denn im Fallen rief sie laut „Halleluja" und sofort sollen sich ihre Röcke aufgebauscht haben und sie sei wie mit einem Fallschirm weich und unverletzt gelandet. Aus Dankbarkeit wurde dann das Kreuz an der Absturzstelle aufgestellt.

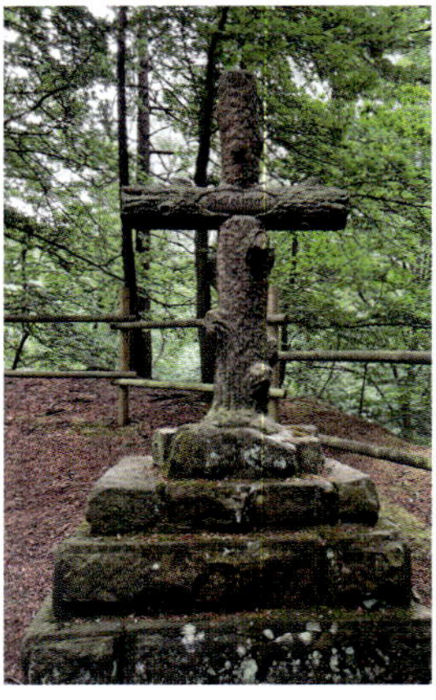

Info

Wie die Stadt zu ihrem Namen kam

Der Sachsenherzog Widukind, der besonders mit der Region des heutigen Kreises Herford verbunden war, soll einmal einem Zimmermann bei der Arbeit zugesehen haben. Wie der Herzog so interessiert hochschaute, sei dem Handwerker sein Beil aus der Hand geglitten, sodass er hastig ausrief: „Here fort, de Biele fällt!“ Widukind soll daraufhin den beiden Städten, die am nächsten lagen, die Namen „Herford“ und „Bielefeld“ geschenkt haben.

Vom Steinbruch aus geht eurer Weg weiter und führt euch zum Halleluja-Kreuz. Der Weg lotst euch an der Absperrung entlang und führt euch über den Habichtsberg. An der Gabelung biegt ihr rechts ab und gelangt so wieder an die bekannte Waldwegkreuzung mit der markanten Buche mit der Nummer 7 am Stamm. Hier wendet ihr euch nun nach links. Der Weg führt euch direkt an den Hermannsweg, dem ihr ebenfalls nach links folgt.

Nach wenigen Metern erreicht ihr die Gaststätte „Habichtshöhe“ und der Hermannsweg führt euch nun weiter über die Bodelschwinghstraße geradeaus. Sobald der asphaltierte Bereich des Hermannswegs endet und ihr wieder auf Schotter lauft, ist das „H“ an jeder Wegecke zu finden und ihr folgt ihm nun bis zur Promenade, die euch direkt zur Sparrenburg bringt.

Von der Sparrenburg aus führt euch die Burgstraße zurück auf die Kreuzstraße und von hier aus könnt ihr entweder direkt die Stadtbahn nehmen oder ihr besucht noch die Bielefelder Altstadt, die auf der anderen Seite der Kreuzstraße beginnt.

Gastronomie

Habichtshöhe, Bodelschwinghstraße 79, 33604 Bielefeld,
Tel. 0521/22237, www.habichtshoehe.de

Eiserner Anton, Osningstraße 281, 33605 Bielefeld,
Tel. 0521/210 92, www.hotel-restaurant-eiserner-anton.de

Eine feine Gesellschaft

In Bielefeld wurde bis 1782 auf der dem Sparrenberg gegenüberliegenden Galgenheide am Blömkeberg noch gerädert und gehängt. Die Gefangenen, die zuvor im Gefängnis auf der Sparrenburg einsaßen, wurden mit großem Spektakel von ihrem Verlies zum Rathaus eskortiert, wo sie sich ihr Urteil ein zweites Mal verlesen lassen mussten. Dann marschierte die Menge zur Galgenheide. Aus dieser Zeit stammt das Sprichwort „Mitgefangen, mitgehangen!" Eine Sage erzählt von einem Wirt, dessen Schicksal mit diesen Worten besiegelt wurde.

Es war einmal, da betrieb ein freundlicher, aber wortkarger Wirt ein Gasthaus unten am Fuße des Sparrenbergs. Es war ein einfaches windschiefes Haus, in dem es ruhig und sittlich zuging. Kaufleute auf der Durchreise stiegen hier ab, die ebenfalls Wert auf Ruhe legten. Dirnen, Kartenspieler und anderes Gesindel brachten zu viel Getöse und Aufmerksamkeit, die der Wirt nicht gebrauchen konnte. Reich war er deshalb nicht, aber er hatte sein Auskommen, und mit den Ordnungshütern aufgrund fehlender Hurerei nichts am Hut. Eines Tages beherbergte er vier Soldaten. Auch sie waren außergewöhnlich leise, ja, fast schon zurückhaltend. Stets blieben sie für sich, suchten keinen Kontakt zu anderen Gästen und brachten auch nie Frauen mit. Aber dem Wirt fiel auf, dass die vier immer erst im frühen Morgengrauen heimkamen. „Na, die Halunken haben wohl doch Dreck am Stecken", dachte er bei sich. Aber solange sie sich ruhig verhielten, sollte es ihm recht sein. Er befand, dass es für niemanden dienlich wäre, Wirbel zu erzeugen. Das stiftete nur Ungemach und brachte die Unifomierten auf den Plan. Also nickte er ihnen morgens aufmunternd zu, wenn sie müde am Tisch saßen, etwas tranken und die Köpfe zusammensteckten. Da der Wirt keine neugierigen Fragen stellte, fassten die vier Soldaten Vertrauen zu ihm. Eines Tages luden sie ihn auf ein Pinneken ein und fragten ihn, ob er sich wohl was dazu verdienen wolle, indem er sie bei ihren nächtlichen Streifzügen begleiten möge. „Wir geben dir den fünften Teil der Beute." „Ja, mitgehen kann ich wohl, aber ich werde nichts nehmen, was nicht mir gehört. Allerdings, wenn ihr mir was schenken möchtet, das täte ich nicht abschlagen." Und so hing der Wirt von nun an seine Schürze am Abend schon etwas früher an den Haken und zog mit seinen neuen Kameraden durch die Nacht. Stets blieb er etwas abseits, stellte sich unter einen Baum oder hinter einen Strauch, und wenn er was Auffälliges sah, dann quakte er dreimal laut wie eine Ente. Am Ende eines jeden Ausflugs bekam er von den Soldaten immer ein verpacktes Geschenk, das vom Wert her gleichwertig war mit den Teilen der anderen vier. Der Wirt fand Gefallen an der nächtlichen Aufgabe. Auch der Reibach tat ihm wohl.

Eines Nachts aber nützte das Quaken des Wirtes nichts. Die fünf wurden auf frischer Tat ertappt und in die Kerker unterhalb der Sparrenburg gebracht. Der Wirt, den man allein in ein Verlies verfrachtet hatte, sorgte sich nicht. Er hatte sich ja nichts zu Schulden kommen lassen. Sein Gewissen war rein. Die vier anderen Halunken dagegen redeten sich um Kopf und Kragen, denn zu dieser Zeit war es üblich, dass auf Diebstahl der Galgen stand. Als der Gerichtshalter zum Wirt kam, fragte dieser ruhig: „Und, was wird wohl mein Schicksal sein?" Da lachte der Amtsmann, klopfte dem Wirt auf die Schulter und sprach kopfschüttelnd: „Mitgegangen, mitgefangen, mitgehangen!" Und ehe er sich's versah marschierte der Wirt, durch schwere Ketten an den Füßen mit seinen Kameraden verbunden, im Gänsemarsch und begleitet von einer johlenden Menschenmenge zuerst zum Bielefelder Rathausplatz. Anschließend machten sie sich auf den beschwerlichen Weg zur Galgenheide, wo schon weitere Schaulustige wie Aasgeier auf das Spektakel warteten. Alle fünf bekamen einen Strick um den Hals gelegt und dann schaukelten sie in Reihe und Glied nebeneinander am Galgen, auf dem die Raben schon auf ihren Auftritt warteten.

Heute ist die Bielefelder Galgenheide eine Blümchenwiese, aber wenn einer auf unschuldig tut, dann sagt man hier immer noch: „Er geht mit, wie der Wirt von Bielefeld."

Tour 2

Startpunkt

Zwischenziele

Parkplatz

Haltestelle

Zielpunkt

Gastronomie

Aussichtspunkt

Kulturstätte

Sehenswürdigkeit

Naturerlebnis

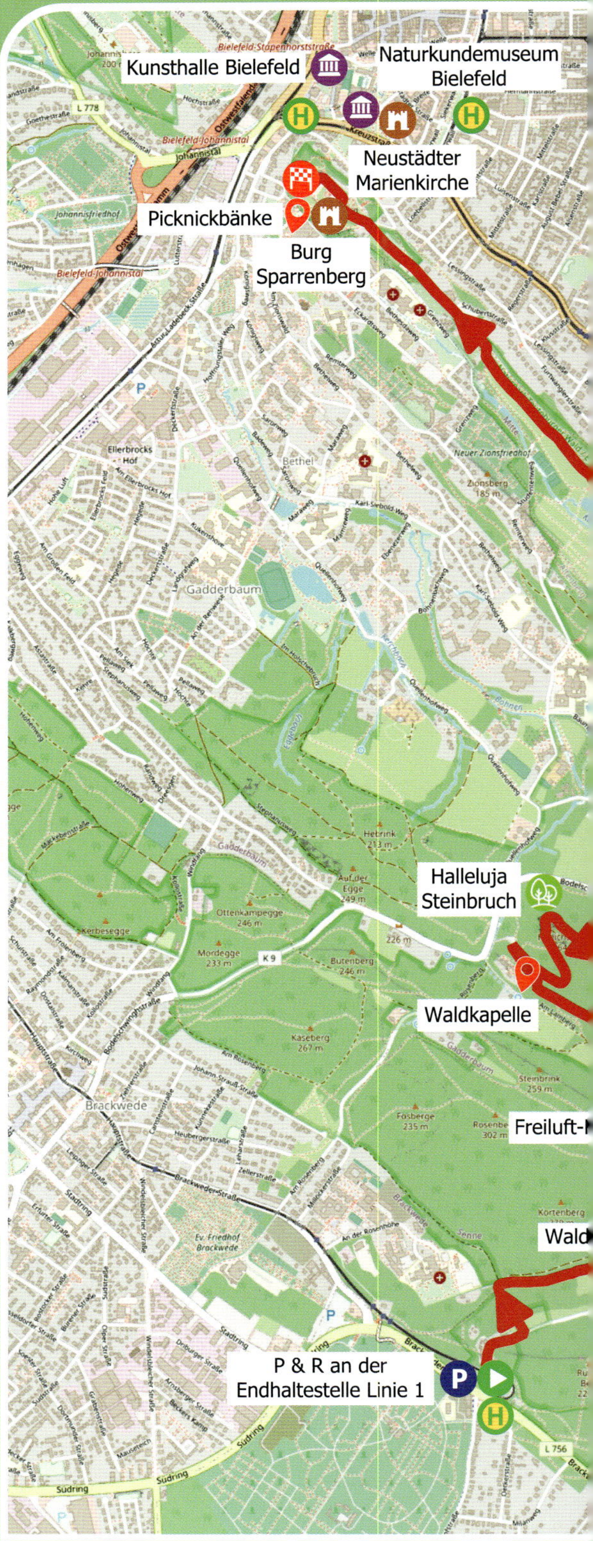

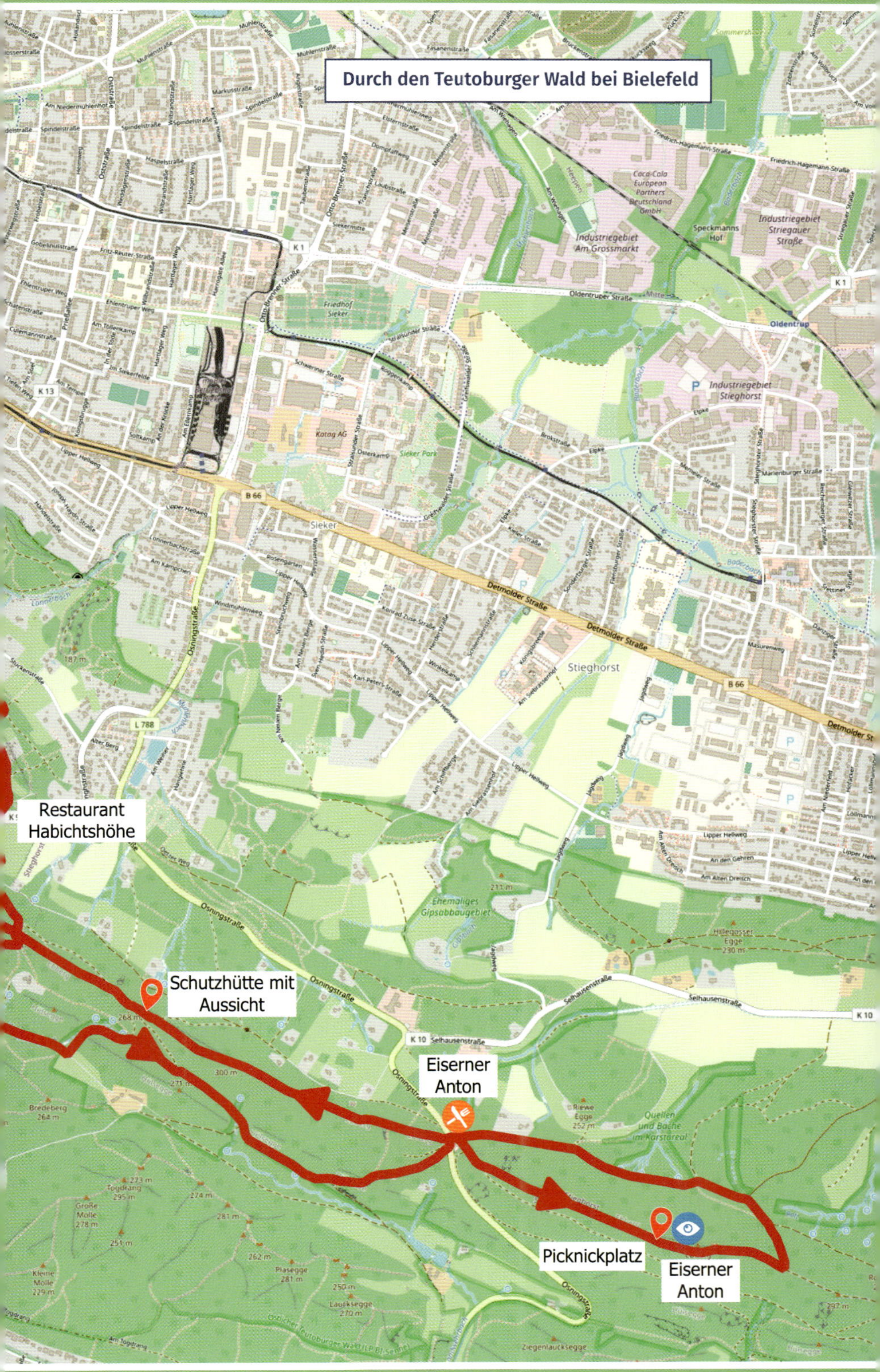

Durch den Teutoburger Wald bei Bielefeld
Restaurant Habichtshöhe
Schutzhütte mit Aussicht
Eiserner Anton
Picknickplatz
Eiserner Anton

Quelle des Glücks

In der Senner Moosheide bei Hövelhof

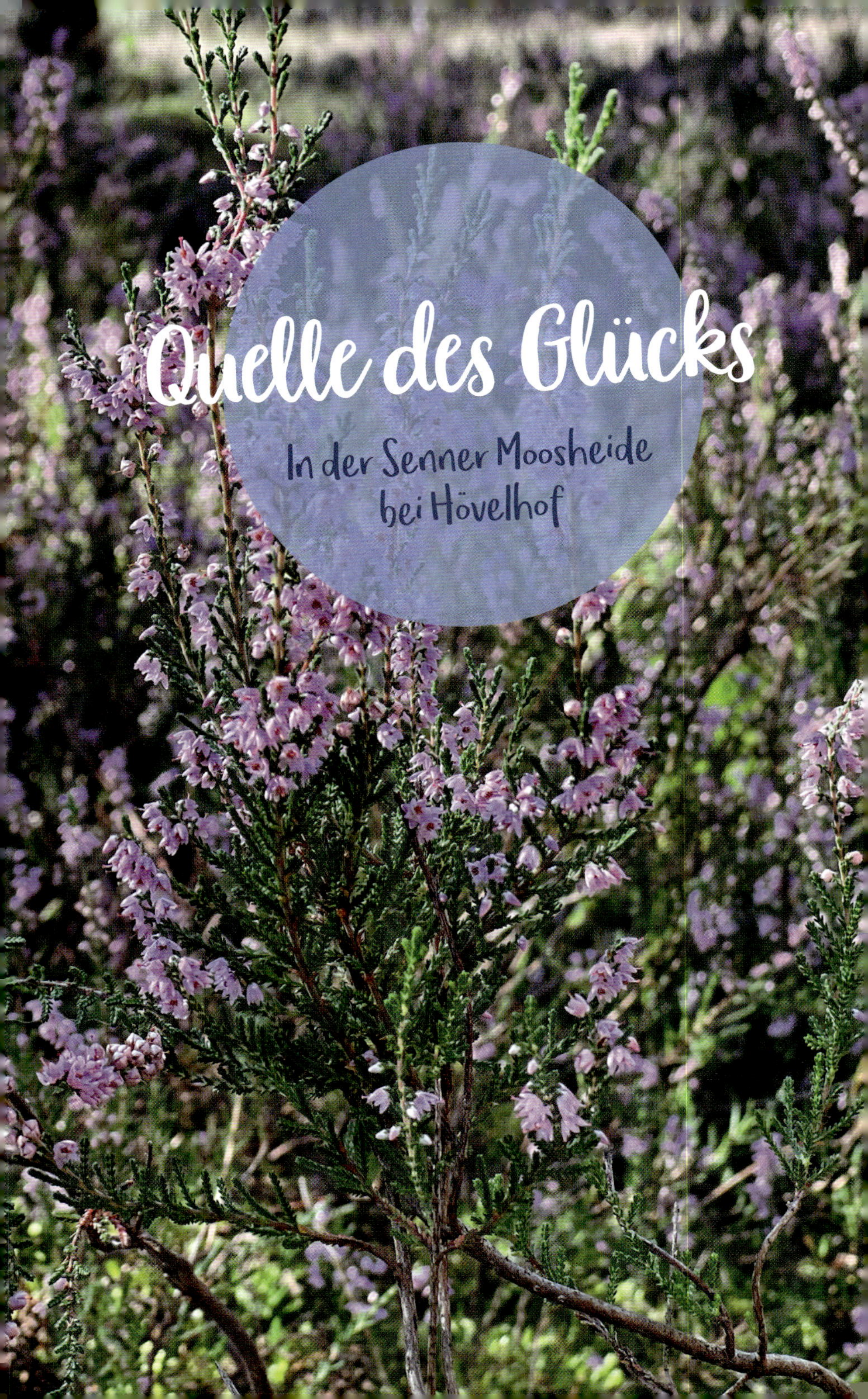

Mitten in Ostwestfalen-Lippe, zwischen Bielefeld, Paderborn, Detmold und Gütersloh, befindet sich eine alte Heidelandschaft: die Senne. Eingerahmt vom Teutoburger Wald, bietet sie mit ihren weißen Dünen, ihren Sandmagerrasen, ihren schluchtenartigen Tälern, ihren Waldflächen und Bachläufen ein außergewöhnliches Habitat für eine einzigartige Flora und Fauna – und ein traumhaftes Wander-Wellness-Paradies. Die Senne ist zu jeder Jahreszeit eine Augenweide und zieht Wanderer auf ganz und gar märchenhafte Weise in ihren Bann – ganz besonders im Spätsommer, wenn sie ihren rosa-violett-farbenen Heide-Teppich ausgerollt hat.

Tour 3

3:50 Std. | 13 km | 13 m

Start/Ziel: Parkplatz Sandfangteich, Moosheider Straße 56, 33161 Hövelhof
Wegbeschaffenheit: überwiegend Sandboden, teilweise Schotter
Parken: Parkplatz Sandfangteich
Anreise mit ÖPNV: Bus bis Haltestelle Forellkrug, Stukenbrock-Senne
Besonderheiten: Wer mit dem ÖPNV anreist, startet die Tour an der Ems-Erlebniswelt in Stukenbrock-Senne. Alternativ: Bahnhof Hövelhof in 3,4 Kilometer Entfernung.

Wegbeschreibung: Viele kurze Rundwanderrouten bietet die Moosheide. Die hier beschriebene verbindet drei der schönsten Routen zu einer langen. Am Ende des Parkplatzes Sandfangteich bietet die kleine Holzbrücke über den Krollbach einen idyllischen Einstieg in die Wanderung durch das magische Heideland. Auf der anderen Uferseite folgt ihr dem Lauf des Krollbachs nach rechts. Nach etwa 450 Metern weist euch das Heidelandweg-Schild, an dem ihr euch nun bis zu den Emsquellen orientiert, nach links. Dann wandert ihr immer geradeaus, vorbei an einer Waldwegkreuzung, an der euch eine Bank empfängt. Waldheidel- und Preiselbeeren wachsen am Wegesrand und verströmen ihren verführerischen Duft. Der weiche Sandboden ist mit Tannenzapfen und -nadeln reich bedeckt, märchenhaft durchziehen Baumwurzeln den Weg und immer wieder blitzt der weiße Senne-Sand hindurch. Rosafarbende Heide bildet im Spätsommer hier und da malerische Farbkleckse im dichten Teppich aus tiefgrünem Moos, der auf beiden Seiten des Wegs ausgelegt ist.

Der Heidelandweg führt euch an den Hallerbach, eine Feuchtbrache, die ihr auf dicken Holzbohlen überquert. Ihr folgt dem Weg in der nächsten Kurve nach rechts. An der Gabelung geht es links weiter. Nach regenreichen Tagen kann es nach ein paar Metern ziemlich matschig werden: Die zur Bodenverstärkung ausgelegten Äste helfen beim Balanceakt. Nach der Passage ist der Waldboden wieder angenehm zu begehen und links und rechts gibt es einen dichten Teppich, gewebt aus Beerensträuchern, Heidekraut, jungen Kiefern und Birken. Das Zeichen für den Heidelandweg bedeutet euch, an der zweiten Möglichkeit nach rechts Richtung Emsquellen abzubie-

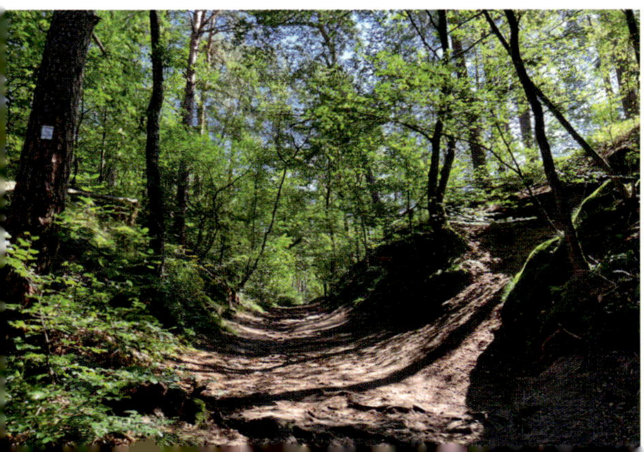

Märchenhaft verwunschener Waldweg

Info

Ökosystem Senne

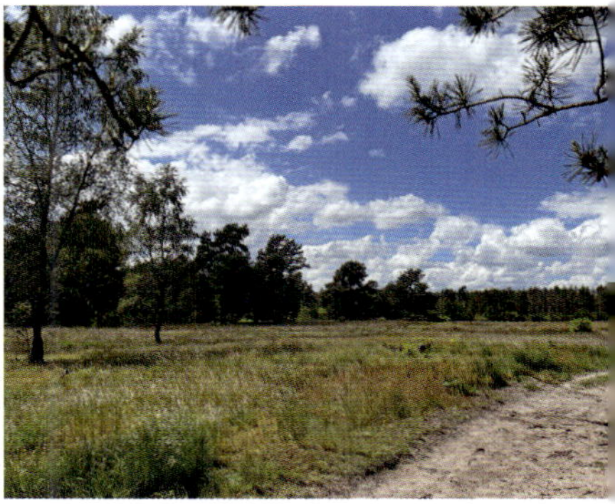

Heideflächen, Moore, Feuchtbrachen, Kiefernwälder und Gewässer bilden ein einzigartiges Ökosystem. Die Moosheide ist Teil der Senne, einem etwa 350 Quadratkilometer großen Gebiet am Rand des Teutoburger Waldes. Die Sandböden der Senne entstanden vor etwa 200.000 Jahren mit der letzten Eiszeit. Ackerbau war schwierig und die historische Bewirtschaftung ließ einzigartige nährstoffarme Landschaften entstehen, die charakteristisch für die Senne sind. Heute bietet sie als Naturschutzgebiet einen wichtigen Rückzugsort für seltene und bedrohte Tiere und Pflanzen. Ein Großteil der Senne, etwa 200 Quadratkilometer, nimmt seit über 100 Jahren ein Truppenübungsplatz ein, der nur teilweise zugänglich ist. Für Flora und Fauna ein Segen, denn dort, wo der Mensch nicht mehr schalten und walten darf, wie er will, können sich seltene Tiere und Pflanzen weitestgehend ungestört ansiedeln. Über den Veranstaltungskalender der Ems-Erlebniswelt könnt ihr eine Führung durch den abgesperrten Bereich buchen. www.ems-erlebniswelt.de

gen. Erneut gabelt sich der Weg und ihr haltet euch rechts und ein weitgestrecktes, prächtiges Heidefeld breitet sich vor euch aus. Einzelne Birken setzen pittoreske Akzente; die ganze Heide summt und brummt – und inmitten dieser märchenhaften Landschaft steht ein Waldsofa und lädt zum Träumen ein. Der Heidelandweg macht hier seinem Namen alle Ehre. Am Ende des Feldes geht ihr nach links und nach circa 400 Metern überquert ihr den Steinweg, der hier entgegen seinem Namen aber ein sandiger Waldweg ist. Danach biegt ihr nach rechts ab und ein bequemer Weg über Sand führt euch, ein bisschen im Zickzack, mitten durch die weitgestreckte Heidefläche und zurück in den Wald.

Über eine Treppe erreicht ihr einen Holzpfad, der euch hinunter Richtung Emsquelle leitet. Auf halber Höhe könnt ihr schon einen ersten Blick auf die Ems erhaschen, die in einem weißen Sandbett schmal und klar dahinmäandert. Noch zwei, drei Schritte und ihr blickt auf die Quelle. Hier plätschert die Ems ganz leise an mehreren Stellen aus dem Sennesand.
Der Wanderweg führt euch nun wieder über ein paar Stufen, oben angekommen geht es nach links. Oder ist es Zeit für ein Päuschen? Mehrere Bänke zum lauschigen Ausruhen stehen bereit. Infotafeln informieren über Ems und Umgebung, rechter Hand ermöglicht ein Plateau einen Blick aus der Vogelperspektive auf die Quelle. Und wenige Schritte nach der überdachten Sitzgelegenheit verlasst ihr nun vorerst den Heidelandweg, der ohne euch abbiegt, und folgt den

Am Weg

Fleißige Landschaftspfleger

Die Senner Pferde zählen zu den ältesten Pferderassen Deutschlands. Eine erste Erwähnung dieser Zucht stammt aus dem Jahr 1160. Die schönen Tiere gelten als robust und lebten noch bis kurz nach dem Ersten Weltkrieg bei Wind und Wetter das ganze Jahr über draußen in der Senne. Ursprünglich gehörten die halbwilden Tiere den lippischen Grafen. Heute sind sie willkommene Landschaftspfleger und helfen, den typischen Lebensraum der Trockengrasfläche zu erhalten. Sie bewegen sich frei von Mai bis November auf der weitläufigen Koppel.

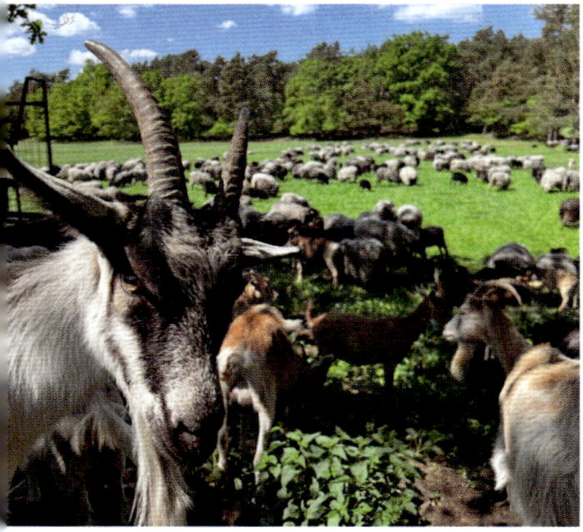

Gemeinsam mit den Senner Pferden helfen etwa 1000 Heidschnucken der Schäferei Hövelhof in der Moosheide kräftig mit, Ökosystem und Landschaftsbild der Senne zu erhalten. Sie allerdings „arbeiten“ nicht an einem festen Ort, sondern werden je nach Bedarf eingesetzt. Oftmals sind sie auf dem abgesperrten Truppenübungsplatz unterwegs.

blau-weißen Schildern mit der Bezeichnung Ems-Erlebniswelt geradeaus auf einem breiten Sand-Schotterweg weiter: Links von euch seht ihr eine Koppel, auf der ihr mit etwas Glück die Senner Pferde zu Gesicht bekommt, die sich gern vor neugierigen Besucherblicken verstecken. Rechts von euch erstreckt sich die Panzerringstraße und dahinter die militärische Sperrzone. Entlang des schnurgeraden Wegs gibt es einiges zu entdecken, so zum Beispiel könnt ihr ausprobieren, wie unterschiedliche Holzarten klingen oder ihr erfahrt Wissenswertes über die Sennelandschaft in dem militärischen Übungsgelände. Kurz nachdem ihr ein Feld passiert habt, biegt der Wanderweg nach links ab. Direkt in der Kurve springt euch die „Wetterstation" ins Auge, nach der ihr nach rechts in einen schmalen Waldpfad abbiegt. Das blau-weiße Wanderzeichen weist den Weg, bis rechts der Soldatenfriedhof auftaucht und links ein großer Parkplatz. Diesen überquert ihr, um gleich danach wieder im Wald zu verschwinden. Nach etwa 100 Metern könnt ihr rechts über den „Barbaraweg" in eine Siedlung einbiegen, um einen Abstecher zur Ems-Erlebniswelt zu unternehmen. Wer direkt weiterlaufen möchte, setzt den Weg geradeaus auf dem schmalen Waldpfad fort, der kurz danach links abbiegt. Der Abschnitt zwischen Ems-Erlebniswelt und Ems-Informationszentrum ist dicht mit den blau-weißen Zeichen beschildert, ein Verlaufen ist quasi unmöglich: Durch den schönen Wald geht es weiter, ihr überquert jetzt den Jägergrund, um gleich darauf wie-

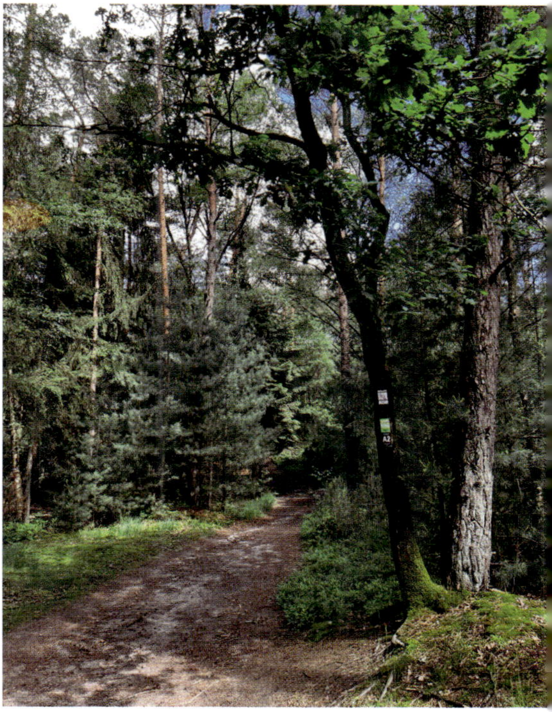

Waldweg in der Heide

Am Weg

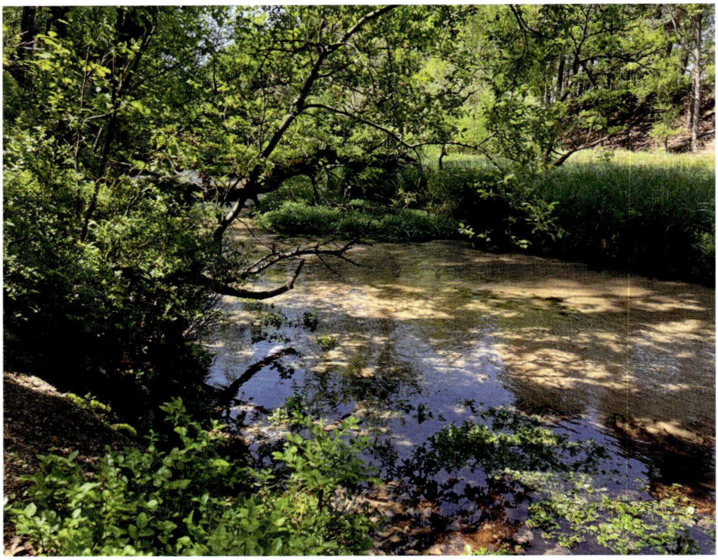

Die Ems

Die Emsquelle, so erzählen es die Hövelhofer, sei eine Glücksquelle. Ein Mädchen soll einst mit dem Emsquellwasser einen verunglückten Kutscher geheilt haben. Für ihre selbstlose Hilfe ist sie dann auf wundersame Weise belohnt worden und musste ihr ganzes Leben keine Not mehr leiden.

Die Ems gehört zu den zehn längsten Flüssen in Deutschland. Sie startet ihre Reise zur Nordsee als kleine Sickerquelle: Ganz seicht kaum sichtbar zwischen Laub und Farnen sprudelt ihr klares Wasser an mehreren, wechselnden Stellen aus dem hellen Sennesand. Im Laufe ihrer Reise durch die Westfälische Bucht zum Meer, wandelt sich die Ems von einem seichten Rinnsal zu einem breiten Fluss, der sogar Platz für Luxusliner hat. Nach 371 Kilometern mündet sie bei Emden, zwischen Pilsum und Eemshaven, in die Nordsee.

Im Ems-Informationszentrum erfahrt ihr viel Wissenswertes über den Fluss und könnt seinen Weg von seinem Quellgebiet bis zur Mündung nachverfolgen. Noch mehr Ems-Feeling bekommt ihr in der Ems-Erlebniswelt im historischen Pfarrhaus und im kleinen Erlebnisgarten in Stukenbrock-Senne.

der im Wald zu verschwinden, umrundet ein Feld, macht Station an einer ganz besonderen Weitsprunganlage und setzt die Wanderung geradeaus fort, bis euer Weg schließlich an die Nordseite der Koppel der Senner Pferde stößt. Unterwegs begegnen euch am Wegesrand immer mal wieder Infostelen, auf denen ihr über einen QR-Code Infos zur jeweiligen landschaftlichen Besonderheit abrufen könnt. Die Koppel umrundet ihr nach rechts und folgt ihr so lange, bis der Weg sich gabelt und ihr auch schon das rote Dach des Ems-Informationszentrums durchs Geäst blitzen seht. Hier könnt ihr Trinkwasser nachfüllen, euch über die Ems informieren oder auch einfach die Toiletten nutzen. Direkt neben dem Ems-Informationszentrum liegt das „Garten-Café an der Emsquelle". Mit etwas Glück hat es geöffnet (nur sonntags bei schönem Wetter).

Wenn ihr keine Pause machen möchtet, biegt ihr von der Koppel kommend nach rechts ab und dann gleich wieder nach links. Es geht etwa 100 Meter entlang der Straße „Emser Kirchweg". Dann leitet euch das grün-gelbe Schild des Emsquellenwegs in den Wald. Nun wandert ihr etwas oberhalb und entlang der Ems, die schon deutlich an Breite gewonnen hat, wieder auf herrlich schmalen, sandigen und von Beerensträuchern gesäumten Wegen. Und wie es hier wieder wunderbar nach Kiefern duftet! Zumindest in den warmen Monaten fühlt man sich in sehr mediterrane Gefilde versetzt. Immer wieder gibt es Gelegenheit, wenn auch auf recht steilen Wegen, hinunter zur Ems zu gelangen, die in ihrem seichten Sandbett ganz langsam vor sich hinplätschert. Ihr folgt den Schildern des Emsquellenwegs nun etwa 1,4 Kilometer. Dann gabelt sich der Weg. Der Emsquellenweg verläuft nach rechts, ihr wen-

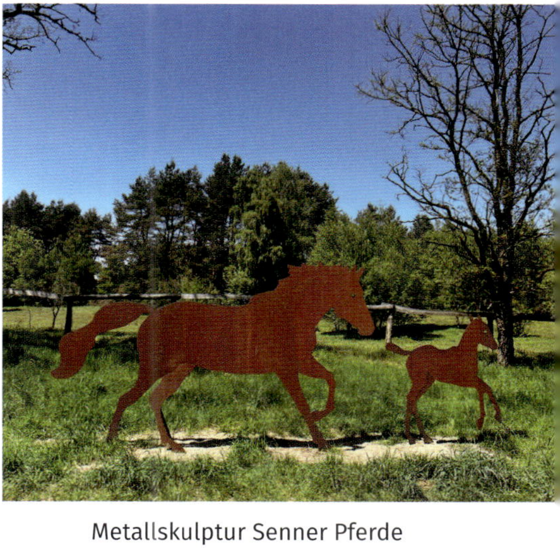

Metallskulptur Senner Pferde

det euch aber nach links und bei nächster Gelegenheit erneut nach links. Dann haltet ihr euch zweimal rechts und gelangt so zurück an den Steinweg, der diesmal tatsächlich asphaltiert ist. Hier geht ihr nach links, überquert wieder den Emser Kirchweg und seid zurück im Wald. Bei erster Gelegenheit biegt ihr nach rechts ab. Auf diesem Weg wandert ihr nun immer geradeaus. Ein kleines Abenteuer wartet noch auf euch – zumindest nach regenreichem Wetter, denn ihr müsst erneut eine Feuchtbrache über ein paar Äste überqueren. Von der Feuchtbrache aus erreicht ihr den Krollbach nach 300 Metern. Dort biegt ihr nach rechts ab und steht nach wenigen Metern wieder an der Brücke zum Parkplatz.

Info

Die Raunächte

Die zwölf Nächte zwischen dem 21. Dezember und dem 6. Januar bezeichnet man als Rau- oder auch Rauchnächte. In dieser Zeit, so der heidnische Glaube, sind die Tore zum Reich der Untoten offen – und die Welt sortiert sich neu. Dämonen, in dichte Pelze gehüllt, treiben ihr Unwesen, Geister der Verstorbenen besuchen unsere Welt. Götter, wie Frau Holle, die Göttin des Wetters, den meisten aber nur als dicke, alte Frau bekannt, machen sich auf eine wilde Jagd und bestimmen so über Regen, Schnee, Sonne und Wind in den folgenden zwölf Monaten. Das war besonders für die Bauern eine wichtige Wahrsage. Mit Kräutern, Rauch und Opfergaben wusste man sich vor den Wilden in der Dunkelheit zu schützen, wusste, wie man sich Unglück vom Leib halten und den Dämonen gegenüberzutreten hatte. Aber es war auch eine Zeit des Feierns, des Zaubers, des Wiedersehens mit den Urahnen, der Vorhersage, der Freude und des Glücks; es wurde gegessen, getrunken und getanzt. Auch das Weihnachtsfest, der geschmückte Baum und die Geschenke sind Teil der Raunächte. Seit ein paar Jahren erfahren die Raunächte und ihre Rituale ein Revival. Social Media macht es möglich, die alten Bräuche einem größeren Publikum optisch chic zu präsentieren und sie so auszulegen, wie es einem selbst am besten passt. Was geblieben ist, ist die Idee, das alte Jahr zu verabschieden und die Weichen für das neue bestmöglich zu stellen.

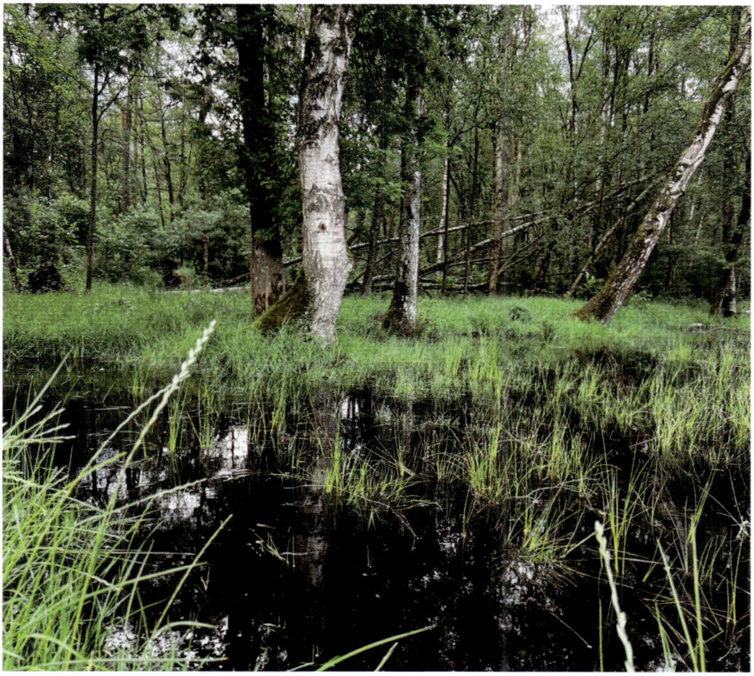

Feuchtbrache

Gastronomie

Garten-Café an der Emsquelle, Emser Kirchweg, 33161 Hövelhof, Tel. 0525/74696

Da das kleine Gartencafé nur sonntags und bei schönem Wetter geöffnet hat, empfiehlt es sich, Rucksackverpflegung mitzuführen.

In der Nähe

Odins Auge

Östlich von Hövelhof, quasi auf der anderen Seite der Senne, liegt Bad Lippspringe. Wie der Ortsname verrät, entspringt hier die Lippequelle – und das ganz besonders malerisch. Wegen des intensiven Blautons wird die Quelle unterhalb der Burgruine deshalb Odins Auge genannt. Wer in der Nähe weilt, sollte unbedingt einen Besuch einplanen.

Odins Auge

In der Region des heutigen Ostwestfalen-Lippes spielten die nordischen Götter einst eine wichtige Rolle. Göttervater Odin soll ein ganz besonderes Verhältnis zur Senne gehabt haben, jenes karge Stück Land, in das man nur zog, wenn man nicht anders konnte. Die Böden waren schwer zu bewirtschaften, und so blieb der, der hier wohnen musste, arm. Odin aber liebte die wilde, raue Senne-Landschaft. Er besaß außerdem einen ausgeprägten Gerechtigkeitssinn. Als er sah, wie sehr die Senner litten, opferte er für sie sein Auge. Jedenfalls in der ostwestfälischen Variante der Sage. In der nordischen Mythologie soll Odin sein Auge im Tausch gegen einen Schluck Wasser aus dem Brunnen Mimir herausgerissen haben, um Weisheit zu erlangen.

Einst lebte Göttervater Odin mit seiner Frau Freya hoch oben auf der Grotenburg in Detmold. Am Tag der Wintersonnenwende, dem 21. Dezember, standen seine Gefährten und sein prächtig herausgeputzter Schimmel erwartungsfroh im Burghof. Das Tier spürte die Aufregung in der Luft, tänzelte vor Erwartung und stieß Dampfwolken aus seinen Nüstern in die klirrend kalte Nacht. Zwölf Nächte lang würden sich die Welten der Lebenden und die der Vorfahren bei einer wilden Jagd gegenüberstehen. Es war die Zeit, in der die Weichen für die nächsten zwölf Monate gestellt würden. Als die Stunde der Nacht schlug, begann die rasende Jagd im donnernden Galopp. Die wilden Jäger wirbelten mit flatternden Gewändern, angeführt von Odin und Frau Holle, die für mächtig Wetter über dem Sennehimmel sorgte. Immer wieder gesellten sich weitere Gestalten aus der Unterwelt hinzu. Nacht für Nacht ertönte das Getöse am Himmel. Die Reiter rauschten in kleinen Grüppchen dicht an den ärmlichen Behausungen vorbei und schauten durch die Fenster hinein, denn auch in den Stuben wurde gefeiert. Raus trauten sich nur derjenige Bauer, der auf ein Zwiegespräch mit einem Vorfahren nicht verzichten konnte. Das war gefährlich und Odin hatte dann alle Hände voll zu tun, um Schlimmeres zu verhindern. Wenn der Morgen graute und das blendende Violett der aufgehenden Sonne den letzten Nebelschwaden vertrieb, war der Spuk für ein paar Stunden vorbei und die Menschen schafften Ordnung und füllten die Opferschalen für die nächste Nacht, auch wenn Letzteres sie merklich schmerzte, denn zu geben hatten die Senner eigentlich nichts. Als nun die letzte der zwölf wilden Nächte vorüber war, waren alle erschöpft und erwarteten das neue Jahr mit allen Herausforderungen und Freuden, die es aufbieten würde. Odin freute sich auf seine Grotenburg und vor allem auf seine Frau Freya. Als seine Reiter fort waren, ritt er allein noch mal über die Heide und schaute voller Liebe, Wohlwollen und Stolz auf das vor ihm liegende raue Land, während die aufgehende Sonne langsam aus den schattigen Umrissen der Höfe scharfe Konturen schnitt. Gerade als Odin seinem Schimmel die Sporen geben wollte, hielt er inne. Etwas war anders. Wo er hinsah, sah er das Leid der Menschen, die hier alles gaben, aber nichts zurückbekamen. Tiefes Mitleid erfasste ihn – und er schritt zur Tat.

Als Freya ihren zurückkehrenden Mann entgegeneilte, sah sie gleich, dass etwas nicht stimmte. Odin hatte den Hut tief ins Gesicht gezogen. Als sie übermütig den Hut lüftete, zuckte sie zusammen: „Was ist mit deinem Auge geschehen?“ Sie war furchtbar erschrocken, denn da wo das blitzende Auge ihres Mannes sein sollte, war nichts mehr als eine dunkle Höhle. Doch er beschwichtigte sie. „Nein, weine nicht! Als ich sah, dass die Senner kaum noch Wasser hatten und der sowieso kärgliche Boden komplett zu verdorren drohte, da litt ich so sehr mit ihnen, dass eine Träne mein Auge verließ. Aber gleichzeitig wusste ich, wie ich sie retten konnte. Also riss ich mir das tränende Auge aus und warf es quer über die Heide, auf dass es die trockenste Stelle treffen würde. Dort liegt nun mein Auge als Quelle, die diesen Landstrich für immer mit Wasser versorgen wird.“ Da nickte Freya und freute sich mit ihm. Ganz am östlichen Rand der Senne war das Auge durch den Wurf Odins aufgekommen, dort, wo heute Bad Lippspringe liegt, sorgt es nach wie vor für eine nimmer versiegende Quelle. Auch Odins Schimmel soll sich ab und zu noch zeigen. Allerdings nur dem, der zur Geisterstunde in der Senne unterwegs ist. Sobald die Stunde verflogen ist, bleibt von seiner Silhouette nichts als etwas weißer Dunst über der Heide.

Tour 3

Startpunkt

Zwischenziele

Parkplatz

Haltestelle

Zielpunkt

Gastronomie

Fotospot

Naturerlebnis

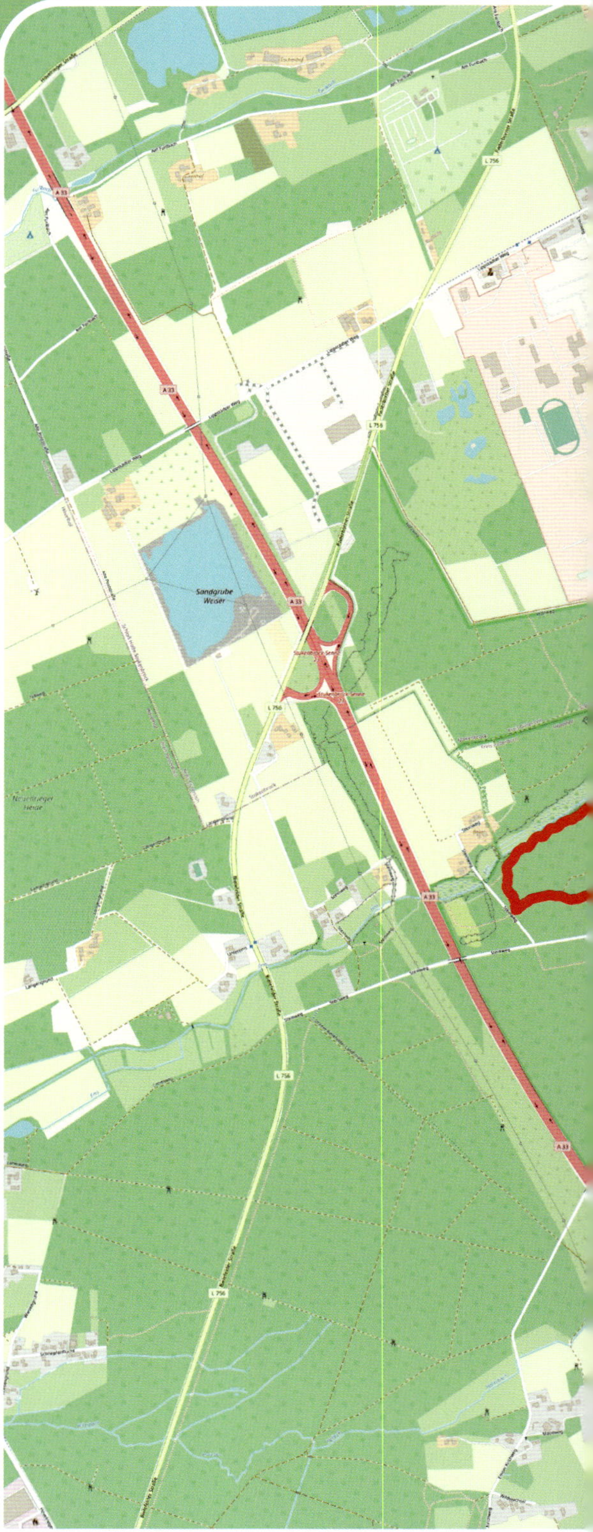

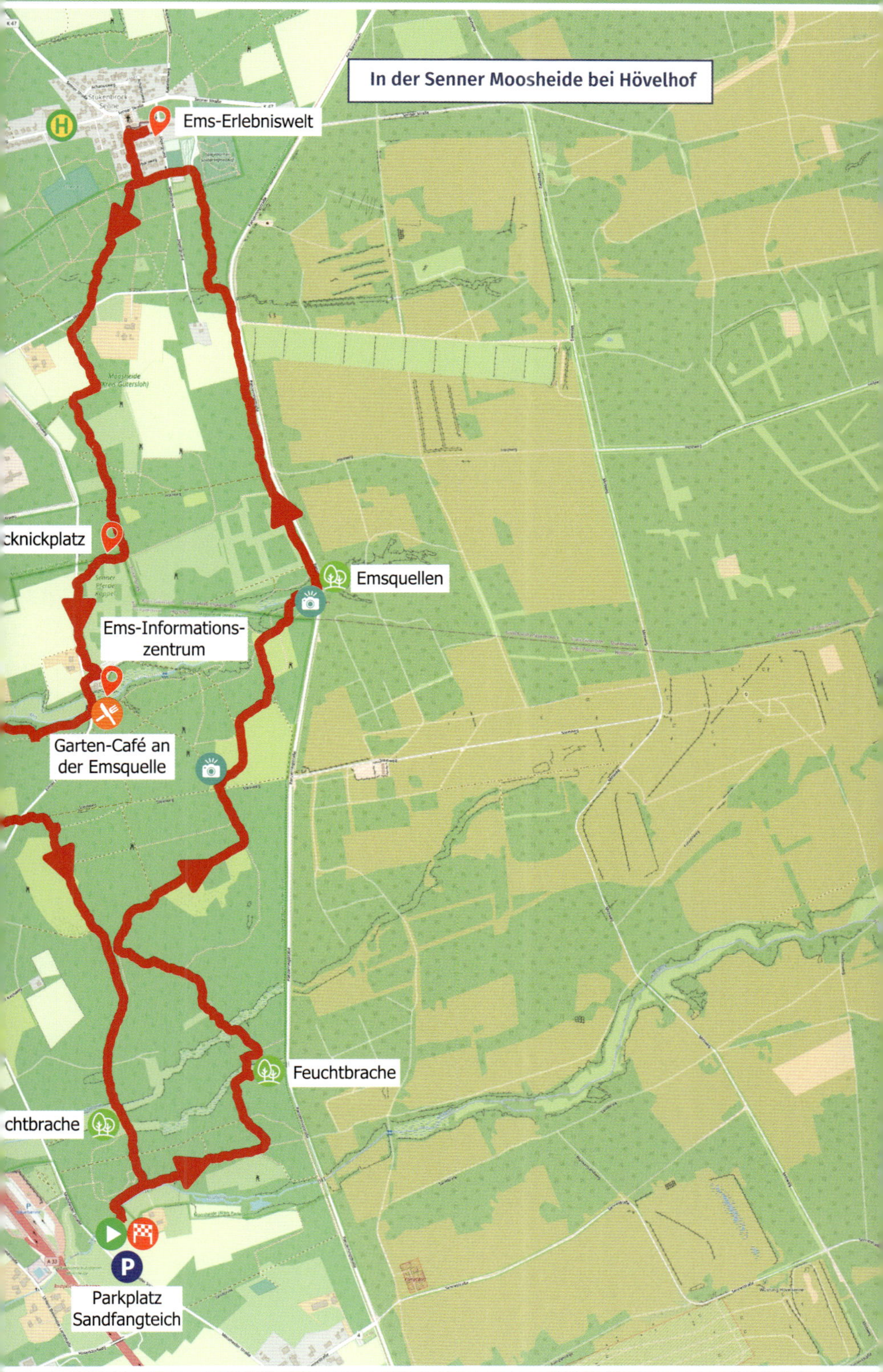

In der Senner Moosheide bei Hövelhof
Ems-Erlebniswelt
cknickplatz
Emsquellen
Ems-Informations-
zentrum
Garten-Café an
der Emsquelle
Feuchtbrache
chtbrache
Parkplatz
Sandfangteich

Heavy Metal

Rund um die Blankenrodener Bleikuhlen

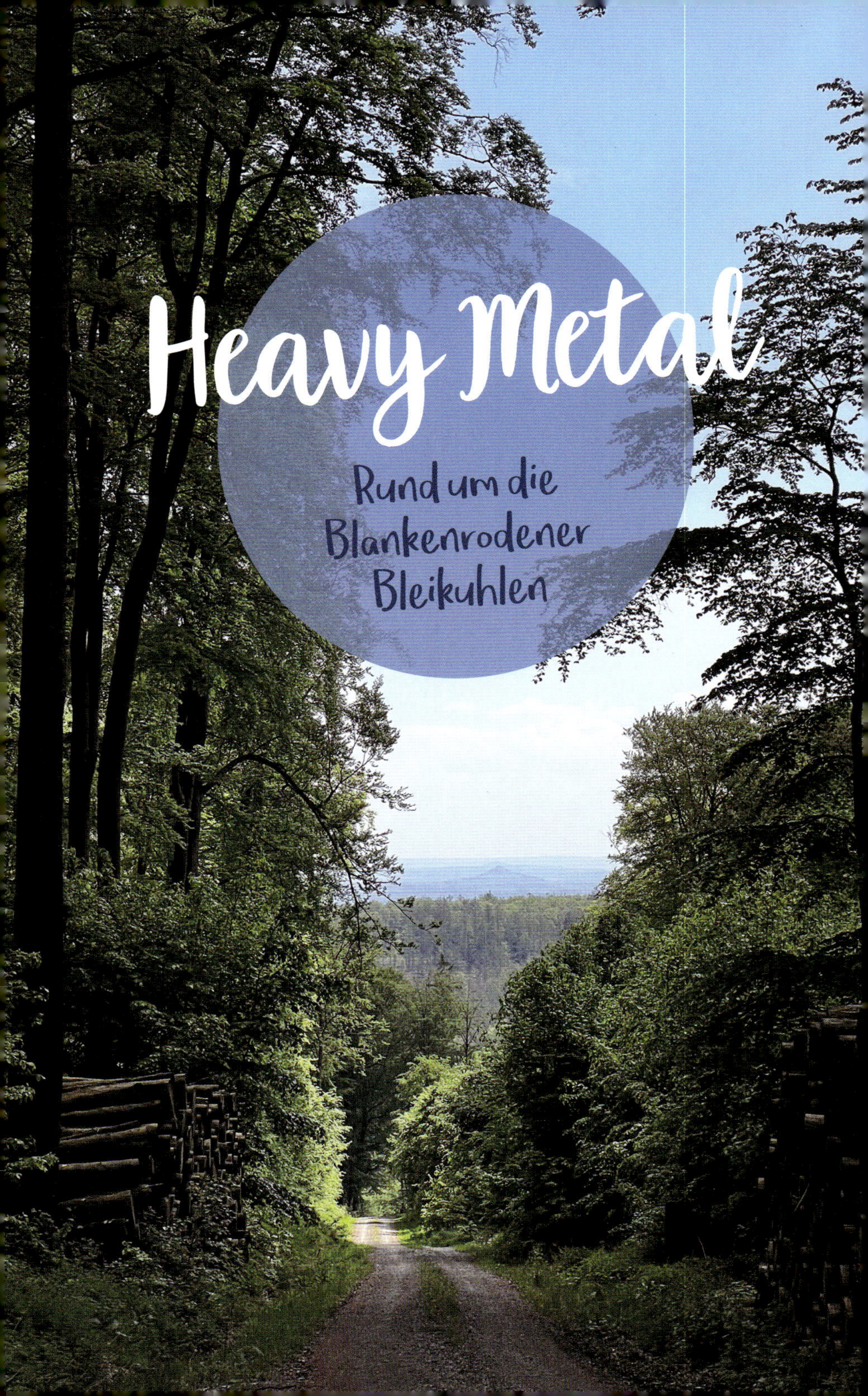

Im südlichen Eggegebirge liegt die mit nicht einmal 200 Einwohnern winzige Ortschaft Blankenrode, die heute zur Stadt Lichtenau gehört. Vor vielen Jahren gab es nicht weit entfernt auf einem Bergsporn eine befestigte Stadt, die auch den Namen Blankenrode trug. Auf dieser Wanderung macht ihr euch auf, die Geschichte dieser verlorenen Stadt zu entdecken. Ein Hörmuseum versetzt euch ins 14. Jahrhundert und lässt euch die letzten Tage vor ihrem Untergang erleben. Anschließend erkundet ihr das Naturschutzgebiet „Bleikuhlen und Wäschebachtal", wo euch „Heavy Metal" und eine außergewöhnlich zarte Schönheit verzaubern.

Tour 4

2:00 Std. | 7 km | 60 m

Start/Ziel: Wanderparkplatz Hörmuseum/Stadtwüstung, Blankenroder Straße, 33165 Lichtenau
Wegbeschaffenheit: meistens unebene Waldwege über Wurzeln, teilweise Schotter oder Asphalt
Parken: Wanderparkplatz Hörmuseum, alternativ Parkplatz an der Kapelle St. Marien, Hardehauser Straße, 33165 Lichtenau
Anreise mit ÖPNV: Bushaltestelle Blankenrode, 33165 Lichtenau
Besonderheiten: Diese kurze Wanderung ist besonders für Familien mit Kindern ein Abenteuer, aber nicht für Kinderwagen geeignet. Festes Schuhwerk ist erforderlich.

Wegbeschreibung: Am Wanderparkplatz werdet ihr von Agnes und Konrad begrüßt, die euch einladen, mit ihnen in das Jahr 1393 zu reisen. An einer Infotafel, direkt unter der Hörstation und neben einem kleinen Pavillon, könnt ihr euch einen Überblick über die Route verschaffen, dann geht es auch schon los. Am Ende des Parkplatzes gabelt sich der Weg. Ihr folgt dem kleinen Pfad geradeaus in den Wald hinein. Plötzlich taucht ein Wächter am Wegesrand auf und gleich darauf ertönt in der Stille des Waldes eine helle Kinderstimme. Ihr habt das Hörmuseum erreicht. Durch das ehemalige Westtor betretet ihr nun die einst befestigte Stadt Blankenrode auf dem schmalen Weg. Ihr wandert immer weiter geradeaus, zunächst durch den westlichen Teil, in dem damals die einfachen Leute und Handwerker lebten, dann nach etwa der Hälfte – hier verlief der ehemalige Mittelwall, der die Stadt teilte – gelangt ihr in den östlichen Teil, der den wohlhabenden Bürgern, den Rittern und Adeligen vorbehalten war. Am Ende des Pfads erwartet euch ein weiterer Stadthüter, der mit dem Rücken zum Burghügel und zum ehemaligen Osttor steht. Der Wächter weist euch nach links Richtung Brunnen. Hier sei euch empfohlen, euch dem stattlichen Herrn zu widersetzen und zunächst einmal den Burghügel zu umrunden. Die Burg war nämlich durch einen eigenen Wall zusätzlich geschützt. Ihr wandert also auf einem noch engeren Pfad rechts um den Burgwall herum. Passt gut auf, wo ihr den Fuß aufsetzt, der Weg ist stark von Wurzeln durchzogen. So urig der Boden, so magisch ist auch der ganze Wald, der mittlerweile auf dem Gelände der ehemaligen Stadt wächst, denn abgestorbene Bäume dürfen hier liegenbleiben. Nach der Wallrunde geht es dann, wie vom Wächter empfohlen, weiter zum Brunnen und ihr befindet euch im Herzen der ehemaligen Stadt. Eine Bank lädt zu einem Päuschen ein – und ihr erfahrt die Geschichte des Jungfernbrunnens.

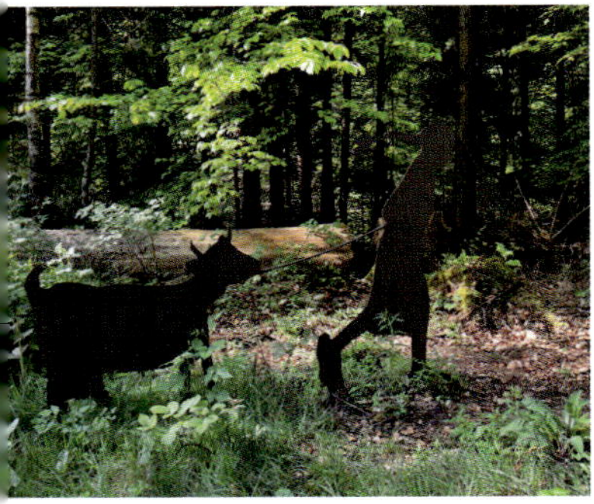

Agnes mit Ziege

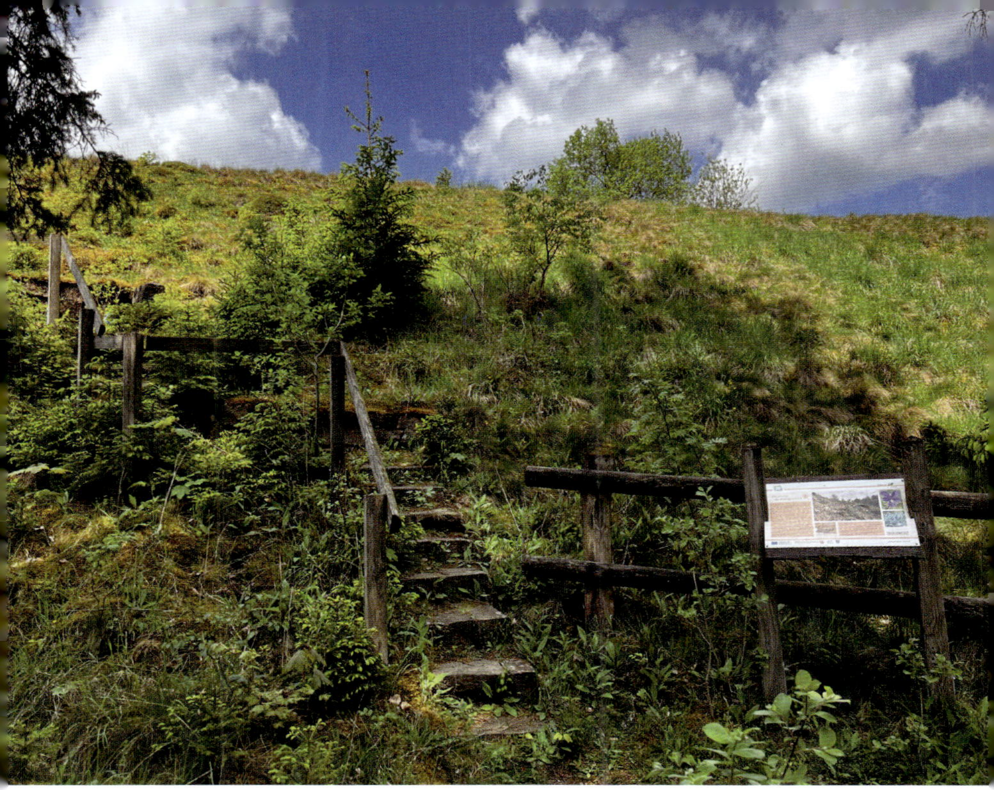

Treppen führen von der Bleiwiese herunter.

Am Weg

Das Hörmuseum

Rund um den ehemaligen Stadtwall sind zwölf Hörstationen installiert. Ihr erlebt einen Tag im Leben der beiden Kinder Agnes und Konrad im Jahr 1393. Einige der Hörstationen sind gut sichtbar, manchmal aber sind die Stationen auch gut versteckt und man erschrickt, wenn plötzlich Hufgeklapper oder das Klopfen eines Hammers ertönen. Die Hörmodule werden von einem Bewegungsmelder aktiviert, wenn ihr an ihnen vorbeilauft. Da die Module über Solarpanels mit Strom versorgt werden, brauchen sie Sonne. So kann es an einem sehr trüben Tag vorkommen, dass eine Hörstation auch mal still bleibt. Der Naturpark Teutoburger Wald/Eggegebirge hat dieses Hörmuseum im Rahmen der „Kinder Erlebniswelt Natur“ installiert. Weitere Informationen: www.naturpark-teutoburgerwald.de/kindererlebniswelt-natur

Am Weg

Der Jungfernbrunnen

Der Brunnen im ehemaligen Stadtzentrum ist nicht das mittelalterliche Original, sondern eine Rekonstruktion. Das Original war in der letzten der zahlreichen Fehden, die die Stadt erlebt hat, zerstört worden. Eine Sage erzählt, wie der „Jungfernbrunnen" zu seinem Namen kam: Raubritter hatten es wieder geschafft, die Stadtbefestigung zu stürmen, und metzelten und brannten alles nieder. Selbst Frauen, Kinder und Greise waren unter den Opfern; es wurde keine Rücksicht genommen. Als die Tochter des Bürgermeisters von mehreren Kriegern verfolgt wurde, wusste sich die junge Frau nicht anders zu helfen, als in den tiefen Stadtbrunnen zu springen. Dort ertrank sie elendig. Es war die letzte und grausamste Nacht, in der die Feinde keinen Stein auf dem anderen ließen und kein schlagendes Herz in der Brust.

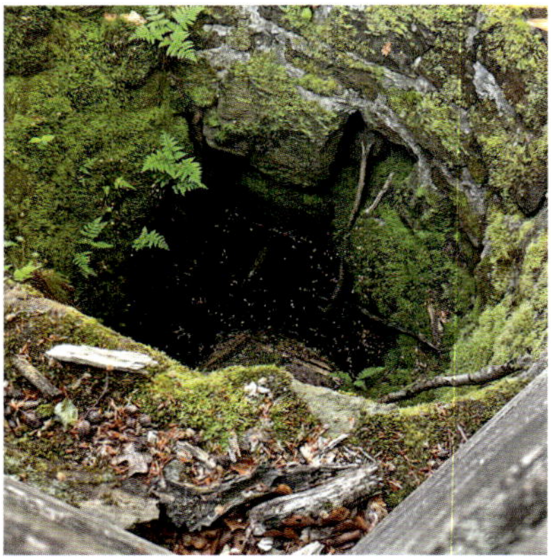

Ausgeruht setzt ihr euren Weg fort. Nach der nächsten Biegung verlasst ihr den zentralen Bereich und wandert am Außenwall weiter. Ihr erreicht einen kleinen Steinbruch. Hier sieht man sehr gut die verschiedenen Schichten aus wasserführenden und wasserundurchlässigen Gesteinen, die zusammen einen sogenannten Quellhorizont bilden, etwas, was den Bewohnern der Stadt einen entscheidenden Luxus verschaffte: So spendete ihr Stadtbrunnen auch in den Sommermonaten immer frisches Wasser. Über einen kleinen Steg geht der Weg weiter und führt dann auf den von Wurzeln durchzogenen Wall. Ein weiterer Stadtwächter erwartet euch am Nordtor. Er bläst warnend in sein Horn. Die Lage im Jahr 1393 spitzt sich langsam, aber sicher zu – auch Agnes und Konrad haben es plötzlich eilig.

Bleibt nun nah am ehemaligen Wall, um das Ende der Geschichte nicht zu verpassen. Und dann verabschieden sich Agnes und Konrad von euch und ihr erreicht wieder das ehemalige Westtor und geht auf dem Pfad, über den ihr das Hörmuseum erreicht habt, zurück. Allerdings nicht bis zum Parkplatz. An der kleinen Wanderkreuzung nach der Weseregge/Wasserscheide-Bank, die euch sicher schon auf dem Hinweg aufgefallen ist, wendet ihr euch nach links. Von hier

Am Weg

Die Stadtwüstung Blankenrode

Besonders im Mittelalter sind viele Dörfer und Städte von den Bewohnern verlassen worden und wüst gefallen. Die Ursachen dafür waren vielfältig: Oft waren es Missernten, wie zur Zeit der Kleinen Eiszeit, vernichtende Krankheitswellen, wie die Pest oder die Folgen von Krieg und Zerstörung, wie im Fall der Burgstadt Blankenrode.

Die Stadt auf dem Bergsporn wurde ursprünglich im Auftrag des Paderborner Fürstbischofs Simon I. im Verbund mit dem Abt von Corvey um 1250 als Festung gegen die Grafschaft Waldeck gegründet. Eine wichtige Handelsstraße, der Warburger Weg, führte durch die Stadt hindurch und verband Ost- und Westtor. Die Stadt war mit Gräben und mehreren Wallanlagen, die Burg zusätzlich mit einer Mauer geschützt. Trotz der Sicherheitsmaßnahmen wurde die Stadt immer wieder massiv attackiert. Mitte des 14. Jahrhunderts wurde sie verpfändet, unter anderen an die Herren von Brobeck, die am Bergbau an den Bleikuhlen beteiligt waren. Als die Stadt durch den Angriff von Graf Heinrich VI. von Waldeck um 1390 in der sogenannten Bengeler Fehde dem Erdboden gleichgemacht wurde, war das ihr Ende. Allein die Burg wurde wiederaufgebaut, sogar erweitert. Aber schließlich fiel auch sie wüst. Die heutige Ortschaft Blankenrode, die etwa 1,5 Kilometer westlich der ehemaligen Burgstadt liegt, ist tatsächlich noch viel älter, denn sie wurde schon 836 urkundlich unter dem Namen Snevede erwähnt, was so viel bedeutet wie „an den Quellen der Altenau gelegen". Und das stimmt ja auch, der Quellteich befindet sich mitten im Dorf. Im 16. Jahrhundert gab es eine Neuansiedlung – und die erhielt den in der Gegend schon bekannten Namen: Blankenrode.

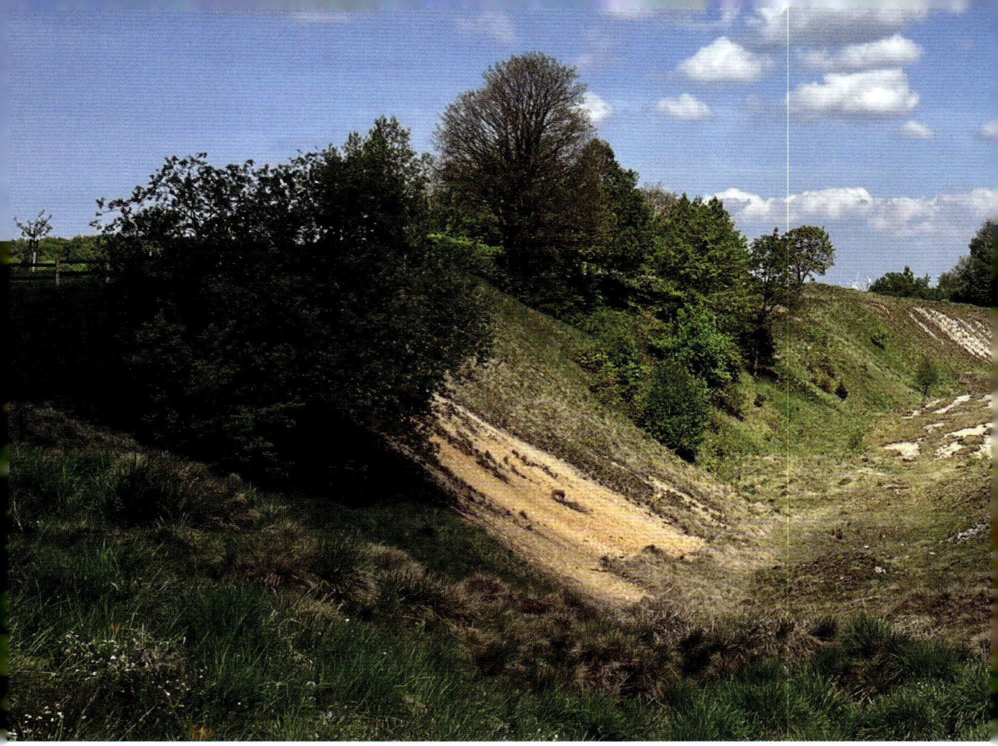

Am Weg

Schwermetallrasen

Eine ausgesprochene Vorliebe für Heavy Metal haben Galmeipflanzen. Galmei bedeutet Zinkerz. Diese Pflanzen mögen Böden, die von Natur aus mit Schwermetallen kontaminiert und extrem stickstoffarm sind. Das Galmei-Stiefmütterchen, auch Galmei-Veilchen genannt, kommt in dieser Gegend ausschließlich auf dem Schwermetallrasen in den Blankenroder Bleikuhlen vor, wo vom 12. Jahrhundert bis 1745 Bleierz und anschließend bis Anfang des 20. Jahrhunderts Galmei abgebaut wurde. Von Mai bis Oktober kann man die zarte, violette Rarität auf der Wanderung entlang des abgesteckten Wegs im Naturschutzgebiet Bleikuhlen bewundern. Aber bitte nicht pflücken, denn die kleine Schönheit steht unter Naturschutz.

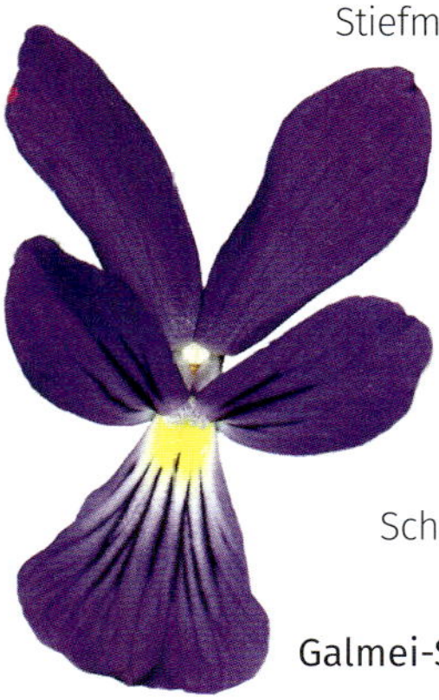

Galmei-Stiefmütterchen

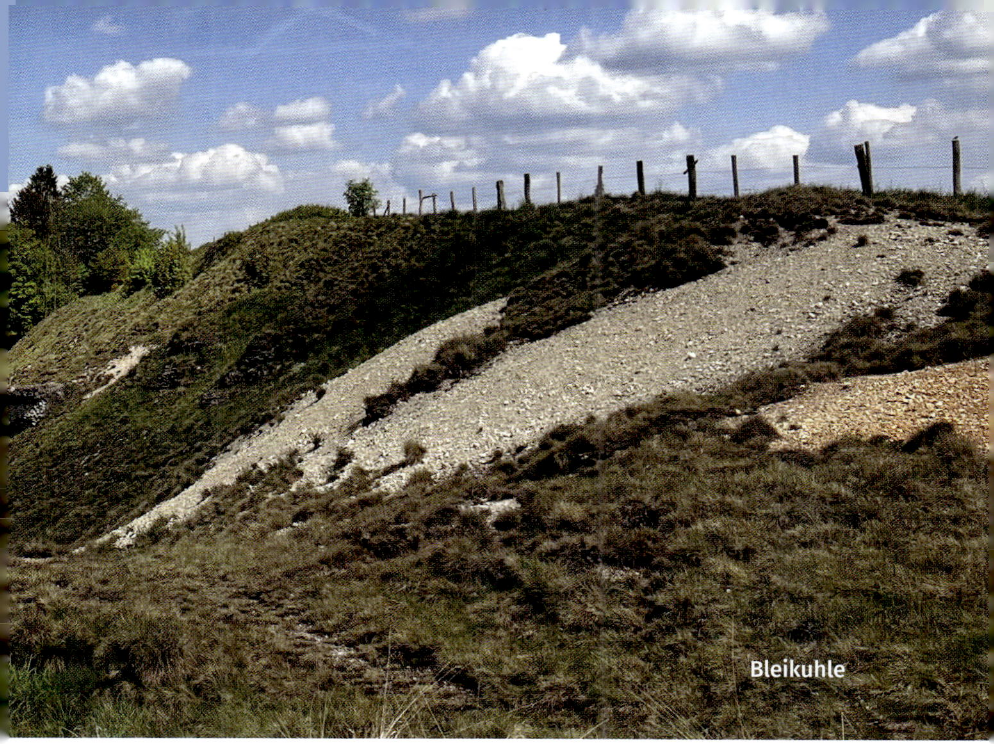

sind es nun noch zwei Kilometer bis zur Bleikuhle. Zwei Wege führen euch hin: ganz links, ein ganz schmaler, flankiert von dicken Baumstämmen, die in der Mitte zur Wegfreimachung durchgesägt sind oder etwas weiter rechts ein bequemer Wirtschaftsweg. Der linke Weg verspricht mehr Abenteuer, ihn solltet ihr wählen. Ausgeschildert ist er mit „Oh!Entdeckerweg“ und X4. Ihr folgt dem Weg, teilweise über quer gelegte Äste, bis er nicht mehr weitergeht. Dann wendet ihr euch nach rechts und sofort wieder nach links. Hier verbindet sich euer Weg dann mit dem breiten Wirtschaftsweg, dem ihr nun wenige Meter folgt, um dann nach rechts in einen brei-

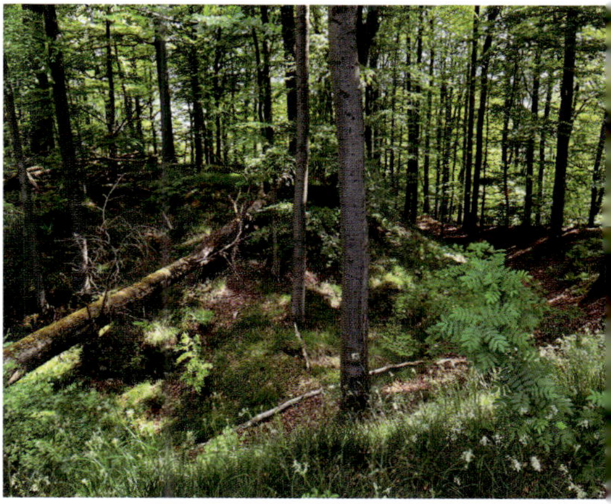

Ehemaliger Burgberg mit Wall

ten Schotterweg einzubiegen. Bei klarem Wetter könnt ihr, wenn ihr nach links blickt, von hier am Horizont den Desenberg erkennen, ein Vulkankegel, der niemals ausgebrochen ist und in dem für lange Zeit ein Drache geherrscht haben soll.
Der Wald, ein bisher recht dicht und intakt wirkender Buchenmischwald, wird nun auf einem kleinen Stück licht, denn hier wurde viel abgeholzt. Vor dem Hochsitz wendet ihr euch nach rechts und dann liegt links vor euch die Bleiwiese, rechts die Bleikuhle, ebenso ein Tisch und Bänke, perfekt für eine Pause. Die Bleikuhle kann nicht betreten, aber vom Zaun aus bewundert werden. Dafür leitet euch ein Weg quer über die Bleiwiese, auf der die zarten Galmei-Stiefmütterchen wachsen, und führt euch über ein paar Treppenstufen und in einer Linksschleife um den Hügel wieder hierhin zurück.
Weiter geht die Wanderung nun auf asphaltiertem Wege in Richtung des heutigen Dorfes Blankenrode. Die kreuzende Landstraße quert ihr nach links, um gleich darauf wieder nach rechts in einen Weg abzubiegen. Über den Weg „Mühleuwer“ erreicht ihr dann Blankenrode, in dessen Dorfmitte die Altenau aus einem Quellteich entspringt, bevor sie bei Nordborchen in die Alme fließt. Direkt gegenüber blickt ihr auf die Pfarrei St. Marien und wandert rechts an ihr vorbei die Blankenroder Straße hoch Richtung Hardehausen. Nun befindet ihr euch auf dem Eggeweg. Nur ein kurzes Stück wandert ihr direkt entlang der Landstraße. Dann, an der ersten Bank kurz vorm

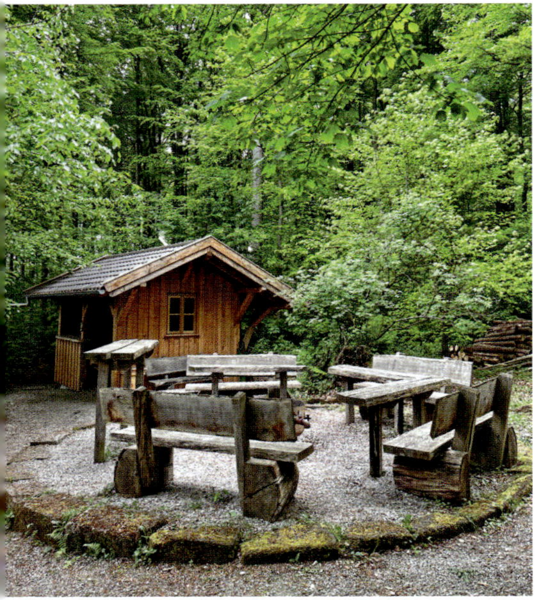

Jagdbläserhütte

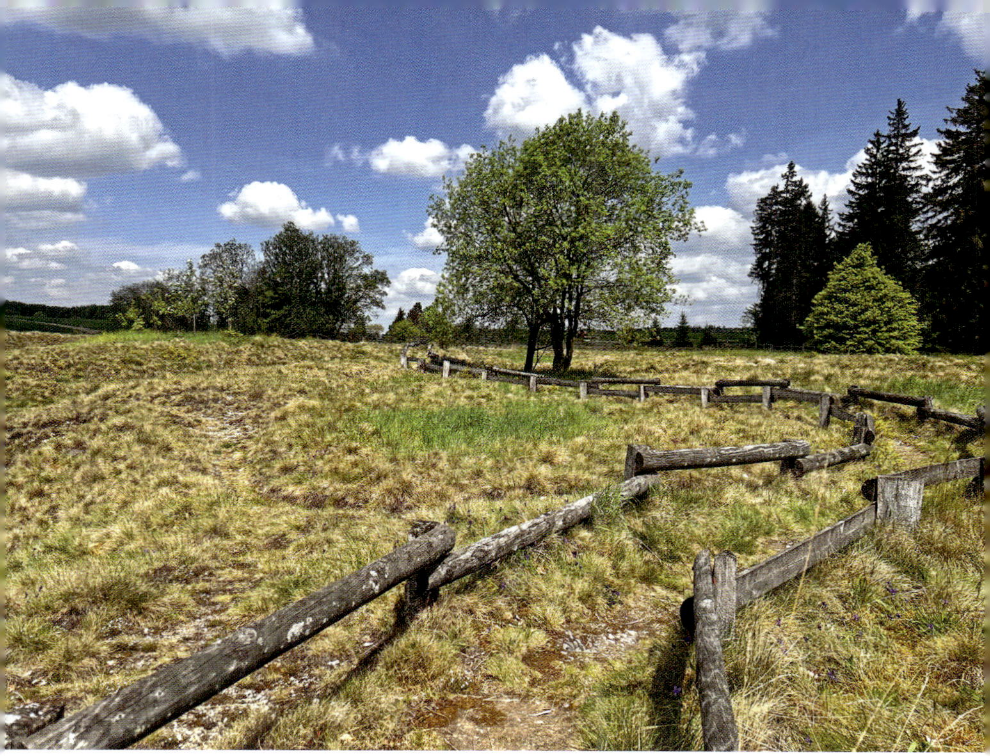

Weg über die Bleiwiese

Ortsausgangsschild, wechselt ihr auf einen Graspfad, der oberhalb und parallel zur Landstraße verläuft und euch in einen schönen Buchenwald leitet. Nach wenigen Metern erreicht ihr die zünftige Hütte der Blankenroder Jagdhornbläser, mit Picknick- und Grillmöglichkeit, auch bekannt als „Rastplatz Liebesbuche“, die ihren Namen nicht zu Unrecht führt. Nach ein paar Schritten geradeaus durch den Wald überquert ihr die Straße und erreicht wieder euren Ausgangspunkt, den Wanderparkplatz.

Gastronomie

Grand Café „Der Vagenbond“, Zur Altenauquelle 30, 33165 Lichtenau, Tel. 2994/1562, www.der-vagenbond.eu
Egge-Tränke, Selbstbedienungsstation mit Sitzgelegenheit, an der Wanderer und Fahrradfahrer gekühlte Getränke und regionale Produkte kaufen oder den Akku aufladen können, Zur Altenauquelle 23, 33165 Lichtenau

Die Wunderschale

Das Paderborner Hochstift war ein hart umkämpftes Gebiet. Die Ritter zu Brobeck waren Lehnsherren der Burg zu Blankenrode. Es ist kein Geheimnis, dass sie ihren Reichtum auch durch Raubrittertum ergaunert hatten. Aber wie immer im Leben hat alles seinen Preis.

Es gab einmal, viele Jahrhunderte ist es her, eine Zeit, da war Blankenrode mitsamt seiner stolzen Burg eine wohlhabende Stadt, denn die Burgherren, die Ritter von Brobeck, besaßen Macht und Reichtum, den sie durch die Gewinne aus der Bleikuhle stetig zu steigern wussten. Aber auch durch geschickte Vermählungen und Verkupplungen mehrte sich ihr Einfluss. So hätten sie zufrieden ihr Leben verbringen können. Doch besonders zwei der Brüder hatten Blut geleckt und gierten nach immer mehr Gold und Geld. Außerdem bereitete es ihnen Freude, ihre Macht auszuüben und als Raubritter Angst und Schrecken zu verbreiten. Sie überfielen und plünderten alles, was nicht niet- und nagelfest war. Eines Tages erbeuteten die beiden Raubritter bei einem ihrer Beutezüge einen ganz besonderen Schatz: eine Schale. Ganz aus einem schimmernden und vielfarbigen Achat geschliffen, war sie das Schönste, was die beiden je gesehen hatten. Die Schale erstrahlte in einem so prachtvollen Glanz, dass, wer sie hielt, sie nie wieder loslassen wollte, so magisch fesselte ihr Farbenspiel. Nie hatten die beiden Brüder etwas Kostbareres in Händen gehalten. Aber was die Brüder nicht wussten: Die Schale barg ein Geheimnis, denn nur ihr redlicher Besitzer durfte sie unbeschadet in Händen halten. Wer sie unrechtmäßig sein Eigen nannte, für den bedeutete sie Unglück und Untergang. Und genauso geschah es. Den Brüdern misslang gleich am nächsten Tag ihr Raubzug, ein Missgeschick reihte sich ans nächste und ihre Reichtümer schmolzen dahin. Als sie eines Abends erschöpft von ihrem grausamen Tageswerk beisammensaßen und wie jeden Tag die Schale hervorholten, um sie zu bewundern, da fiel dem einen Bruder plötzlich ein Kratzer in der Schale auf. Entsetzt sprang er auf und holte eine zweite Kerze. Im doppelten Schein zeigten sich nun weitere feine Linien und Bögen auf dem Schalenboden, in denen sich das Licht brach. Nie zuvor war ihnen ein Makel an der vollkommen scheinenden Schale aufgefallen! Beunruhigt brachte der andere Bruder eine dritte Kerze und dort, wo der Schein der drei Lichtquellen sich kreuzte, entzifferten sie nun eine Inschrift: „Nur wer mich redlich hält, dem werde Glück und Gold zuteil. Wer mich unrechtmäßig zu besitzen begehre, über den werde Unglück und Leid hereinbrechen".

Da erschraken die beiden Ritter sehr, denn sie erkannten, dass sie der Prophezeiung schon Tribut zollten. Aber die Schale ihrem rechtmäßigen Besitzer zurückzugeben, das kam nicht infrage. Konnten sie sie nicht behalten, sollte sie keiner besitzen. Und so machten die beiden sich in einer finsteren Nacht auf zum Stadtbrunnen. Dort wollten sie die Schale in die Tiefe versenken, auf dass niemand mehr von ihrer Existenz Kenntnis hätte. Aber die Schale wollte nicht sinken. Stattdessen schwamm sie auf der Oberfläche und das trübe Licht eines einzelnen Sternes reichte, um sie zu einem prachtvollen Leuchten zu bringen. Schnell wollte einer der Brüder sich die Schale wieder schnappen. Da verschwand im selben Augenblick das Wasser des Brunnens und tief unten auf dem schlammigen Boden lag unerreichbar die noch immer schimmernde Schale. Das Unglück war nun nicht mehr aufzuhalten. Es dauerte nicht mehr lange, da lag die ganze Stadt mitsamt ihrer Burg verwüstet in Schutt und Asche.

Die Schale aber, die liegt nach wie vor auf dem Grund des Brunnens und wurde immer mal wieder von Wanderern gesehen. Sie soll ganz kurz an der Oberfläche des Brunnens schweben, bevor sie lautlos wieder in den Brunnenboden eintaucht und verschwindet. Laut Sage wird irgendwann einmal ein armer, aber redlicher Mensch sie zu fassen kriegen. Ihn werde die Schale nicht nur glücklich, sondern auch sehr reich machen. Und auch die verwüstete Stadt Blankenrode werde dann wieder in altem Glanz erstrahlen.

Tour 4

Startpunkt

Zwischenziele

Parkplatz

Kulturstätte

Zielpunkt

Gastronomie

Naturerlebnis

Sehenswürdigkeit

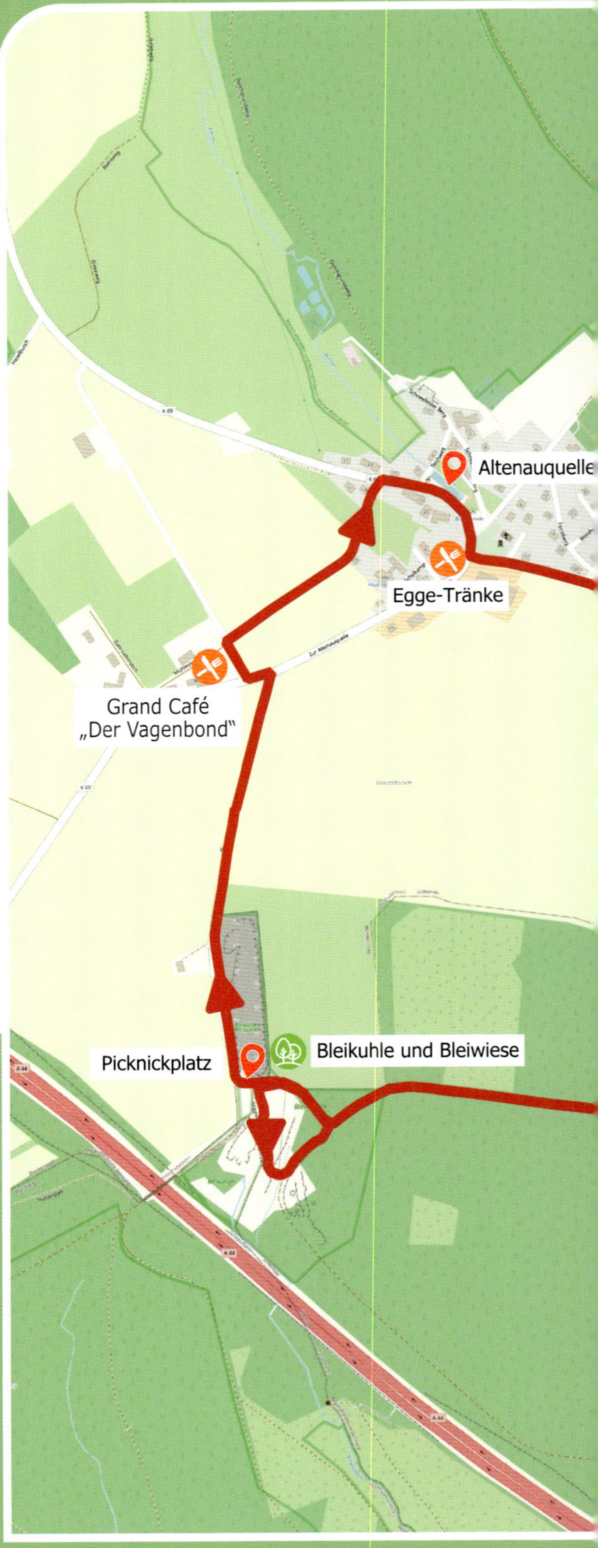

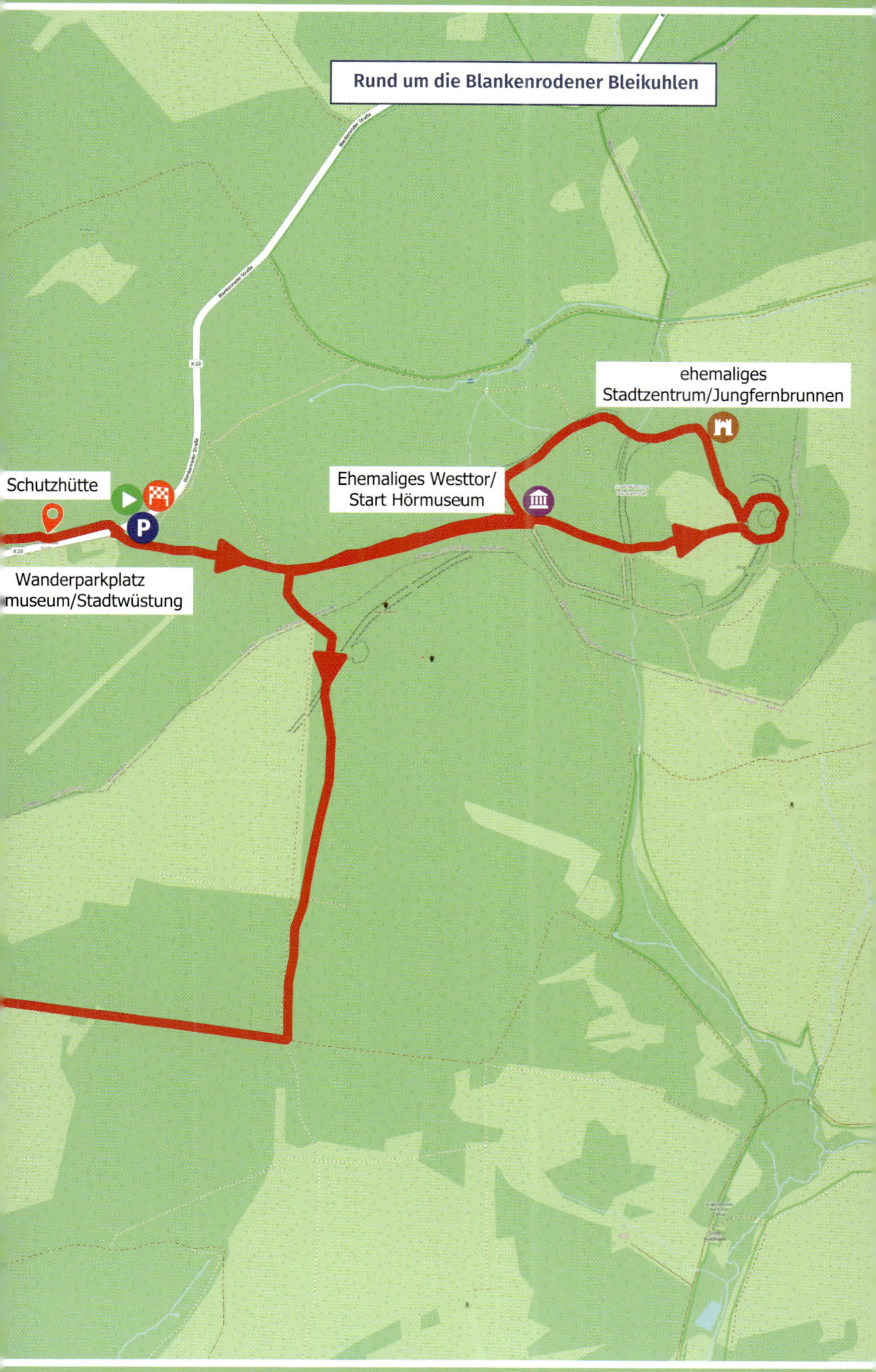

Rund um die Blankenrodener Bleikuhlen
ehemaliges
Stadtzentrum/Jungfernbrunnen
Ehemaliges Westtor/
Start Hörmuseum
Schutzhütte
Wanderparkplatz
museum/Stadtwüstung

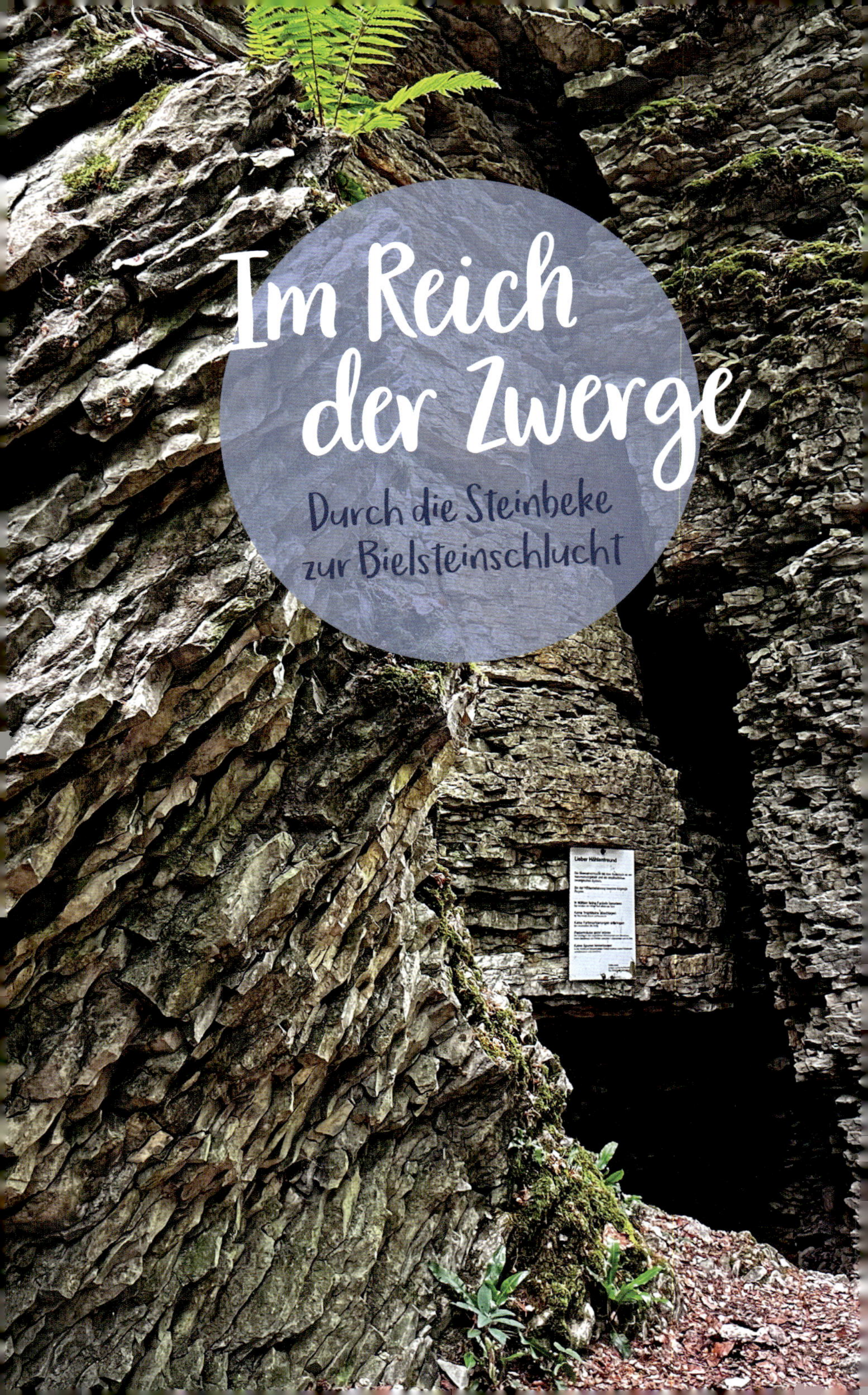

Im Reich der Zwerge

Durch die Steinbeke zur Bielsteinschlucht

Im nordwestlichen Eggegebirge zwischen Schlangen und Veldrom führt ein trockengefallenes Flussbett in einen zauberhaften Buchenmischwald und weiter ins Naturschutzgebiet Bielsteinschlucht mit Lukenloch. Hier lenkt nichts ab von der Natur, die sich urwüchsig und in bizarren Formen präsentiert. Mit nur einer Picknickmöglichkeit zwischendurch bleiben die Beine in steter Bewegung und die Gedanken können ungehindert auf Reisen gehen. Eine Wanderung für die Seele, die sich in der Stille und Einsamkeit herrlich erholen kann.

Tour 5

4:00 Std. | 13 km | 310 m

Start/Ziel: Wanderparkplatz Bauerkamp, 33189 Schlangen
Wegbeschaffenheit: Schotterweg, teils grob-steinig, teils schmale und urwüchsige Waldwege
Parken: Wanderparkplatz Bauerkamp
Anreise mit ÖPNV: Es besteht keine Anbindung an den ÖPNV
Besonderheiten: Trittsicherheit und festes Schuhwerk sind bei dieser Wanderung unbedingt erforderlich. Die Bielsteinschlucht darf nur vorsichtig betreten werden, mit viel Achtsamkeit und Respekt für die Natur und auf eigene Gefahr. Bitte besonders in der Schlucht immer auf den Wegen bleiben, die sind schmal, uneben und manchmal liegen auch Baumstämme quer. Beim Betreten der Höhle gelten die dort aushängenden Regeln.

Wegbeschreibung: Die Straße „Bauerkamp“ trennt den Wald vom Wanderparkplatz. Ihr quert sie und es geht schnurstracks in den Wald hinein. Orientieren könnt ihr euch an dem Wanderzeichen A3. Der Weg wird bald schmaler und windet sich talwärts. Links und rechts hat sich im Frühjahr ein Velourteppich aus Waldmeister ausgedehnt. Es duftet. Der schmale Waldweg führt auf einen breiteren Weg, dessen Boden bedeckt ist mit großem, weißem Schotter. Es sieht so aus, als sei hier mal Wasser geflossen. Der Eindruck täuscht nicht. Ihr lauft tatsächlich durch das trockene Flussbett der Steinbeke, die nur ganz, ganz selten im Jahr – nach einem großen Regenguss oder einer Schneeschmelze – etwas Wasser führt. Ein Schild weist euch auf die Bielsteinschlucht in etwa 400 Metern links hin. Das ignoriert ihr an dieser Stelle, denn die Schlucht ist das Highlight der Wanderung und das gehört ans Ende. Deshalb biegt ihr jetzt nach rechts ins Flussbett in Richtung

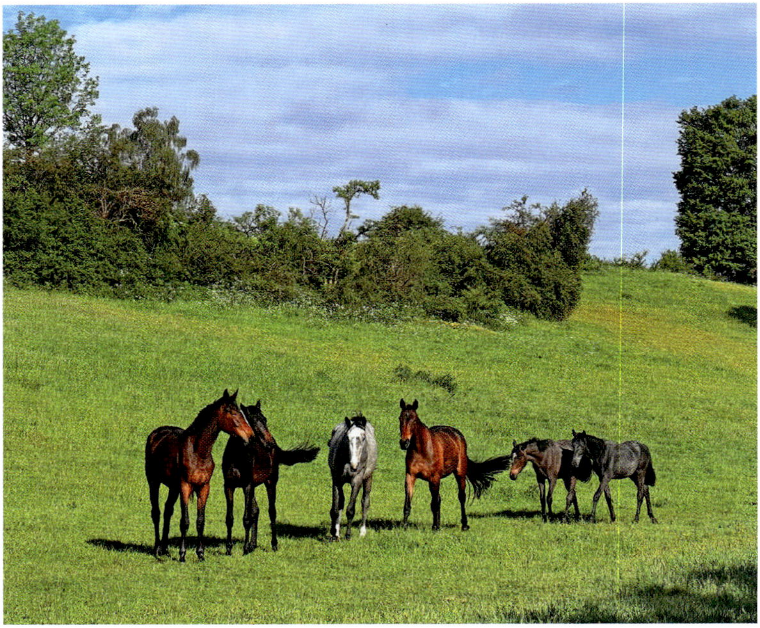

Freundliche Begleitung entlang der Koppel

Am Weg

Noaks Pumpe

Noaks Pumpe erinnert an den Förster Friedrich August Noak, dessen Forsthaus am Berg hinter der Pumpe stand. Es war 1880 in einer Gewitternacht von einem Blitz getroffen worden und ist abgebrannt. Die Pumpe wurde genutzt, um das Vieh auf den Weiden mit Wasser zu versorgen.

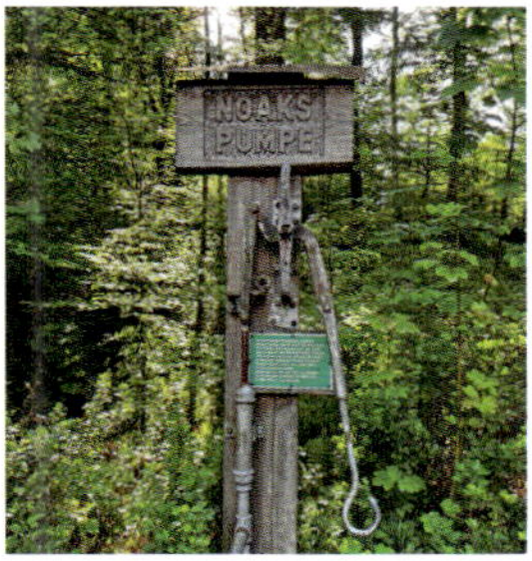

Noaks Pumpe und Römerhütte ab. Die Römerhütte könnt ihr euch schon mal vormerken für eine Pause. Auf dieser Route gibt es ansonsten keine weiteren Sitzgelegenheiten, außer einer wackeligen, etwas überwucherten Bank am Messerkerl. Große, fast weiße Steine bilden den groben Boden und links und rechts geht man teilweise durch einen Hohlweg. Wer die Route in den frühen Morgenstunden und in Stille läuft, hat große Chancen, einem Reh zu begegnen und vielleicht sogar einer märchenhaften Gestalt. Magie liegt auf jeden Fall in der Luft.

Ihr bleibt auf dem weißen Steinbeke-Weg, vorbei an einer Koppel mit Pferden, bis ihr den Grenzstein der mittelalterlichen Grafschaft Enenhusbeken erreicht. An dieser Wanderwegkreuzung steht linker Hand Noaks Pumpe, hinter der ihr abbiegt, also quasi euren Weg etwas versetzt geradeaus und an der Steinbeke fortsetzt. Die Wanderzeichen hier sind der Wildnis-Steig und der Naturschätze-Steig. Nach dem Schlagbaum befindet ihr euch im Naturschutzgebiet Schneegrund. An der nächsten Gabelung orientiert ihr euch nach rechts und von hier ist es nur noch ein Katzensprung, dann habt ihr die Römerhütte erreicht. Zeit für eine Pause.

Vor der Hütte geht euer Weg links weiter. Ausgeschildert ist hier weiterhin der A3, aber ihr bekommt auch den Hinweis, dass ihr euch nun im Römergrund befindet und dass der Messerkerl in 3,6 Kilometern wartet. Der Römergrund führt euch auf breitem Schotterweg bequem bergauf. Immer mal wieder blitzen Felsen zwischen den

Info

Römer

Die Namen Römergrund, Römerbrunnen und Römerhütte lassen darauf schließen, dass die römischen Streitkräfte auch hier ihre Spuren hinterlassen haben. Ein naheliegender Gedanke, aber falsch, denn die Namen gehen auf eine Ortsbezeichnung einer 1015 erstmals erwähnten germanischen Siedlung namens „Druhem“ zurück. Im Laufe der Zeit wurde „Druhem“ zu „Drome“ – und daraus wurde dann irgendwann „Römer“.

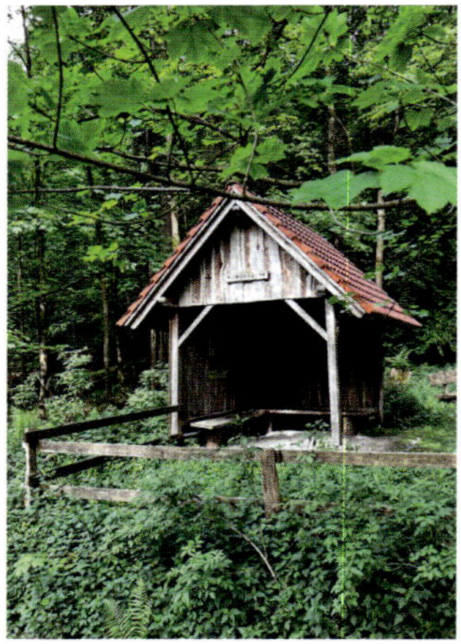

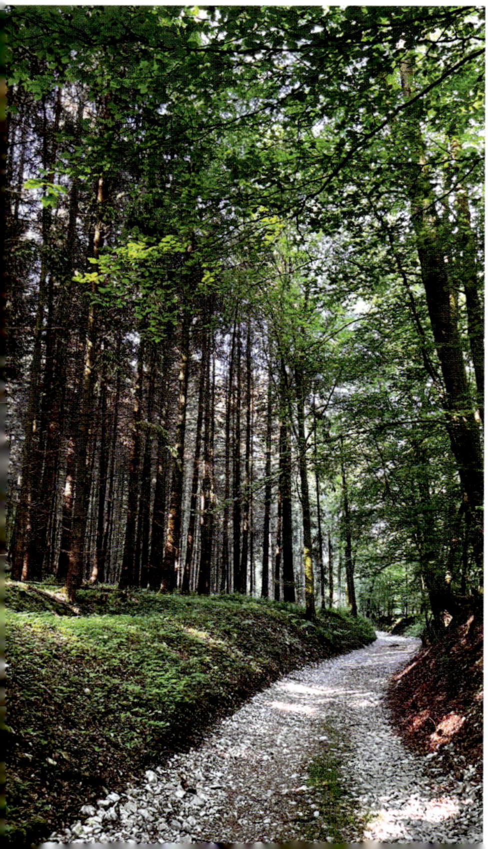

Bäumen hindurch. An mehreren Stellen seht ihr von eurem Weg aus kleinere Steinbrüche. Den einen oder anderen könnt ihr über einen schmalen Pfad erreichen, sofern der noch nicht zu sehr mit Brennnesseln überwuchert ist.

Dann stößt der breite Römergrund direkt auf den Messerkerl beziehungsweise dessen Grabstein. Am Messerkerl geht es dann linke Hand weiter auf dem Zollstockweg. Aber nur kurz, bei der nächsten Möglichkeit verlasst ihr ihn nach links. Schilder des Wanderwegs A3 hel-

Steinbeke

fen bei der Orientierung. Am Windrad macht der Weg einen Knick nach links und ihr wandert weiter auf einem schmaleren Pfad entlang von Buchenhecken und Holunderbüschen. Der Wald öffnet sich etwas, ihr kommt an einer Wiese vorbei. Dann geht es zurück in den Wald, und wer im Frühjahr unterwegs ist, wird dann augenblicklich vom Knoblauchgeruch fast übermannt. Soweit das Auge reicht, wächst hier der Bärlauch. Der Duft ist so überwältigend, dass man Pilzpfanne oder Schnitzel förmlich auf der Zunge spürt. Beim nächsten kreuzenden Weg biegt ihr rechts ab und an der folgenden Kreuzung verlasst ihr den breiten Weg nach links, um auf dem schmalen Weg weiterzuwandern. Aber bevor ihr eurem Weg dorthin folgt, lohnt sich ein kleiner Abstecher nach rechts zum Lukenloch.

Am Weg

Der Messerkerl

Das aufwendig gestaltete Sandsteinkreuz erinnert an das tragische Schicksal des Messerkerls Albert Meijer, der am 28. September 1752 auf grausame Art ermordet wurde. Meijer war ein Wanderhändler, der hier in der Egge sein Nachtlager aufgeschlagen hatte. Der Platz schien ihm geeignet, doch spannte er, um im Schlaf sicher vor wilden Tieren zu sein, vor seinem Schlafplatz noch ein Fangeisen auf. Bevor er sich zur Ruhe legte, wollte er noch ein paar Löffel aus Zinn gießen, die er am nächsten Tag verkaufen wollte. Über dem prasselnden Feuer schmolz er das Metall. Während er darauf wartete, dass das Metall flüssig wurde, übermannte ihn plötzlich der Schlaf. Im nahen Gebüsch beobachtete ein Räuber das Geschehen. Als er sah, dass der Händler schlief, überwältigte er ihn und goss ihm das inzwischen flüssige Zinn in den geöffneten Mund. Der Händler erstickte qualvoll. Der Räuber musste jedoch seine niederträchtige Tat sofort büßen: Als er Hab und Gut des Händlers durchsuchte, trat er in die aufgestellte Falle, taumelte und fiel in das Feuer. So starb auch er einen grausamen Tod.

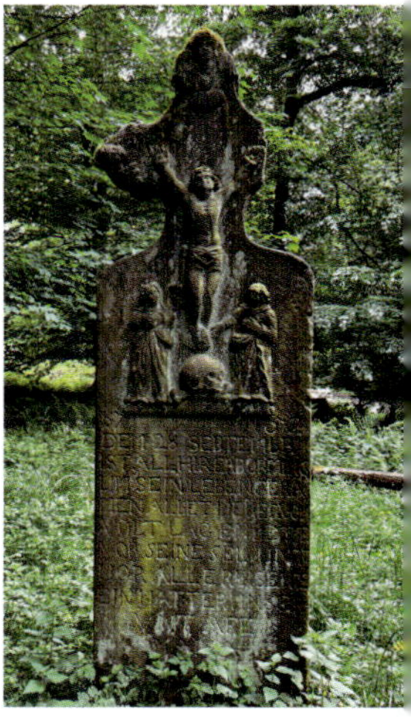

Am Weg

Die Bielsteinschlucht und das Lukenloch

Die Bielsteinschlucht mit Lukenloch ist ein wichtiges FFH-Schutzgebiet (Flora-Fauna-Habitat) und Naturschutzgebiet. Es ist deshalb wichtig, dass ihr auf den Wegen bleibt und euch sehr vorsichtig und respektvoll in diesem Naturraum bewegt. Beide bilden wichtige Habitate für seltene und teilweise vom Aussterben bedrohte Tiere und Pflanzen, wie zum Beispiel Teichfledermaus und Hirschzungenfarn. Die Schlucht selbst hat die Form einer Sichel und ist etwa 300 Meter lang. Bis zu 15 Meter hoch ragen die Felswände aus dem hellen, zerklüfteten Kalkstein. Das Kellerloch ist eine etwa 42 Meter lange, schmale Höhle, die zwischen September und Mai nicht betreten werden darf, da sie in dieser Zeit ein wichtiger Schutzraum und Rückzugsort für Fledermäuse ist. Die Schlucht soll eine prähistorische Flucht und- Siedlungsstätte gewesen sein, bevor sie durch Dolinenbildung eingestürzt ist. Eine Doline ist ein Erdfall, quasi eine trichterartige Höhle, die in Karstgebieten vorkommen kann, wenn Regen die weichen Kalksteinschichten aufweicht. Auch das Lukenloch ist eine Doline und kann über einen kleinen Abstecher erreicht werden. Diese Erdfallhöhle ist nicht zugänglich, da es zum einen 26 Meter steil in die Tiefe geht und zum anderen durch die kühle, feuchte Umgebung ein ideales Refugium für Fledermäuse ist. Aber die Höhle kann vom Zaun aus betrachtet werden. Um das Lukenloch rankt eine Sage: Die Sachsen sollen hier die Irminsul, ihr Heiligtum, vor Karl dem Großen versteckt haben.

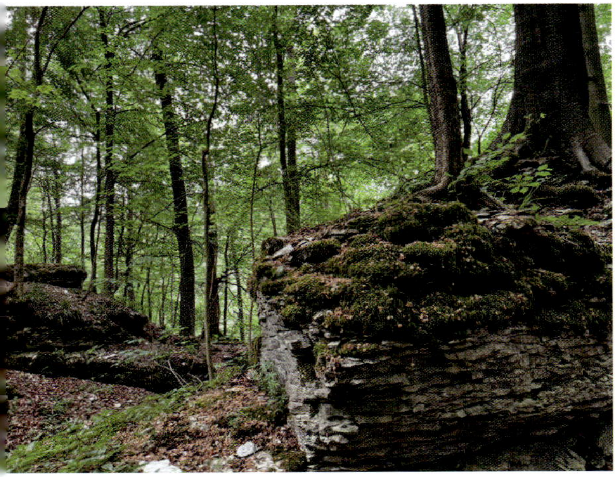

Auf dem Graspfad wandert ihr nur etwa 250 Meter bis zur Infotafel. Dort geht es ein wenig gebückt ins Gebüsch und schon steht ihr vor dem Lukenloch, umrundet es und wandert auf dem Graspfad zum Ausgangspunkt zurück. Es wird nämlich Zeit für das Highlight dieser Tour.
Im Wald folgt ihr dem Pfad, bis rechts ein Infoschild zur Bielsteinschlucht auftaucht. Wenige Meter dahinter führt euch ein sehr schmaler Pfad nach rechts direkt in die beeindruckende Schlucht. Bitte bleibt unbedingt auf den Wegen, die sind teils sehr eng und überwuchert, aber doch eindeutig zu erkennen. Habt immer im Kopf, dass ihr hier in einem filigranen Ökosystem unterwegs seid, das auf eure Sorgfalt zählen muss. Am sogenannten Kellerloch, dem extrem schmalen Eingang zur Schlucht, sind Verhaltensregeln ausgehängt, die unbedingt beachtet werden müssen! Zurück wandert ihr auf demselben Weg bis zur Gabelung und dann aber geht's nach rechts, um wieder auf den A3 zu gelangen, über den ihr gekommen seid. Diesem Weg folgt ihr, bis er auf einen Schotterweg stößt, auf den ihr links einbiegt. Die nächste Möglichkeit nach rechts ist dann wieder der Steinbeke-Weg, gut erkennbar an den weißen, dicken Steinen. Nach 300 Metern erreicht ihr den Zugangsweg, der euch wieder hinauf zum Bauerkamp bringt.

Gastronomie

Gaststätte Bauerkamp, Bauerkamp 1, 33189 Schlangen,
Tel. 05252/7609, www.bauerkamp.de

Tipp

Lerchenspornblüte

Wer noch Kraft in den Beinen hat: Hinter der Gaststätte Bauerkamp verläuft ein kurzer Rundweg durch das Lange Tal, der besonders zwischen März und April zu empfehlen ist. Das ist die Zeit der Lerchenspornblüte – und dieser Waldabschnitt ist übersäht von den kleinen pink, violett und weiß blühenden Blümchen, die den Wald mit ihrem Duft erfüllen.

Die Füße der Zwerge

Viele Sagen ranken sich um das Reich der Zwerge. Die kleinwüchsigen Wesen bevölkerten einst die Höhen des Eggegebirges. Sie waren zudem die Wächter der Höhlen, in denen Schätze voll Gold und Edelsteinen aufbewahrt wurden. Auch in der Bielsteinhöhle sollen ganze Räume voll mit Gold gewesen sein. Ob sie es immer noch sind, vermag kein Mensch zu sagen, denn diejenigen, die zu tief in die Höhle eindringen konnten, haben niemals mehr den Ausgang gefunden. Es hatte eine Zeit gegeben, in der Zwergenvölker und Menschen in Eintracht zusammenlebten. Wie es zum Bruch zwischen beiden kam, erzählt eine alte Sage, die sich vor vielen Jahren hier in der Egge so zugetragen haben soll. Sie macht deutlich, wie wichtig gegenseitiger Respekt und Akzeptanz der Andersartigkeit für ein friedliches Miteinander sind.

Als Zwerge und Menschen noch einträchtig nebeneinander lebten, da hatten die Menschen ihre Häuser und Höfe im Tal und das Zwergenvolk wohnte oberhalb der Dörfer in den zerklüfteten Höhlen des Eggegebirges. Man respektierte und achtete einander, schmunzelte natürlich hier und da über Eigenarten. Aber immer ließ man den anderen gewähren, denn man profitierte voneinander.
Die Zwerge übernahmen oftmals in der Nacht die schwere Arbeit der Menschen. Dann kamen die Bauern frühmorgens mit ihren Wagen voller Gerätschaften und staunten, dass alles Getreide schon geschnitten und gebunden war oder das Obst und Gemüse in Körbe verpackt bereitstand. Die Zwerge hörte man dann im Gebüsch leise kichern und mit trippelnden Schritten huschten sie von dannen. Manchmal kam es vor, dass ein Bauer zunächst etwas erzürnt war, wenn noch nicht ganz reifes Getreide geerntet worden war, was noch länger auf dem Acker hätte stehen sollen. Wenn dann aber abends ein Gewitter mit fürchterlichem Getöse über das Land fegte, dann dankten sie dem Zwergenvolk für ihr vorausschauendes Handeln, indem sie ihnen süßen, warmen Griespudding oder feinen Butterkuchen auf die Türschwelle stellten.

So war es ein Geben und Nehmen. Aber eines Tages zerstörte ein unbelehrbarer Hirte durch seinen Frevel das freundliche Miteinander und mit der Gunst der Zwerge war es vorbei.

Der Hirte hatte etwas außerhalb des Dorfes einen Lieblingskirschbaum auf einem Hügel, der immer ganz besonders dicke schwarze Früchte trug. Als er dreimal hintereinander des Morgens feststellte, dass eben diese Kirschen schon abgeerntet und fein säuberlich in Körben in seinem Speicher standen, da wunderte er sich und wandte sich an die Dorfbewohner. Die Leute lachten und erklärten ihm freundlich: „Das kann niemand anders getan haben als die redlichen Zwerge. Die kommen des Nachts in ihren langen Mänteln und ihren stets bedeckten Füßen angetrippelt und im Handumdrehen haben sie die Arbeit von drei Männern geschafft. Wir Dorfleute haben sie schon oftmals aus der Ferne gesehen, aber man darf sie nicht stören. Man lässt sie kommen und gehen."

Nun war der Hirte aber neugierig. Er fragte sich besonders, warum die Zwerge wohl ihre Füße verbergen wollten. Die Frage ging ihm nicht mehr aus dem Kopf und als im nächsten Sommer wieder ein voller Korb mit Kirschen in seinem Speicher stand, da nahm der Hirte einen Sack Asche. Diese streute er um den Baum herum. Ganz früh am nächsten Morgen rannte er zum Baum, der wieder ganz leer gepflückt war. Und unter dem Baum da waren in der grauen Asche unzählige Abdrücke von krummen Gänsefüßchen. Da lachte der Hirte laut auf, rannte ins Dorf und spottete über die winzigen, missgestalteten Füße der Zwerge: „Ich kenne ihr Geheimnis, es ist nun verraten", lachte er spitzzüngig.

Fortan wurde kein Zwerg mehr gesehen. Sie waren weggezogen, tiefer in die Berge. Und die Leute aus dem Dorf, ja, das ganze Menschengeschlecht, konnte auf keine fleißigen Helfer mehr hoffen. Es gab auch niemanden mehr, der sie vor Missernten bewahrte. Der Hirte, der die Zwerge verraten und verspottet hatte, den traf es am schlimmsten. Er wurde schwer krank und erholte sich bis an sein Lebensende nicht wieder von seinem Leiden.

Tour 5

Startpunkt

Zwischenziele

Parkplatz

Zielpunkt

Gastronomie

Naturerlebnis

Sehenswürdigkeit

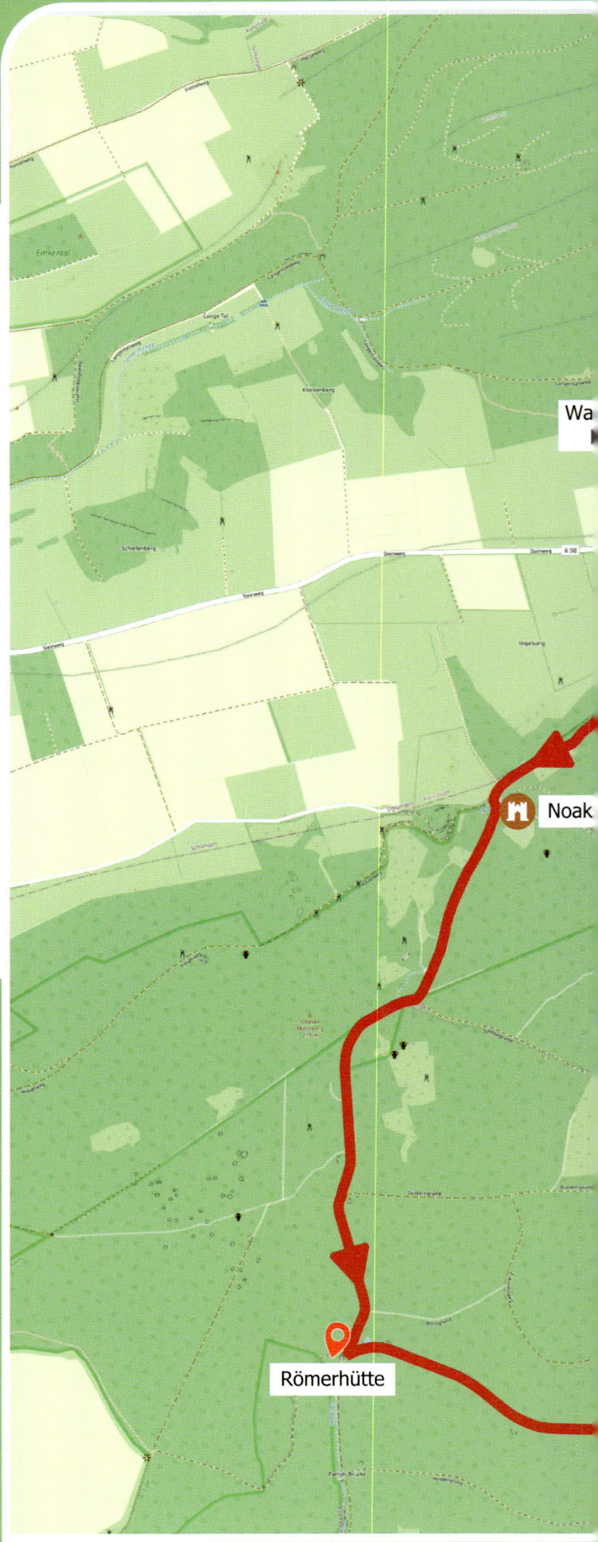

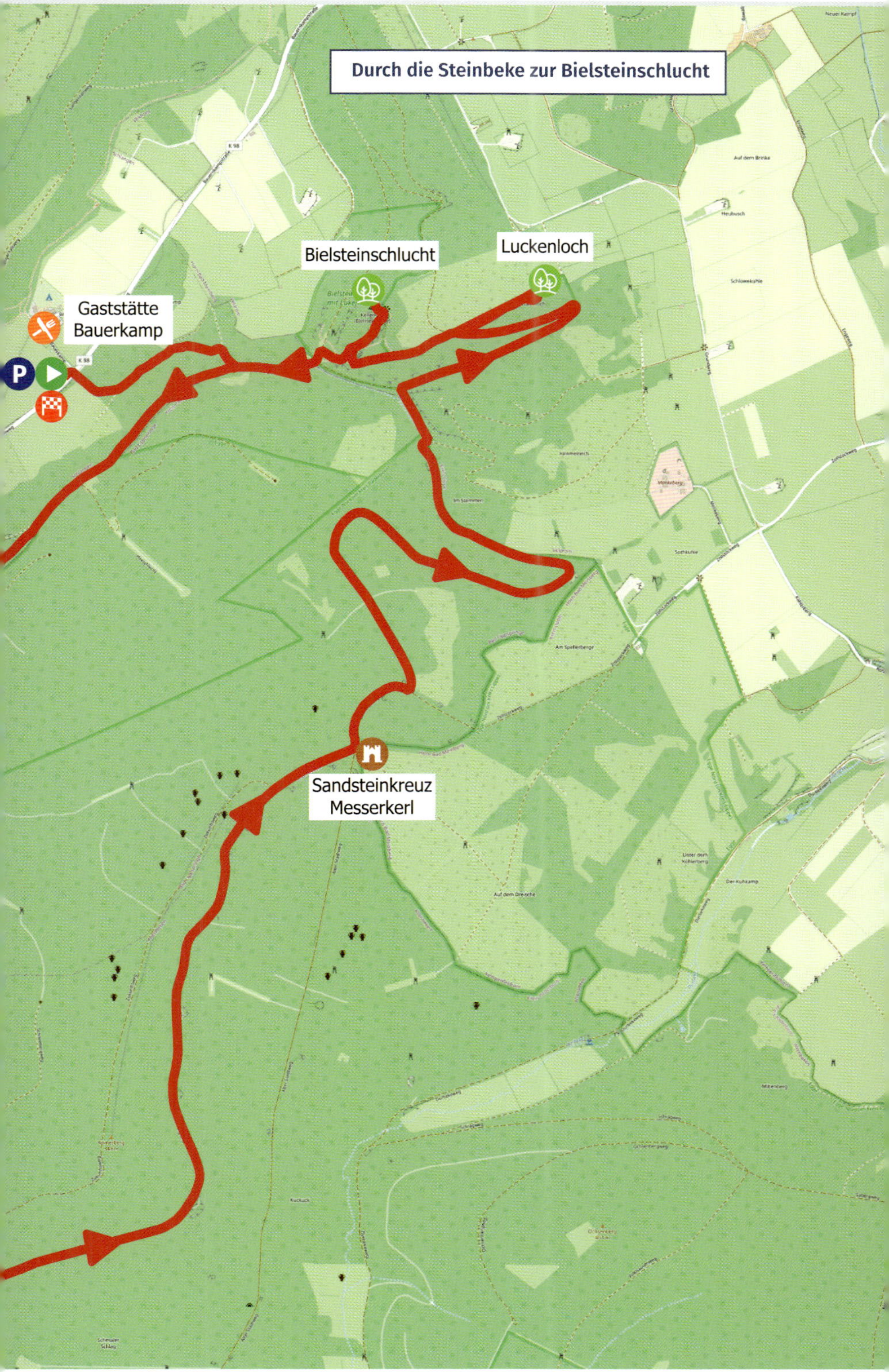

Durch die Steinbeke zur Bielsteinschlucht
Bielsteinschlucht
Luckenloch
Gaststätte Bauerkamp
Sandsteinkreuz Messerkerl
K 98

Bizarre Felsformation

Rund um die Externsteine in Horn-Bad Meinberg

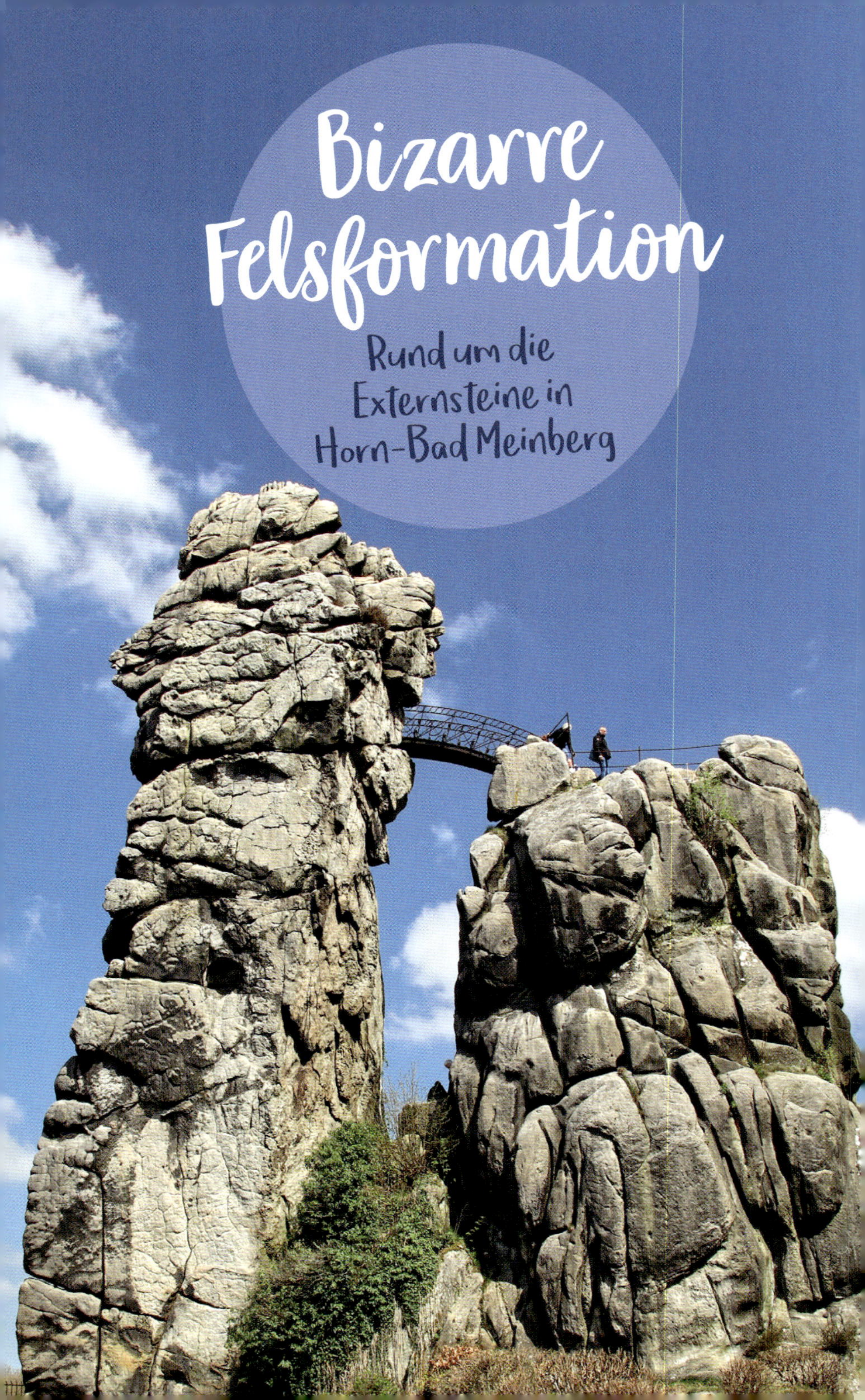

Die Externsteine gehören zu den bekanntesten Sehenswürdigkeiten in Ostwestfalen-Lippe. Als deutsches Stonehenge sind sie weit über die Grenzen der Region hinaus bekannt und ziehen seit Jahrhunderten Menschen von nah und fern magisch an. An den Felsen zwischen Bärenstein und Knickenhagen treffen zwei der bekanntesten Fernwanderwege Deutschlands aufeinander und verbinden sich zu den Hermannshöhen: Hermannsweg und Eggeweg. Die Blaubeerroute führt einmal weitläufig um die Felsformation herum, so kann man sie wandernd von allen Seiten aus genießen und sich dabei Gedanken um ihre mysteriöse Entstehung machen. Gleichzeitig findet man an diesem besonderen Ort, weit ab vom touristischen Trubel, Erholung und Ruhe. Die Blaubeerroute ist als Qualitätsweg ausgezeichnet.

Tour 6

1:45 Std. | 6,4 km | 131 m

Start/Ziel: Wanderparkplatz „Am Bärenstein“ 58, 32805 Horn-Bad Meinberg
Wegbeschaffenheit: Waldwege, teilweise recht wurzeldurchzogen, teilweise Schotter
Parken: Wanderparkplatz „Am Bärenstein“; alternativ: Parkplatz Externsteine, Externsteiner Straße 33, 32805 Horn-Bad Meinberg (kostenpflichtig)
Anreise mit ÖPNV: Haltestelle Abzw. Externsteine/Horn
Besonderheiten: Wer mit öffentlichen Verkehrsmitteln anreist, startet die Wanderung am Parkplatz Externsteine.

Wegbeschreibung: Am Wanderparkplatz „Am Bärenstein" weist euch ein gut sichtbares „B" direkt in den Lippischen Wald, und ein hölzerner Pfeil mit der Aufschrift „Externsterne" lässt keinen Zweifel: Hier seid ihr richtig! Der Bärenstein ist ein 313 Meter hoher Hang, in dessen Zentrum ein ehemaliger Steinbruch liegt. Für euch geht es aber zunächst ganz gemütlich los, ohne große Steigung auf einem schmalen Pfad. An der ersten Gabelung haltet ihr euch rechts, überquert eine kleine Brücke und werdet alsbald von einem Ausläufer der Wiembecke begleitet, deren Bachlauf sich zwischen den Bäumen durch das vor euch liegende, malerisch geformte Tal schlängelt. Schon bald erhascht ihr den ersten Blick auf die berühmten Steine. Am Wanderwegekreuz E1/R1, biegt ihr nach links ab und lauft so direkt auf die sagenumwobenen Felsformationen zu. Aus dieser Richtung habt ihr einen perfekten Blick auf den Wackelstein, den angeblich der Teufel in seiner Wut geworfen haben soll. Und wirklich macht der Stein den Eindruck, als könne er jeden Augenblick hinabstürzen. Die Blaubeerroute biegt vor der Felsformation nach rechts auf den Hermannsweg ab, der auf den Knickenhagen hinaufführt und sich steil in den Wald hochwindet. Nach wenigen Metern erreicht ihr eine Aussichtsplattform, von der aus ihr die Externsteine quasi auf Augenhöhe bewundern könnt.

An vorerst höchster Stelle angekommen wandert ihr

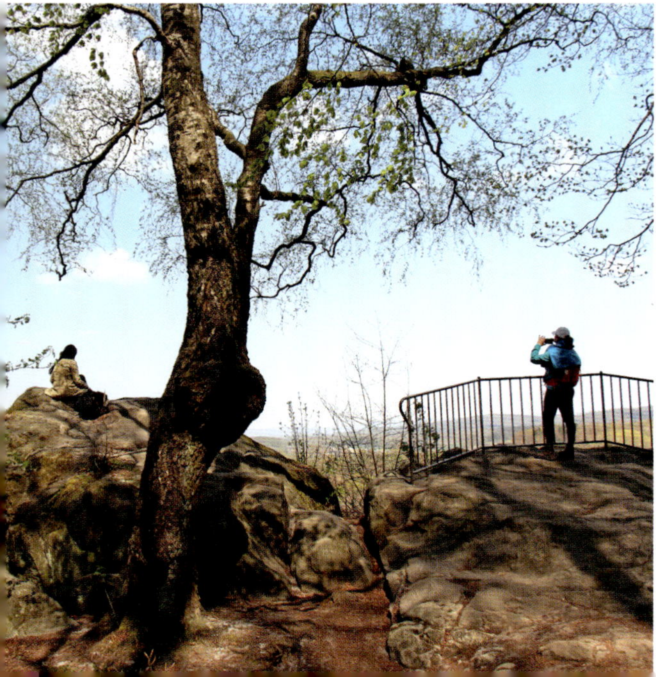

Aussichtskanzel über den Externsteinen

Info

Externsteine

Vor circa 70 Millionen Jahren entstand die Felsformation der 13 markanten Felsen. Besonders imposant sind die ersten vier. Der höchste von ihnen ragt 40 Meter hoch in den Himmel. Schon seit der Steinzeit haben diese zerklüfteten Sandsteinfelsen im Teutoburger Wald Menschen fasziniert – und Fragen aufgeworfen. Auf der Nordostseite finden sich deutliche Spuren verschiedener Religionen. Die Steine wurden als heidnische Kultobjekte verehrt, aber auch von Christen als heilige Stätte wahrgenommen. Heute gelten sie als eines der bekanntesten Natur- und Kulturdenkmale Deutschlands und geben noch immer Rätsel auf. Selbst die Wissenschaft tappt an vielen Stellen noch im Dunklen, zum Beispiel bei der Bedeutung der in den Stein gehauenen Grotten. Auch das Kreuzabnahmerelief konnte noch nicht alle Fragen um seine Entstehung beantworten. Umso mehr Raum bleibt für das Sagenhafte. Auch heute werden die Steine, meist von esoterischen Gruppen, besonders zur Sommersonnenwende besucht und als Kraftort verehrt. Aus heutiger Sicht kurios und kaum vorstellbar: Zwischen 1912 und 1953 fuhr eine Straßenbahn zwischen Wackelfels und Treppenfels hindurch.

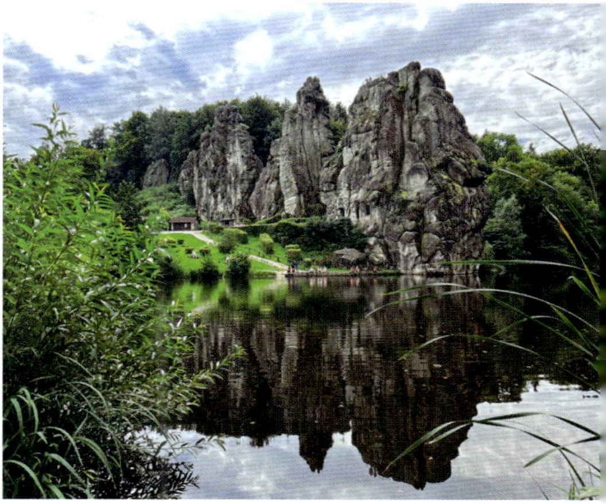

Eine Sage prophezeit übrigens, dass nur ein Ereignis den Wackelstein zum Hinunterstürzen bringen könnte: wenn nämlich eine lippische Fürstin unter ihm herlaufe, so würde er fallen und sie erschlagen. Vorsicht also, wenn du eine bist.

Eine Besteigung der Steine ist kostenpflichtig. Karten gibt es am Kassenhaus am Fuß der Steine. Infos zu Öffnungszeiten und Preisen unter www.externsteine-info.de

über weichen Waldboden, der immer wieder von knorrigen Wurzeln durchzogen ist. Es dauert nicht lange und ihr habt den Wald ganz für euch. Die meisten Menschen bleiben in der Nähe der Touristenattraktion: Zeit, um tief die beerig-würzige Waldluft einzuatmen! Mit Unterstützung von Brombeeren, Farnen und Pilzen sorgen die fast immer gegenwärtigen niedrigen Blaubeerbüsche nämlich für eine wahre Duftexplosion.

Info

Die Hermannshöhen

Der knapp über 150 Kilometer lange Hermannsweg beginnt im Münsterländischen Rheine und verläuft über den Kamm des Teutoburger Waldes bis nach Horn. An den Externsteinen trifft der Hermannsweg auf den 70 Kilometer langen Eggeweg, der hier beginnt. Beide laufen über den Knickenhagen bis zur lippischen Velmerstot parallel, bevor der Eggeweg dann weiter bis Marsberg führt. Zusammen bilden Hermannsweg und Eggeweg die 226 Kilometer langen Hermannshöhen. Wer im Teutoburger Wald oder Eggegebirge unterwegs ist, kreuzt fast zwangsläufig diesen schönen und sehr abwechslungsreichen Fernwanderweg.

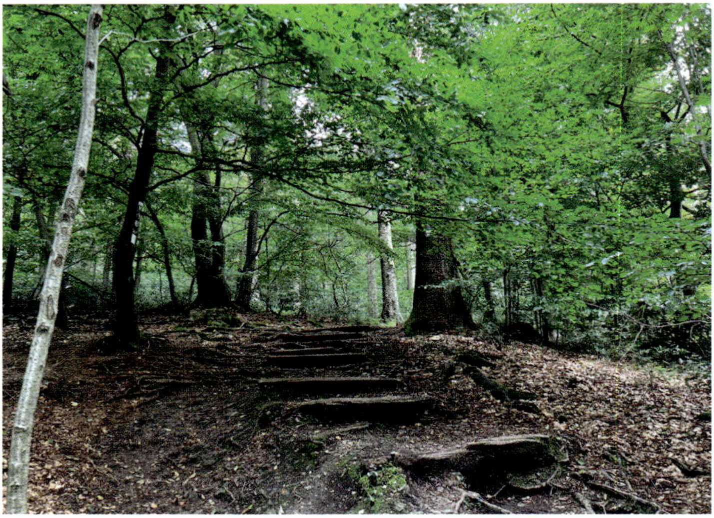

Der Wald wird wieder dichter und ihr befindet euch auf einem bequemen Schotterpfad. Nun dreht ihr eine kleine Schleife um den Knickenhagen: Ihr biegt vom Hermannsweg nach rechts ab und nach circa 200 Metern nach links. Ihr umrundet ein bezauberndes Heidefeld, in dessen Mitte gemütliche Waldsofas zum Träumen einladen. Wenn der Hermannsweg wieder kreuzt, biegt ihr links ab, lauft quasi zurück und schwenkt nach circa 400 Metern rechts ab. Nun geht es den Berg hinunter, ausgeschildert ist der Weg in Richtung Bärenstein. An der nächsten Möglichkeit biegt ihr links ab und stoßt auf den hier parallel zum Hermannsweg verlaufenden Eggeweg, den ihr aber nach wenigen Schritten wieder verlasst. Geradewegs führt der Weg auf eine Siedlung zu, die ihr nach links durchquert. Nach 200 Metern leitet euch ein ganz kleiner Patt hinter den Gärten zurück in den Wald und direkt zum offiziellen Parkplatz der Externsteine, den ihr geradeaus überquert. Auf der anderen Seite wandert ihr linker Hand am Unteren Teich weiter. Hier lädt eine direkt am Ufer platzierte Bank zu einer idyllischen Pause ein.
Wieder im schattigen Wald überquert ihr noch einmal die Wiembecke, dann leitet euch die Beerenroute nach links. Nun empfiehlt es sich, noch einmal die ganze Stille einzuatmen, denn wenn der Wald sich in wenigen Metern öffnet und ihr geradewegs auf die Nordseite der Externsteine zulauft, ist es mit der Ruhe erst einmal wieder vorbei. Direkt vom Oberen Teich aus offenbart sich nun die wohl schönste und majestätischste Ansicht der Felsen.
Ihr befindet euch wieder auf dem Hermannsweg, dem ihr nach rechts um den See herum folgt. Er lässt euch nach wenigen Metern steil und fast schon serpentinenartig den Bärenstein hochkraxeln. Oben angekommen werdet ihr für die Anstrengung mit einer Bank belohnt, die wieder, inmitten von Blaubeersträuchern platziert, dem Namen des Wanderwegs alle Ehre macht. Kurz bevor ihr die Straße „Am Bärenstein“ erreicht, wendet ihr euch ein letztes Mal nach links und steht nach kurzer Zeit wieder am Parkplatz.

Gastronomie

Felsenwirt Externsteine, Externsteiner Straße 35,
32805 Horn-Bad Meinberg, Tel. 05234/2310, www.felsenwirt.de

Der Zorn Luzifers

In Reih und Glied, wie an einer Kette aufgezogen, erhebt sich die gewaltige Felsformation. Nur bei einem der Steine hält man unwillkürlich die Luft an, denn der liegt „auf Kipp", droht, das Gleichgewicht zu verlieren und hinabzustürzen. Wie kommt der Wackelstein dort hin und was hält ihn fest? Da kann eigentlich nur einer seine Hand mit im Spiel haben.

Müde setzte der Bauer einen Schritt vor den anderen und zog mit letzter Kraft seinen Pflug durch die schwarze Erde. Den Mann quälte Hunger, aber mehr noch die Frage, wie es für ihn, seine Familie, seinen Hof weitergehen sollte. Der letzte Winter war bitterkalt gewesen. Erbarmungslos hatte das Schicksal, kaum dass der letzte Schnee geschmolzen war, erneut zugeschlagen: Seine Scheune hatte lichterloh gebrannt und ihm nicht nur sein Pferd genommen, sondern auch die letzten kärglichen dort gelagerten Reserven. Er hatte Schulden machen müssen. Als seine liebe Frau dann erkrankte und seine Kinder ihn frierend und mit vor Hunger stumpfen Augen anblickten, da drückte ihn seine Sorge so sehr, dass er seinen Pflug nahm und sich selbst davor spannte.
Erschöpft und voller Verzweiflung hielt er plötzlich inne und sprach zu sich selbst: „Wie soll es nur weitergehen, wie soll ich die Mäuler stopfen, wie die Schulden zurückzahlen?" Er hatte kaum zu Ende gesprochen, da versperrte eine Gestalt den Weg und er vernahm eine Stimme ganz dicht an seinem Ohr: „Dir hilft nur eins, Elendiger, schau her." Und mit dem letzten Wort hielt ihm die ganz in wallendes Schwarz gekleidete Gestalt einen geöffneten Ledersack hin, in dessen Innern dicke Goldstücke glänzten. „Was wär' der Preis für dieses Säckchen?" fragt er leise, wohl bewusst, dass er nicht billig davonkommen würde. „Deine Seele musst du mir verschreiben", erwiderte die Gestalt.
Bevor der arme Bauer antworten konnte, tauchte humpelnd seine Frau am Feldrand auf. Sie brachte ihrem Mann ein Mittagessen, wenn es auch nur ein Kanten hartes Brot war und etwas verdünnte Milch.
Der Teufel erkannte sofort, dass die Frau ein härterer Brocken war als ihr Mann und eilte er ihr entgegen. „Was haltet ihr davon, gute Frau, wenn

ich euch ein Schloss baue, größer, schöner und prächtiger als alles, was es in dieser Gegend gibt?", fragte er mit schnalzender Stimme. Die Frau war arm und krank, aber nicht dumm. Sie wusste, wer da vor ihr stand. Messerscharf antwortete sie: „Unser Pakt gilt, wenn der letzte Stein liegt, bevor der Hahn das erste Mal kräht". Der Teufel lachte: „Gut, gut, wie ihr wollt, so soll es sein!" Er warf dem Bauern den Ledersack zu und dann wimmelte es auch schon in der Luft vor lauter schwarz umhüllten Gestalten, und im Steinbruch am Bärenstein polterten die Steine.

Bevor die Sonne untergegangen war, war der Hof eingefasst, und als Mitternacht um war, standen die Grundmauern. Der Bauer trippelte nervös murmelnd hin und her, sein ausgemergeltes Gesicht ganz bleich. Seine Frau dagegen beobachtete mit wachem Blick den fortschreitenden Bau. „Bleib ruhig, mein Lieber, bleib ruhig", flüsterte sie. Als sich ganz zaghaft etwas Morgenröte an den Felsen zeigte, warf sie einen letzten Blick auf das fast fertiggestellte Schloss. Die emsig arbeitenden Gestalten hatten soeben den Schlossteich ausgehoben. Sie zog sich ihren abgetragenen Mantel über und nickte im Vorbeigehen ihrem wie gelähmt dasitzenden Mann zu: „Beweg dich nicht von der Stelle! Vertrau mir".

Leise schlich sie zum Hühnerstall, durch das trübe Fenster sah sie den Hahn auf der Stange schlafen. Als sie die Tür des Verschlags öffnete und der erste Sonnenstrahl das Tier am Schnabel kitzelte, ahmte die Bäuerin ein lautes Hühnergackern nach und sofort war das Tier hellwach. Er schüttelte mit einer schnellen Bewegung sein Federkleid in Form, bog die Brust stolz nach vorne und schmetterte sein ohrenbetäubendes „Kikeriki" hinaus, dass sich an den Felsen ein donnerndes Echo brach. Die schwarzen Gesellen ließen alles fallen und in weniger als einer Sekunde waren sie vom Winde verweht. Nur einer hing am Himmel fest, den letzten noch fehlenden Eckstein für das Schloss in den Händen. Voller Wut nun schleuderte er diesen gegen die Felsen. Die Wucht des Aufpralls zertrümmerte das Schloss und die Mauer. Nur der Wiembecke Teich ist bis heute erhalten. Ebenso wie der Stein, der als Zeichen von Luzifers Wut wackelig am Felsen hängt, und immer so aussieht, als würde er jeden Moment hinabfallen.

Tour 6

Startpunkt

Zwischenziele

Parkplatz

Haltestelle

Zielpunkt

Gastronomie

Sehenswürdigkeit

Aussichtspunkt

Naturerlebnis

Kulturstätte

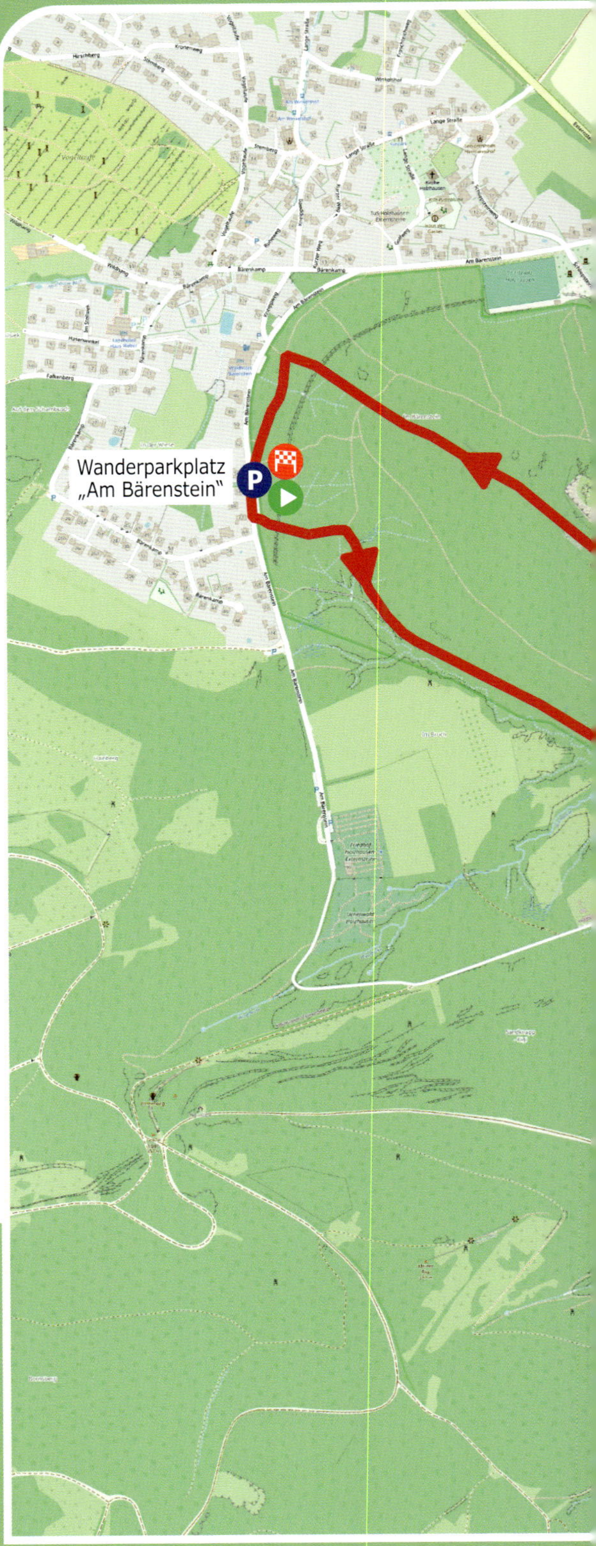

Rund um die Externsteine in Horn-Bad Meinberg

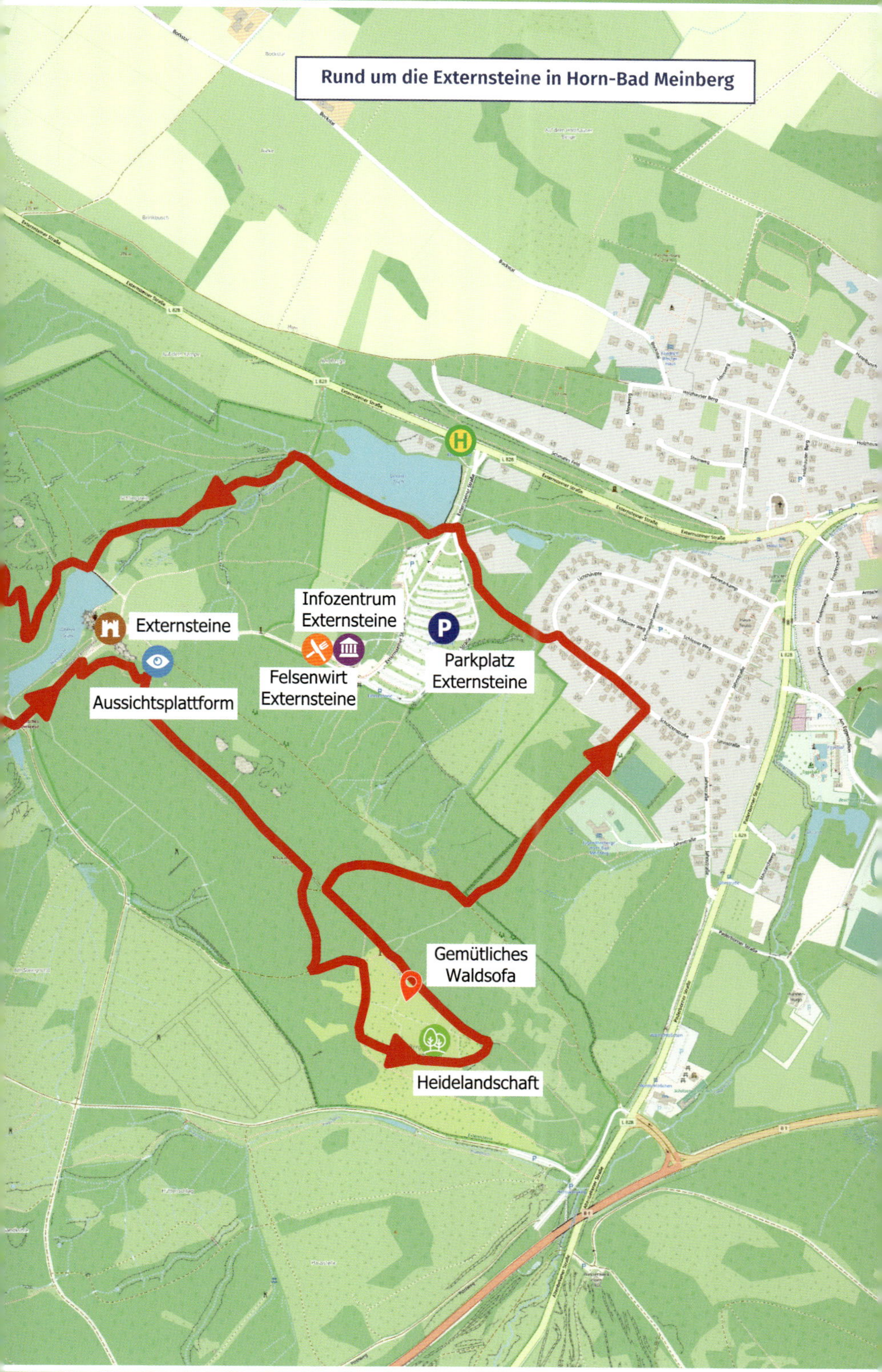

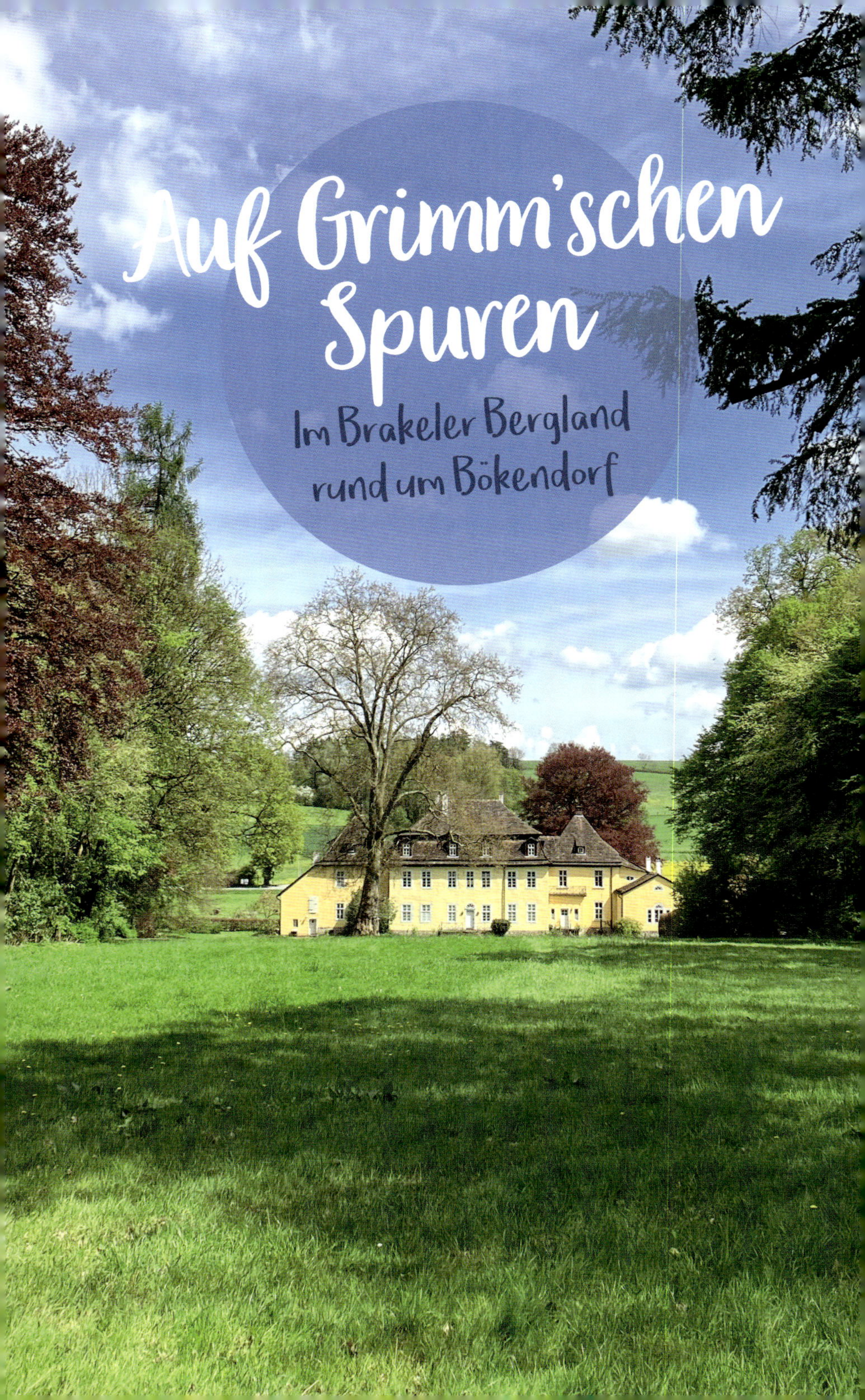
Auf Grimm'schen Spuren
Im Brakeler Bergland rund um Bökendorf

In einem Buch über sagenhaftes Wandern dürfen sie nicht fehlen: Jacob und Wilhelm Grimm. Viele ihrer „Kinder- und Hausmärchen" entdeckten sie im Umkreis eines kleinen Dorfes am Rande von Brakel. Die aus Hessen stammenden Brüder gehörten zum Bökendorfer Romantikerkreis. Auf Schloss Bökenhof trafen sie auf literaturbegeisterte Gleichgesinnte, die sich gegenseitig inspirierten. Die wunderschöne Lage des Bökerhofes, idyllisch eingebettet zwischen Wesertal und Eggegebirge, tat sicher ihr Übriges. Dieser Wanderweg entführt euch auf eine Zeitreise ins 19. Jahrhundert, wo ihr im wahrsten Sinne des Wortes auf märchenhaften Spuren wandelt.

Tour 7

3:50 Std. | 9,1 km | 178 m

Start/Ziel: Ludowinengarten, Drudestraße 2, 33034 Brakel
Wegbeschaffenheit: hauptsächlich schmale, asphaltierte Feldwege ohne Verkehr, teilweise Graspfade und Waldwege
Parken: Parkplatz Ludowinengarten
Anreise mit ÖPNV: Bushaltestelle Grundschule, Bökendorf
Bemerkungen: Die Strecke kann auf 6,6 Kilometer verkürzt werden. Die Abkürzung ist in der Wegbeschreibung erklärt.

Wegbeschreibung: Die Wanderung ist von Anfang an märchenhaft: Sie startet am Ludowinengarten, wo sich an jeder Ecke eine bekannte Märchenfigur versteckt. Aber die Entdeckung des Gartens hebt ihr euch für den Schluss auf, zuerst wird gewandert! Vom Ludowinengarten aus folgt ihr der Drudestraße in nordöstlicher Richtung den Hang hinauf. Nach wenigen Metern erreicht ihr das Haus der Schützenkönigin und biegt dort nach rechts in die von Obstbäumen gesäumte Straße „Feldmark" ein, einem historischen Postweg, der früher die Städte Paderborn und Höxter verband. Zwischen Feldern und Hecken verläuft der Weg nun seicht bergauf. Nach etwa 800 Metern verlasst ihr die Feldmark und umrundet das Feld, biegt also zweimal rechts ab. Nun befindet ihr euch auf der Langen Rieke. Von hier habt ihr bei

Am Weg

Ludowinengarten

Mitten in dem kleinen, nur rund 750 Einwohner zählenden Bökendorf liegt der Ludowinengarten. Dieser Spiel- und Entdeckerpark ist, wie könnte es in einem Dorf mit einer solch märchenhaften Geschichte anders sein, ganz den berühmten Märchen der Brüder Grimm gewidmet. Der Park ist als Generationenpark angelegt, ein Treffpunkt also für Jung und Alt. Es gibt Ecken für Action und welche zum Träumen: Ein Wasserspiel, in dessen Mitte der Froschkönig thront, bietet Abkühlung im Sommer. Das Hexenhaus von Hänsel und Gretel lockt thematisch passend mit einem Grillplatz. Und ein romantisch mit Rosen, übrigens der Sorte „Gebrüder-Grimm", umrankter Dornröschenpavillion bietet ein lauschiges Plätzchen. Viele weitere Märchenfiguren verstecken sich auf dem Gelände und auch die Märchen selbst könnt ihr euch an der Audiostele erzählen lassen.

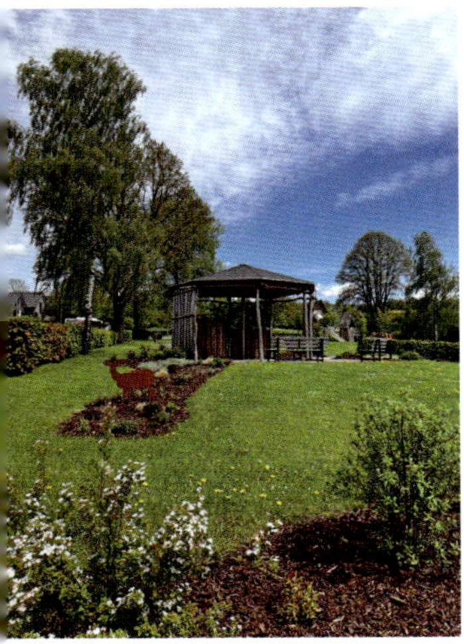

Ludowinengarten, Drudestraße 2, 33034 Brakel

Info

Panoramabänke

Auf der ganzen Wanderroute stehen auf Schritt und Tritt Bänke für euch bereit. Sie laden nicht nur zum erquickendem Panorama-Genießen ein, sondern sie sind auch Stationen, die euch Wissenswertes vom bäuerlichen Leben aus früheren Zeiten berichten oder eine Sage erzählen. Es lohnt sich also, bei den Bänken etwas genauer hinzuschauen, auch wenn ihr euch nicht setzen möchtet.

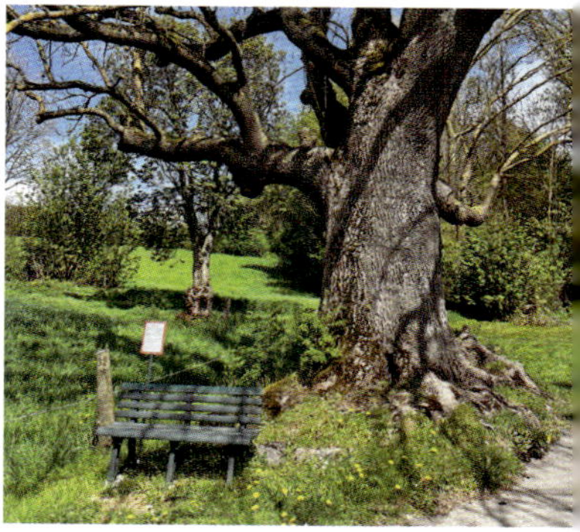

schönem Wetter einen Fernblick bis zum Hermannsdenkmal in Detmold und etwas weiter nordöstlich auf den Köterberg, der höchsten Erhebung in Ostwestfalen-Lippe. Direkt nach der Bank führt euch ein kleiner Graspfad links hinauf. Ihr folgt dem Pfad zwischen weiteren Feldern, vorbei am Waldrand des Wüllenbergs, bis ihr am Ende des Feldes rechts auf einen asphaltierten Weg stoßt. Diesem folgt ihr bergab, bis der Weg sich gabelt. Nach rechts verläuft der Wanderweg weiter den Hügel hinunter in Richtung Dorf; nach links lohnt sich ein kurzer Abstecher zur Gemeindewiese, um die alten Obstbäume zu bewundern, und, wenn ihr Glück habt, auch ein paar Schafe. Wieder auf dem Weg, am Waldrand vorbei, steht etwas versteckt eine stattliche Schutzhütte, die sich ganz hervorragend für eine Pause eignet.

Bei der nächsten Gabelung, auf Höhe des ehemaligen Steinbruchs, haltet ihr euch rechts und steuert auf den Friedhof Bökendorf zu. Dann überquert ihr die Dreizehnlindenstraße nach rechts, passiert das Grünstück, wo sich einst der Dreschhof befand und biegt links in die Straße „Am Wüllhof“ ein. An ein paar Häusern und Höfen vorbei mündet die schmale Straße in eine Obstbaumallee, die sich heute romantisch präsentiert, früher aber als ein Triftweg die Wassermassen ins Tal leitete. Dieser ehemalige Hohlweg verläuft gerade-

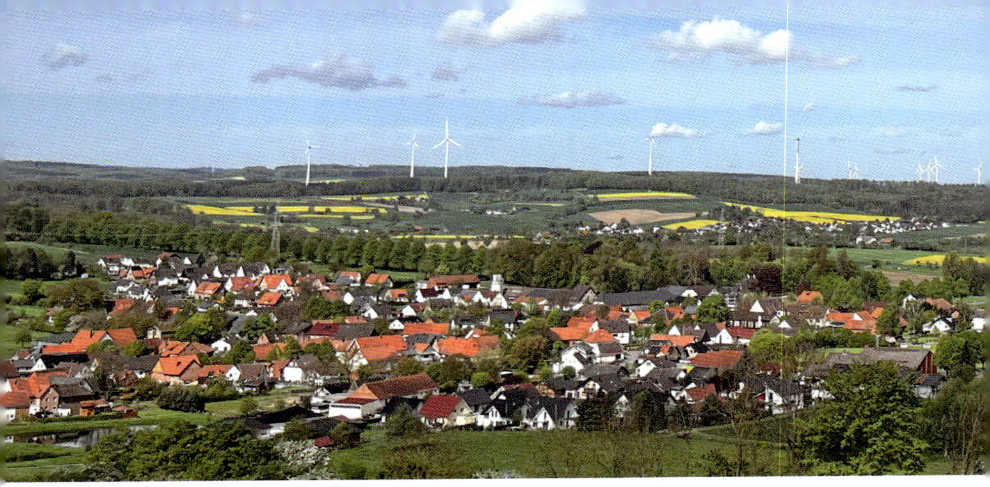

wegs bis zur Marienkapelle, an der ihr nach rechts weiterwandert, auch hier begleitet von Obstbäumen, bis ihr die ersten Häuser des Dorfes erreicht. Dort biegt ihr leicht links auf den Neuen Kamp ab, dann links in die August-von-Haxthausen-Straße ein und gleich wieder rechts in die Elmarstraße, der ihr bis zur nächsten Kreuzung folgt. Hier müsst ihr euch entscheiden: Wenn ihr abkürzen wollt, wandert ihr weiter geradeaus und gelangt so direkt zum berühmten Laubengang. Wenn ihr die lange Strecke wandern möchtet – und die ist euch sehr ans Herz gelegt –, biegt ihr links in die Drostestraße ein. Sie entführt euch in einen duftenden, stillen und einfach wunderschönen Wald. Etwa 900 Meter wandert ihr geradeaus, dann biegt ihr rechts auf einen etwas breiteren Waldweg ab. Dem folgt ihr, bis ihr links auf eine Wiese trefft, an deren Ende ein weißes Kreuz in den Himmel ragt. Rechts geht es zum Bökerhof. Das 1799 errichtete Kreuz und der Bökerhof verbindet eine Sichtachse, die, kurz vor dem parkähnlichen Garten des Bökerhofes, in einer Lindenallee, Lämmerkamp genannt, endet. Zu Karfreitag findet entlang des Kreuzgangs eine Bittprozession statt.

Wie aus einem Märchenbuch erscheint die Ansicht auf die Gartenseite des Bökerhofes. Und märchenhaft geht es für euch auch weiter, denn nun setzt sich der Wanderweg nach links in den historischen und weitgehend erhaltenen Laubengang fort. Hier flanierten vor über 200 Jahren Annette von Droste-Hülshoff, die Brüder Grimm und viele andere bekannte Dichter und Denker und hofften auf Inspiration.

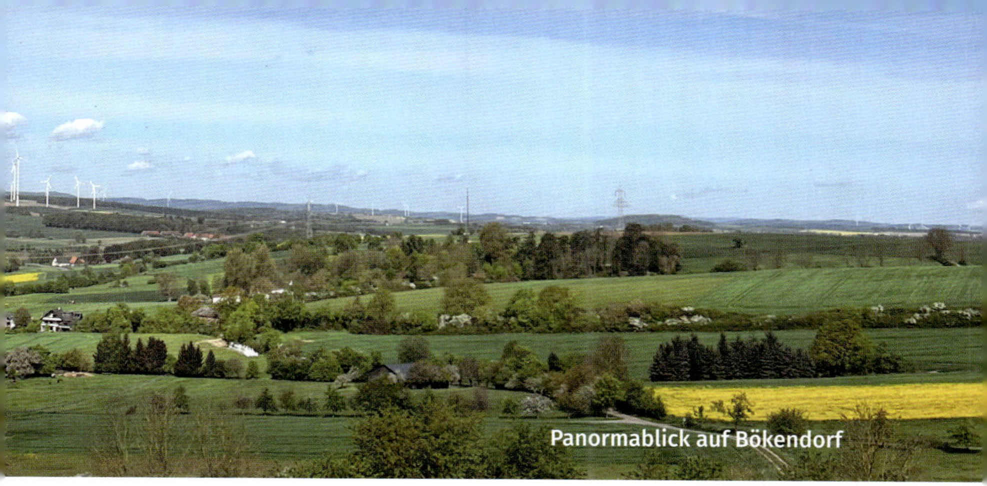

Panormablick auf Bökendorf

Info

Der Bökendorfer Romantikerkreis

Anfang des 19. Jahrhunderts war das kleine Bökendorf „the place to be" für literaturbegeisterte junge Menschen. Zwischen 1810 und 1834 kamen im Bökerhof Gelehrte, Dichter und Denker zusammen. Auch die Brüder Jacob und Wilhelm Grimm waren gern gesehene Gäste, als sie im Auftrag von Clemens Brentano durchs Land reisten, um Stoff für ihre Kinder- und Hausmärchensammlung zu finden.

Die wohl berühmteste Person aus diesem illustren Kreis war Annette von Droste-Hülshoff, die gern ihren Urlaub bei ihren Großeltern in Bökendorf und Umgebung verbrachte. Droste-Hülshoffs bekanntestes Werk ist die Novelle „Die Judenbuche". Der Stoff beruht auf einer wahren Begebenheit Ende des 18. Jahrhunderts, nämlich auf dem Mord an dem jüdischen Kaufmann Soistmann Berend durch Hermann Winckelhan. Die Schauplätze dieses Dramas befinden sich in unmittelbarer Nähe zwischen Bökendorf und Bellersen, dem in der Novelle betitelten „Dorf B ". Richter im Prozess 1783 war übrigens Caspar von Haxthausen, der Urgroßvater der Dichterin. Sowohl Berends als auch Winckelhan starben an demselben Baum, der jedoch keine Buche, sondern eine Eiche war.

Im Bökerhof befindet sich heute ein Literaturmuseum mit diversen Exponaten aus dem Romantikerkreis. Leider ist das Museum derzeit nicht zugänglich. Der Laubengang hinter dem Haus ist jedoch offen und begehbar.
Schloss Herrenhaus Bökerhof, Bökerhof 5, 33034 Brakel-Bökendorf,
www.boekerhof.de

Am Ende des Laubengangs geht euer Weg nach rechts weiter, am Tennisplatz vorbei, und ihr erreicht nun die Vorderansicht des Bökerhofs, der nur von außen zu bewundern ist. Er befindet sich in Privatbesitz. Nach links wandert ihr durch eine kurze Allee und kreuzt abermals die Dreizehnlindenstraße. Auf der anderen Straßenseite, am Kreuz „Herrn Hecke", leitet euch ein Schild mit der Aufschrift „Freilichtbühne" über den asphaltierten Weg „Am Hasenholz" bergauf. Mit jedem Schritt bekommt ihr nun wieder mehr Panorama über ausladende Felder und Wiesen des hügeligen und malerisch vor euch liegenden Brakeler Berglands geboten. Nach etwa 400 Metern habt ihr die Freilichtbühne, aber noch nicht die Spitze des Anstiegs erreicht. Weiter geht es bergauf. An der nächsten Kreuzung weist euch ein

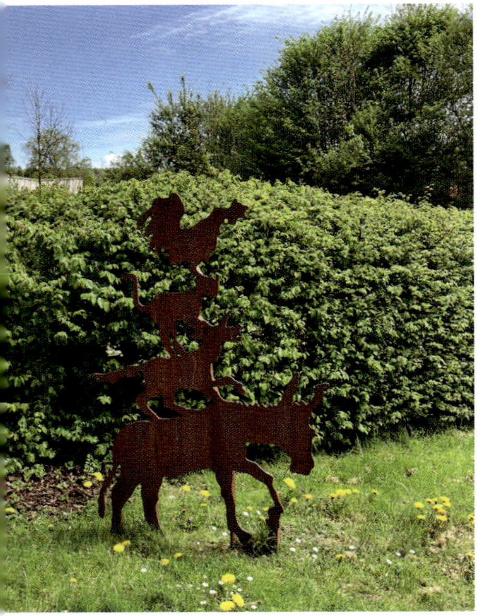

Die Bremer Stadtmusikanten kommen aus Bökendorf.

Am Weg

Freilichtbühne Bökendorf

Theaterklassiker, moderne Musicals, Komödien und natürlich die Grimm'schen Märchen werden auf der Freilichtbühne Bökendorf aufgeführt. Schon seit 1951 spielt das Laien-Ensemble in dem ehemaligen Steinbruch unweit des Bökerhofs. Jedes Jahr wird ein Stück für Erwachsene und ein Kindertheater geboten. Gespielt wird bei jedem Wetter von Juni bis September. Freilichtbühne Bökendorf e. V., Am Hasenholz 1, 33034 Brakel, Tel. 05276/8043, www.freilichtbuehne-boekendorf.de

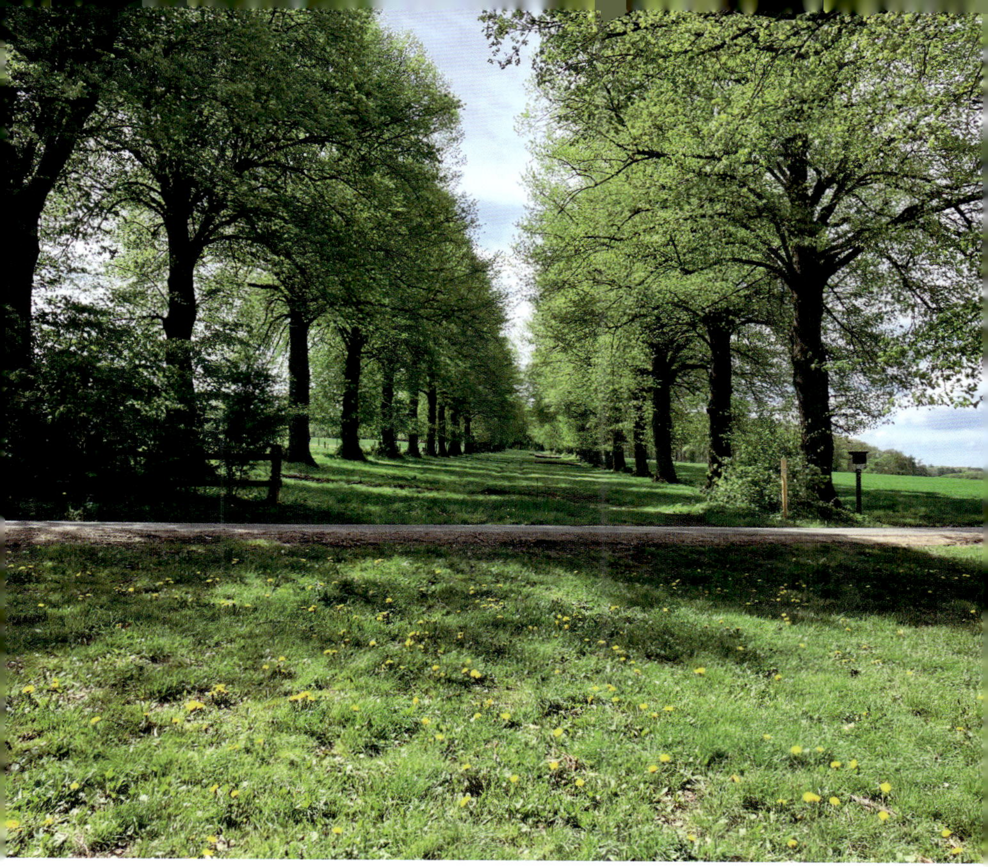

Der Lämmerkamp

Schild zum Annette-von-Droste-Hülshoff-Gedächtnisstein. Ihr jedoch wandert in die entgegengesetzte Richtung und steht alsbald wieder am Haus der Schützenkönigin, wo ihr den Weg zurück zum Ludowinengarten nehmt und eure Wanderung dort mit Unterstützung der Audiostelen dann märchenhaft ausklingen kann.
Seid darauf vorbereitet, dass die an sich kurze Wanderung viel länger dauert als gedacht: Es liegt am wirklich malerischen Panorama, das mit jedem Schritt schöner zu werden scheint. Es braucht nicht viel Fantasie, um zu verstehen, dass die literaturbegeisterten Gäste des Bökerhofs hier vor vielen Jahren sehr durch die Landschaft inspiriert wurden und nicht nur durch anregende intellektuelle Gespräche. Wobei einem ja beim Wandern sowieso die besten Gedanken kommen.

Sultans Katze

Viele Sagen stammen aus dem bäuerlichen Alltag des Bökerhofs. Ein Gnadenbrot für ein Tier, das nicht mehr arbeiten konnte, war ein Luxus, den sich ein armer Bauer nicht leisten konnte. Eines der bekanntesten Märchen der Brüder Grimm, in dem tierische Hofbewohner ausgedient hatten, ist das der Bremer Stadtmusikanten, das eigentlich aus Bökendorf stammt – und nicht, wie allgemein angenommen, aus Bremen. Auch die Geschichte des alten Sultans wurde von den Brüdern Grimm in ihrer Bökendorfer Zeit aufgeschrieben. Die Themen sind ähnlich: Alter, Freundschaft und Zusammenhalt.

Der alte Sultan lag zusammengerollt auf seiner Decke, den schweren Kopf auf seine Pfoten gelegt. Er war müde und genoss die Stille im Raum. Nur ein paar leise Geräusche vom Abendbrottisch, wo seine Menschen zusammensaßen und den Tag ausklingen ließen, waren zu hören; und ab und an knackte ein Holzscheit im brennenden Feuer neben ihm. Er schloss seine Augen. Der Bauer legte sein Brot auf das Holzbrettchen vor ihm. Er seufzte: „Morgen werde ich den Sultan totschießen. Er ist zu nichts mehr nutze. Heute darf er es am Kamin noch mal schön haben." Erschrocken blickte seine Frau ihn an. „Nein, bitte. Er hat uns doch all die Jahre treue Dienste geleistet. Hat er nicht sein Gnadenbrot redlich verdient?"
„Er hat keine Zähne mehr, er kann den Hof nicht mehr verteidigen. Ein unnützer Fresser ist er geworden. Nicht mehr, nicht weniger. Heute ist seine letzte Nacht. Morgen ist er tot."
Der alte Hund hatte sich nicht bewegt, aber sehr wohl alles gehört. Später, als alle schliefen, schlich er sich zu seinem Freund, dem Wolf. Der hatte eine Idee: „Keine Sorge, mein Alter. Morgen, wenn deine Menschen bei der Heuernte sind, werden sie ihr Kind etwas abseits des Feldrandes betten. Leg du dich dazu, als würdest du es bewachen wollen. Ich werde mich anschleichen und mir das Bündel packen. Sofort musst du aufspringen und hinter mir herjagen. Außer Sichtweite gebe

ich es dir dann. Wenn du ihr Kind vor einem bösen Wolf wie mir gerettet hast, wird der Bauer dir kein Haar mehr krümmen." Und so geschah es. Der Bauer verschonte den Sultan nicht nur, sondern der alte Hund bekam neben einem reich gefüllten Napf noch das weiche Kopfkissen des Bauern an den Kamin gelegt. Das sah der Wolf mit Wohlwollen. „Es freut mich, dass alles nach Plan gelaufen ist. Da wirst du mir nun sicher helfen, morgen Abend ein Schaf für mich zu holen, nicht wahr?" Aber Sultan hatte Gewissensbisse. Schließlich war er seinen Menschen ein treuer Hund. Als der Wolf in der Dunkelheit kam, um das Schaf zu reißen, durchkreuzte der Hund den Plan. Der Wolf war erzürnt: „Ein schöner Freund bist du. Ich fordere dich zum Duell. Morgen Abend am Waldrand. Bring deinen Sekundanten mit."

Am nächsten Abend wartete der Wolf in Begleitung des wilden Schweins, als er von Weitem zwei Gestalten auf sich zu bewegen sah. Es waren Sultan und die halb gelähmte alte Hofkatze. Der Hund hatte niemand anderen finden können und eigentlich auch keine Lust, sich zu duellieren. Die Getigerte hatte eingewilligt und ging nun tapfer mehr hüpfend als laufend neben ihm her. Ihr merkwürdiger Gang sah für den Wolf und das Schwein beängstigend aus. „Was immer da den Sultan begleitet, es schmeißt Steine bei jedem Schritt!"

Den beiden war das nicht geheuer und so floh das Schwein sicherheitshalber ins Gebüsch und der Wolf auf den nächsten Baum. Als Hund und Katze endlich am Waldrand ankamen, war niemand da. Die zitternden Schweineohren unter dem Blätterdach weckten aber die Jagdlust der Katze. So konnte sie gar nicht anders und stürzte sich in einem Satz, den ihr niemand zugetraut hätte, mit ausgefahrenen Krallen auf das zappelnde Schwein, das quiekend das Weite suchte und im Weglaufen schrie: „Er sitzt da, da oben in der Krone!" Hund und Katze konnte es recht sein. Sie hatten ja Zeit, machten es sich am Fuße des Baumes bequem und freuten sich ihres Lebens, das trotz aller Widrigkeiten, die Alter und steife Beine mit sich brachten, doch eigentlich ganz gut war.

Tour 7

- Startpunkt
- Zwischenziele
- Parkplatz
- Haltestelle
- Zielpunkt
- Aussichtspunkt
- Naturerlebnis
- Kulturstätte
- Sehenswürdigkeit

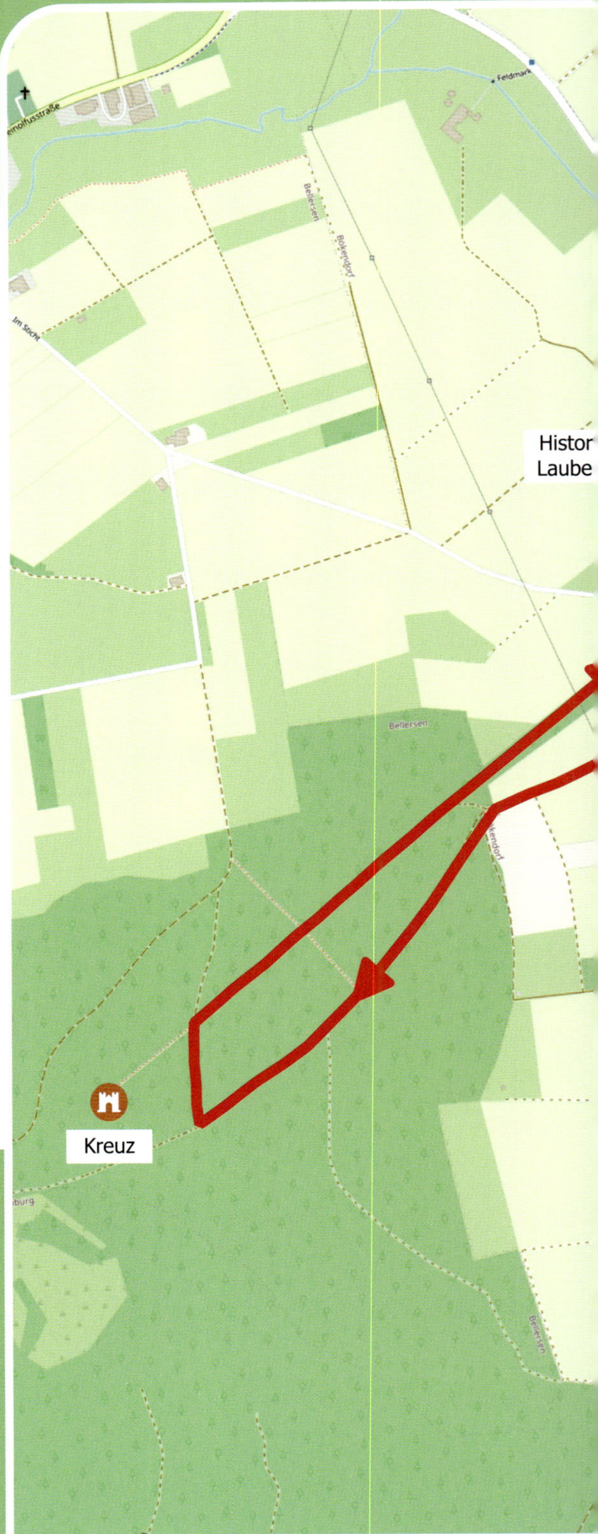

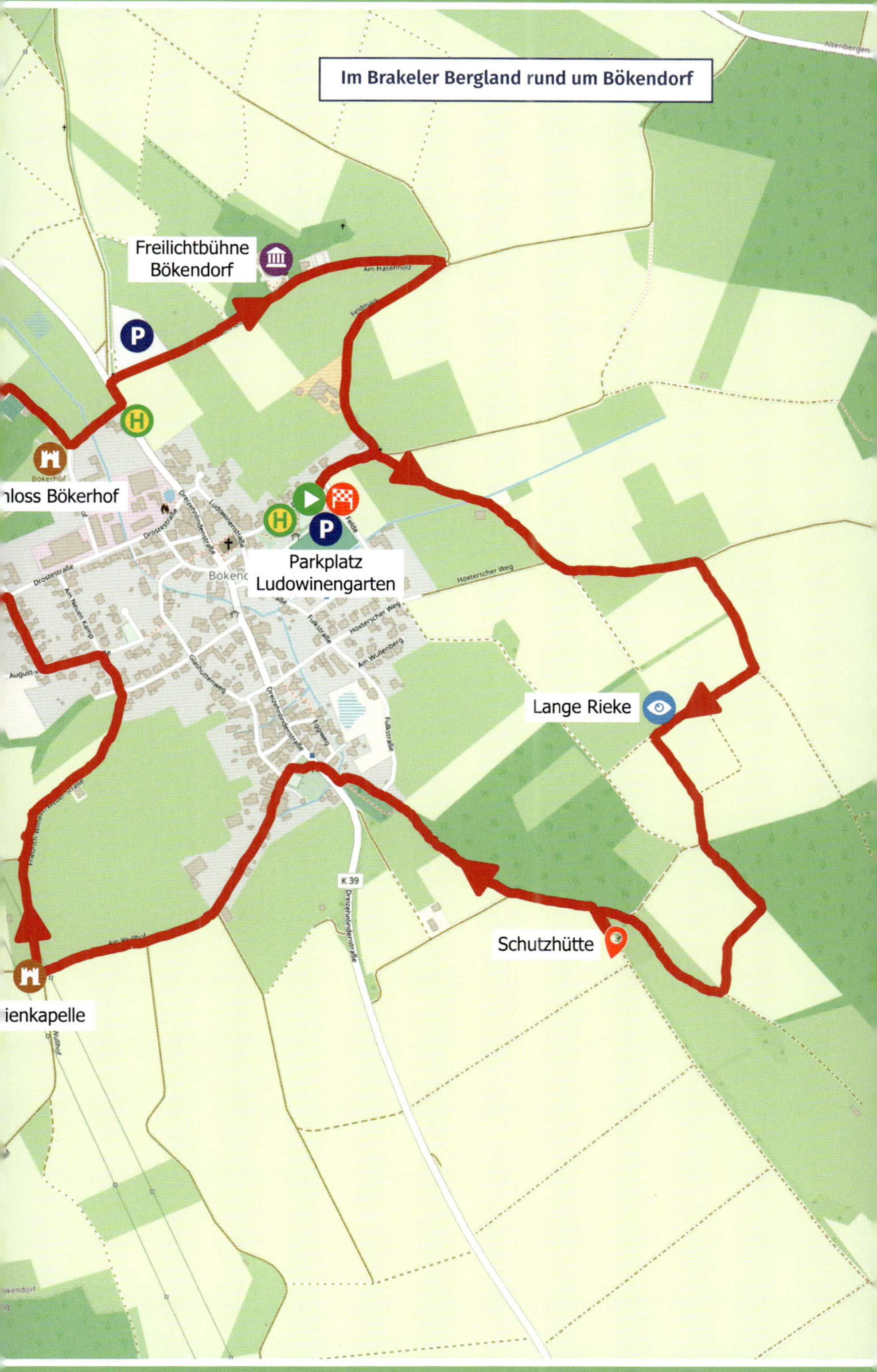

Im Brakeler Bergland rund um Bökendorf
Freilichtbühne Bökendorf
hloss Bökerhof
Parkplatz Ludowinengarten
Lange Rieke
Schutzhütte
ienkapelle
Höxterscher Weg
Am Hasenholz
K 39
Dreizehnlindenstraße
Drostestraße
Altenbergen

Im Reich der Riesen und Lilien

Entlang der Weserhänge bei Höxter

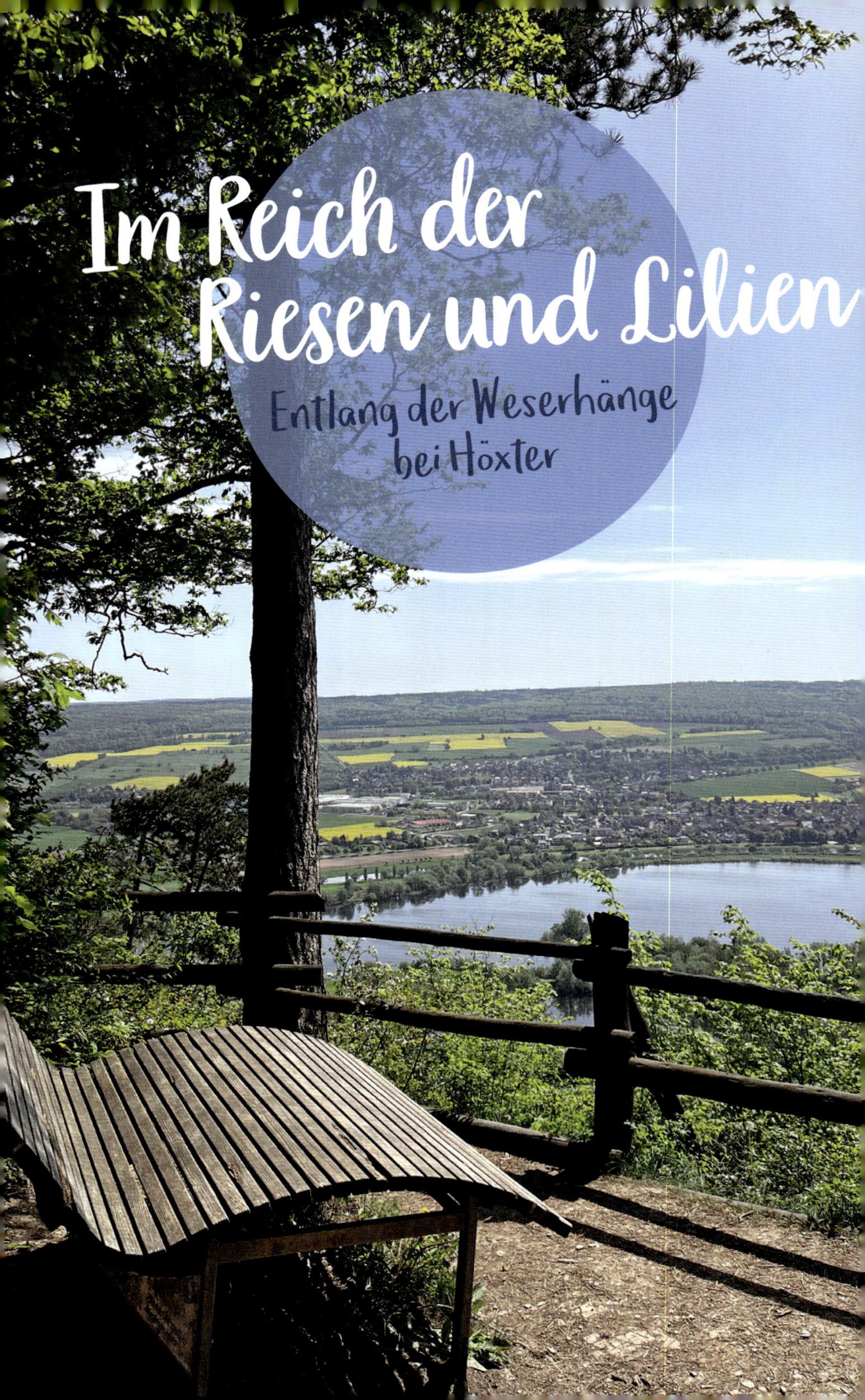

Diese Wanderung mit Blick auf die Weser zwischen Ziegenberg und Brunsberg bietet alles, was ein Wandererherz höherschlagen lässt: einen herrlichen Buchenmischwald, weiße Klippen, knackige Anstiege und fantastische Ausblicke, einen Turm zum Besteigen, ein Waldsofa zum Träumen und eine einzigartige Flora und Fauna zum Staunen. Und wem das alles noch nicht reicht: In Laufweite befindet sich eine historische Altstadt mit Hang zum Märchenhaften und beeindruckender Weserrenaissance-Architektur, außerdem ein Badesee mit Sandstrand und eine Klosteranlage, die zum UNESCO-Weltkulturerbe zählt.

Tour 8

3:50 Std. | 10 km | 270 m

Start/Ziel: Parkplatz der Hochschule Ostwestfalen-Lippe, An der Wilhelmshöhe 44, 37671 Höxter
Wegbeschaffenheit: hauptsächlich Wald- oder Feldwege, teilweise befestigt
Parken: Parkplatz der Hochschule Ostwestfalen-Lippe, alternativ Parkplatz am Lucashohl, Turmweg/Ecke Teutonenweg, 37671 Höxter
Anreise mit ÖPNV: Bushaltestelle Hochschule
Besonderheiten: Die Wanderroute lässt sich gut durch einen Spaziergang entlang der Weser bis zum Kloster Corvey oder zum Godelheimer Badesee verlängern. Dort gibt es auch die Möglichkeit zur Einkehr. Entlang der eigentlichen Wanderroute liegen keine Gastronomiebetriebe direkt am Weg. Es bietet sich an, ein Fernglas und in den Sommermonaten Handtuch und Badezeug einzupacken.

Wegbeschreibung: Eure Wanderung startet mit einem knackigen Anstieg, den man durchaus als kleine Herausforderung für die Wadenmuskeln betiteln darf: Es gilt, den Ziegenberg (308 Meter hoch) zu bewältigen. Und das ist, zumindest bis zum ersten Highlight nach 850 Metern, dem Rodeneckturm, recht anstrengend. Los geht es am Parkplatz der Fachhochschule. Ihr folgt der Straße „An der Wilhelmshöhe" bergan bis zum Waldrand und haltet euch dann im Wald an der ersten Weggabelung vor der Ruine links. Und dann geht's weiter geradeaus bis zum Rodeneckturm, den ihr, außer Atem oder nicht, unbedingt über die 49 Stufen erklimmen solltet! Als Belohnung winkt ein fantastischer Ausblick auf die Weserschleife, an die sich die Stadt Höxter mit den beiden Türmen der Kilianikirche schmiegt. In nordwestlicher Richtung könnt ihr das Westwerk von Schloss Corvey erkennen und direkt unter euch liegt die Godelheimer Seenplatte vor der Kulisse des gegenüberliegenden Sollings. Der schwere Anstieg hat sich wirklich gelohnt, oder?

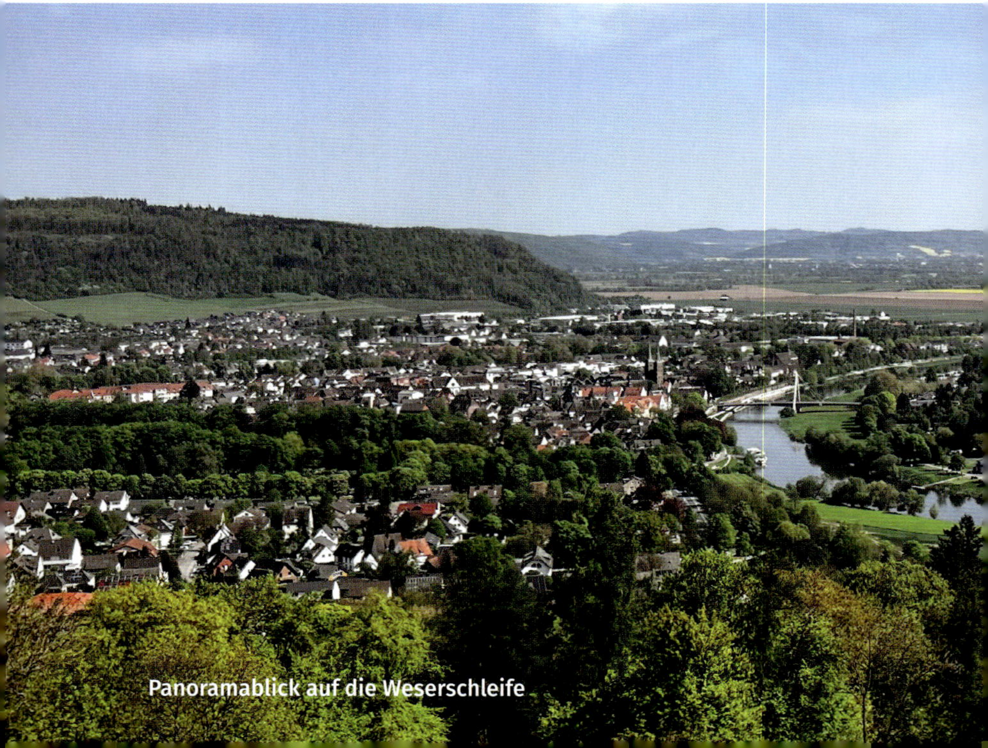

Panoramablick auf die Weserschleife

Info

Der Rodenecktürm

Der fast quadratische Rodeneckturm stammt unverkennbar aus der Kaiserzeit. 1883 wurde er auf dem Ziegenberg errichtet. Benannt wurde der Turm nach dem Förster Rode als Dank für seinen Einsatz bei der Aufforstung des Ziegenbergs. Der hat seinen Namen auch nicht von ungefähr. In früheren Zeiten fand hier eine Hude-Beweidung hauptsächlich durch Ziegen statt. Aufgrund der intensiven Nutzung und des daraus folgenden Verbisses litt der Wald enorm.

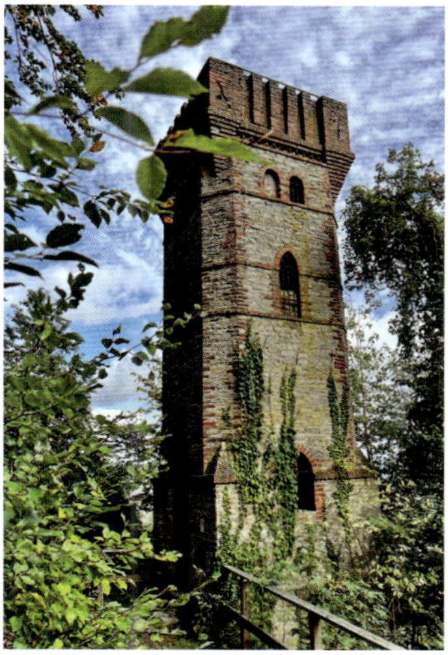

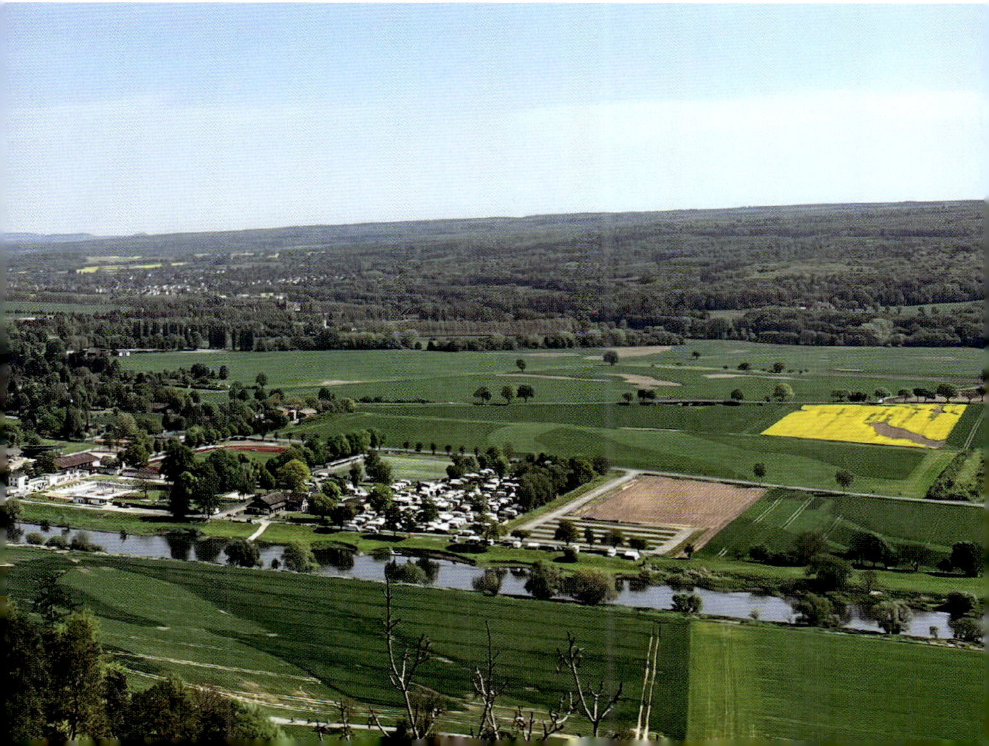

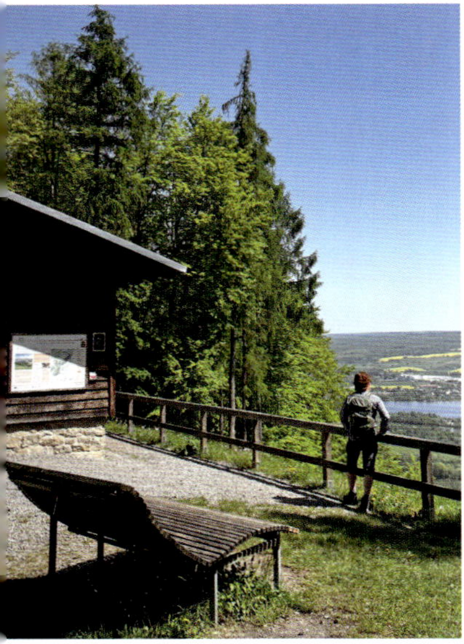

Ausblick von der Brunsberghütte

Wieder unten auf festem Boden setzt ihr eure Route bergauf fort, der höchste Punkt des Ziegenbergs ist ja noch nicht erreicht. Ihr bleibt auf diesem Weg für die nächsten 500 Meter, dann befindet ihr euch oberhalb der Rabenklippen. Was für ein herrliches Panorama! Ein gemütliches Waldsofa und eine Bank erwarten euch schon und verleiten dazu, sitzen zu bleiben und sich den eigenen Träumen hinzugeben. Also besser nur kurz durchschnaufen, dann geht es auf dem schmalen und sehr gemütlich zu wandernden Klippenweg durch einen dichten, duftenden Buchenmischwald. An der Wanderwegkreuzung vor dem Feld wendet ihr euch nach links. Nach etwa 200 Metern biegt ihr in einen schmalen Waldweg ab. Das Schild „Erlesene Natur“ hilft

Info

Hünenspiel auf der Brunsburg

Eine alte Sage der Brüder Grimm erzählt von Riesen, die einst die Brunsburg bewohnten. Diese Hünen waren freundschaftlich mit Riesen verbunden, die auf dem gegenüberliegenden Berg bei Amelunxen ebenfalls in einer Fliehburg lebten. Allein langweilten sich die Riesen tagein, tagaus auf ihren Burgen. So vertrieben sie sich die Zeit, indem sie sich gegenseitig große Felsen zuwarfen. Fiel mal einer runter, war das nicht weiter schlimm, denn die Aufpralle schufen Täler und Seen und ließen so das malerische Wesertal entstehen. Manchmal schrieben sich die Riesen auch Briefe, die sie mit Garn umwickelten, damit sie sie einander besser zuwerfen konnten. Eins der Knäuel fiel eines Tages herunter. Dort wo es aufprallte, entstand ein Teich, in dem weiße Lilien wachsen, und an dessen Ufer sich jedes Jahr am Ostermontag eine weiße Frau in den frühen Morgenstunden wäscht.

Tipp

Abkühlung mit Beachfeeling am Godelheimer See

Eine erfrischende Abkühlung nach der Wanderung gefällig? Die Freizeitanlage Godelheim-Höxter ist ein frei zugänglicher Badesee, der neben dem erfrischenden Nass und dem feinen weißen Sand auch eine Strandbar bietet. Vom Wanderparkplatz an der Hochschule OWL ist der Strand zu Fuß in nur 2,5 Kilometern erreichbar.

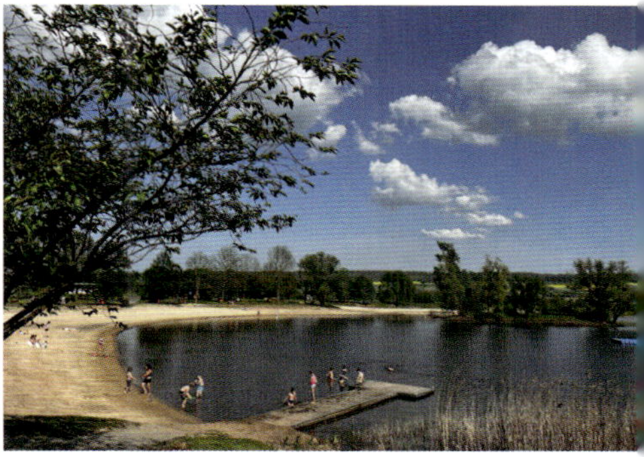

bei der Orientierung. Und noch einmal müsst ihr links abbiegen in einen engen Graspfad, der euch dann direkt auf die Brunsberghütte führt, die sich hervorragend für eine zünftige Mahlzeit eignet, die hoffentlich in eurem Rucksack steckt. Die Hütte ist recht geräumig und offenbart ebenfalls wieder einen fantastischen Ausblick ins Wesertal. Übrigens: Das Waldsofa zu Beginn des Klippenwegs und die Rastmöglichkeiten an der Brunsberghütte sind die beiden einzigen Sitzgelegenheiten auf der Strecke.

Ihr setzt die Richtung fort und haltet euch links, begleitet von dem fantastischen Blick auf Weser und Godelheimer Seenplatte. Aber auch zur Bergseite gibt es einiges zu entdecken. Rechts von euch liegen immer mal wieder große Felsformationen. Das sieht äußerst faszinierend aus. Es dauert nicht lange, dann stoßt ihr auf eine Tafel, die euch über die Brunsburg, eine jungsteinzeitliche Höhensiedlung, frühmittelalterliche Fluchtburg und hochmittelalterliche Landesburg informiert. Viel ist allerdings nicht mehr zu erkennen.

Geradeaus geht es weiter, bis der Weg eine Spitzkehre macht und ihr langsam bergab lauft, immer an den Weserhängen entlang. Beeindruckend sind die Muschelkalkschichten, die ihr hier deutlich erkennen könnt. Ihr bleibt an den nächsten beiden Gabelungen auf diesem Hangweg, haltet euch also rechts. Bei der dritten Gabelung

biegt ihr nach links ab und es wird anstrengend: Ihr wandert einen schmalen Pfad nach oben, der an den Eibenweg stößt. Hier biegt ihr ebenfalls links ab. An der nächsten Waldwegkreuzung müsst ihr eine Entscheidung treffen: Geradeaus erreicht ihr wieder den Rodeneckturm, nachdem ihr euch an der ersten Gabelung rechts, an der zweiten links gehalten habt. Von hier folgt ihr dem Weg, den ihr gekommen seid, zurück zur Hochschule.
Wenn ihr nach der Wanderung noch weiter in Richtung Höxteraner Altstadt oder an der Weser entlang zum Schloss Corvey oder zum Badesee wandern möchtet, folgt ihr an der Waldwegkreuzung nicht dem Weg geradeaus, sondern biegt rechts auf den Burgensteig X2/ Egge-Weser-Weg ab. So gelangt ihr zum Lucashohl (Stadtpark), dann geht es durch eine Siedlung über den Friedhof bis ans Weserufer. Von dort folgt ihr den entsprechenden Schildern Richtung Corvey oder Richtung Badesee. Alternativ könnt ihr natürlich auch bequem den Bus von der Haltestelle „Hochschule" nehmen und euch ans Weserufer fahren lassen.

Tipp

Märchensonntag in Höxter

Malerisch eingebettet zwischen dem Weserbergland und dem Eggegebirge liegt Höxter im Dreiländereck Nordrhein-Westfalen, Niedersachsen und Hessen. Die ehemalige Hansestadt, die pittoresk in eine Weserschleife geschmiegt liegt, ist der Deutschen Märchenstraße angeschlossen. Das merkt man überall in der schönen Altstadt, wo sich an allen Ecken Hinweise auf bekannte Märchen zwischen den beeindruckenden und liebevoll restaurierten Fachwerkhäusern im Stil der Weserrenaissance finden. Frau Holle hat hier zum Beispiel ihr Zuhause und Hänsel und Gretel zieren den Brunnen am Markt. Neben vielen märchenhaften Veranstaltungen sei eine ganz besonders hervorgehoben: Jedes Jahr im Oktober an einem verkaufsoffenen Sonntag verwandelt sich die Stadt in ein begehbares Märchenbuch. Weitere Informationen: www.werbegemeinschaft-hoexter.de/hoexteraner-maerchensonntag.html

Info

Weltkulturerbe Corvey

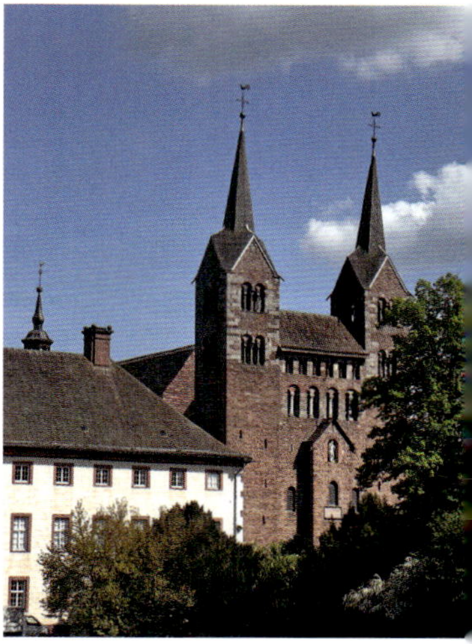

Das 822 als Benediktinerkloster gegründete Corvey war das erste Kloster im sächsischen Raum mit Einfluss. Schon im 9. und 10. Jahrhundert war es ein geistiges, kulturelles und wirtschaftliches Zentrum. Corvey wurde 1820 säkularisiert, ist seitdem für Besucher zugänglich und bietet eine einzigartige Kombination aus Geschichte und Zukunft, Kunst und Kultur. Das ehemalige Benediktinerkloster ist heute ein Schloss und seit 2014 Teil des UNESCO-Weltkulturerbes.

Direkt am malerischen Weserbogen gelegen, beeindruckt Corvey nicht nur mit seiner einzigartigen Architektur. Das karolingische Westwerk ist das einzige weltweit, das heute noch fast in Gänze erhalten ist. Besonders sehenswert sind aber auch der prachtvolle Kaisersaal, der Kapellengang, die Abtei oder die fürstliche Bibliothek, deren wohl bekanntester Bibliothekar Hoffmann von Fallersleben war.

Hinter dem Westwerk der Benediktinerabtei befindet sich der Remtergarten, ein historischer Landschaftsgarten aus dem 18. Jahrhundert. Die Anlage ist ein herausragendes Beispiel für barocke Gartenkunst. Während der Landesgartenschau in Höxter 2023 wurde der Remtergarten umfassend restauriert und durch zeitgenössische Elemente ergänzt. Corvey ist ein Ort für vielfältige Veranstaltungen, aber auch ein Ort zum Seele baumeln lassen. Der Zutritt ist kostenpflichtig.

Weitere Informationen: www.corvey.de

Gastronomie

Strandbar „Strandgut“, am Godelheimer See, Godelheimer Straße 33, 37671 Höxter, Tel. 05271/3910610, www.strandgut-hoexter.com

Gartencafé im Schloss Corvey, Corvey 3, 37671 Höxter, Tel. 0151/62606066, www.gartencafe-corvey.de

Die weiße Lilie von Corvey

Ist es Segen oder Fluch, wenn man weiß, wann genau das letzte Stündlein geschlagen hat? Die Mönche im Kloster Corvey wurden durch das Erscheinen einer weißen Lilie gewarnt, wenn ihre Zeit gekommen war und betrachteten diese Vorwarnung als Gnade Gottes, denn so hatten sie Zeit, sich vorzubereiten und zu verabschieden. Die weiße Lilie zeigte sich zum morgendlichen Gebet in der Abtei zunächst an einem Kranz aus geflochtenem Eisen, der über dem Chor hing, dann, nur Augenblicke später, auf dem Stuhl desjenigen Bruders, den Gott zu sich nehmen würde.

Es war einmal ein Novize, der erst seit kurzer Zeit im Kloster Corvey weilte. Weil er der Jüngste war, hatte er die Aufgabe inne, den Kapellenraum für die morgendlichen Andachten vorzubereiten. Das war nicht weiter schwer, aber man musste früher als die anderen auf den Beinen sein und achtgeben, in der Dunkelheit nicht zu stolpern. Noch bevor sich ein erster Sonnenstrahl am Himmel zeigte und sogar bevor der erste Singvogel erwachte, war er schon aufgestanden, rieb sich schnell den Schlaf aus den noch müden Augen und band seine Kutte fest. In einem kurzen, stillen Gebet noch in seiner Kammer dankte er Gott, dass er auch diesmal wieder zeitig wach geworden war, um seinen Dienst zu erfüllen. Er öffnete die Tür und trat in seinen pflichtenreichen Tag.

Den brennenden Kerzenstummel vorsichtig balancierend betrat er die Abtei und machte sich sogleich an die Arbeit, das Licht auch an die anderen Plätze abzugeben. Langsam nach und nach wurde so das Innere des Raumes sichtbar. Als er auf der anderen Seite mit der dritten Reihe beginnen wollte, beim Queren des Mittelgangs kurz knickste und anschließend sein Blick zum Chor hob, erschrak er, denn den eisernen Kranz, der über dem Chor hing, zierte eine weiße Lilie. Er wusste, was das hieß, man hatte es ihm erzählt. Schon seit vielen Hundert Jahren war die weiße Blume ein Zeichen dafür, dass ein Bruder aus ihrer Mitte dem Sterben geweiht war. In drei Tagen spätestens würde seine Zeit gekommen sein. Der junge Mann schaute sich um. Auf welchen Platz würde die Lilie wohl gleich erscheinen? Keiner der Brüder in Corvey zeigte Anzeichen einer Krankheit. Sicher, viele waren schon alt und gebrechlich. Es wird wohl einen von den Alten treffen, dachte er bei sich und ging weiter, um die restlichen Kerzen anzuzünden. Viel Zeit hatte er nicht mehr, gleich würde das Glockengeläut die anderen Mönche zum Gebet rufen.

Schließlich kam er an die letzte Sitzreihe, dort, wo er immer saß. Als er sah, dass die weiße Lilie sich auf seinen eigenen Platz gelegt hatte, zuckte er kurz zusammen, gleich darauf jedoch musste er fast lachen. Er war jung und stand in der Blüte seines Lebens, die Lilie lag wohl falsch. Schnell schnappte er sich die weiße Blume und legte sie auf den Stuhl in der Reihe vor ihm, wo Bruder Bartholomäus saß. Ihm stünde der Tod besser als einem jungen Burschen, dessen Dienste das Kloster nicht so leicht entbehren konnte. „Er ist alt und hat sein Leben gelebt", dachte der Novize.

Die letzte Kerze war angezündet, der junge Mönch nahm Platz und da kamen auch schon seine Mitbrüder in die Abtei. Als Bruder Bartholomäus die Lilie auf seinem Platz erblickte, erschrak er sehr. Nach dem Gebet fühlte er sich nicht wohl und begab sich auf seine Kammer, wo er alsbald von einem starken Fieber heimgesucht wurde, das drei Tage von ihm Besitz ergriff. Aber er starb nicht. Im Gegenteil, am Morgen des vierten Tages hatte er seine Kräfte wieder. Den jungen Novizen aber riss am dritten Tag ein jäher Tod aus dem Leben: Sein Herz blieb um Mitternacht plötzlich stehen. Seitdem wurde keine Lilie mehr auf Corvey gesehen.

Tour 8

Startpunkt

Zwischenziele

Parkplatz

Haltestelle

Zielpunkt

Gastronomie

Aussichtspunkt

Freizeitspaß

Naturerlebnis

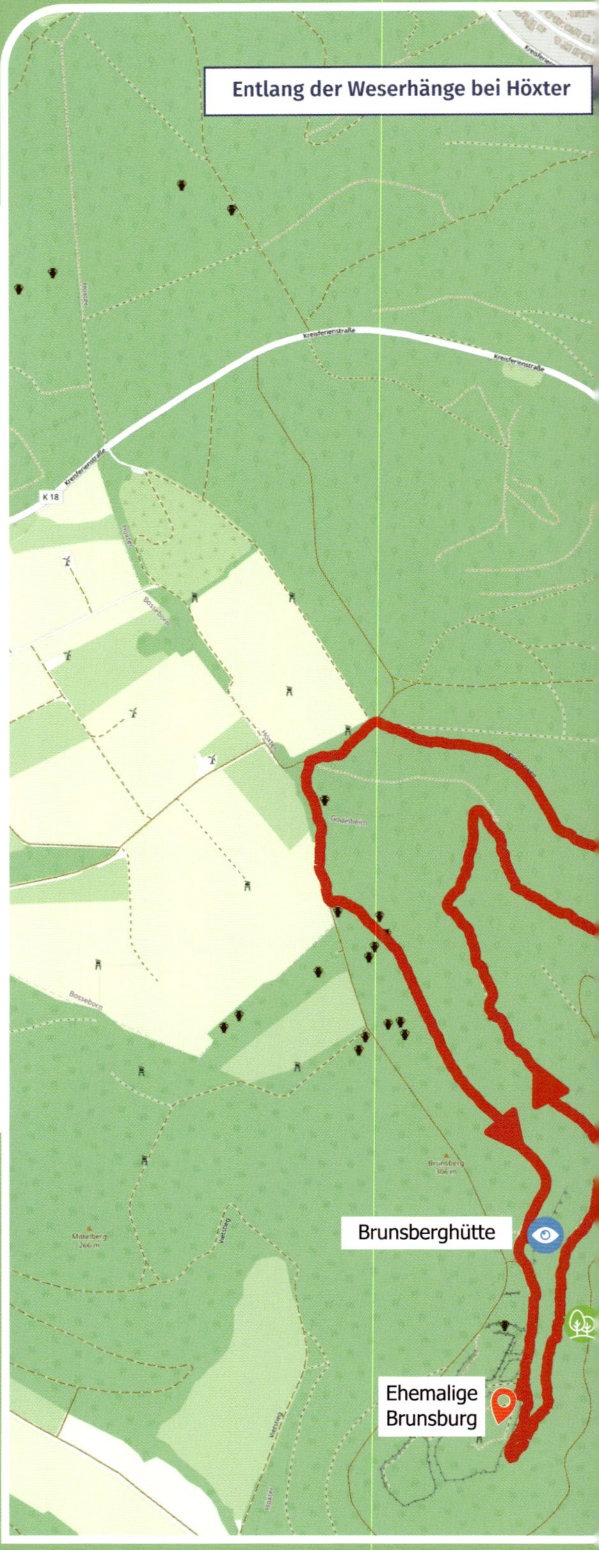

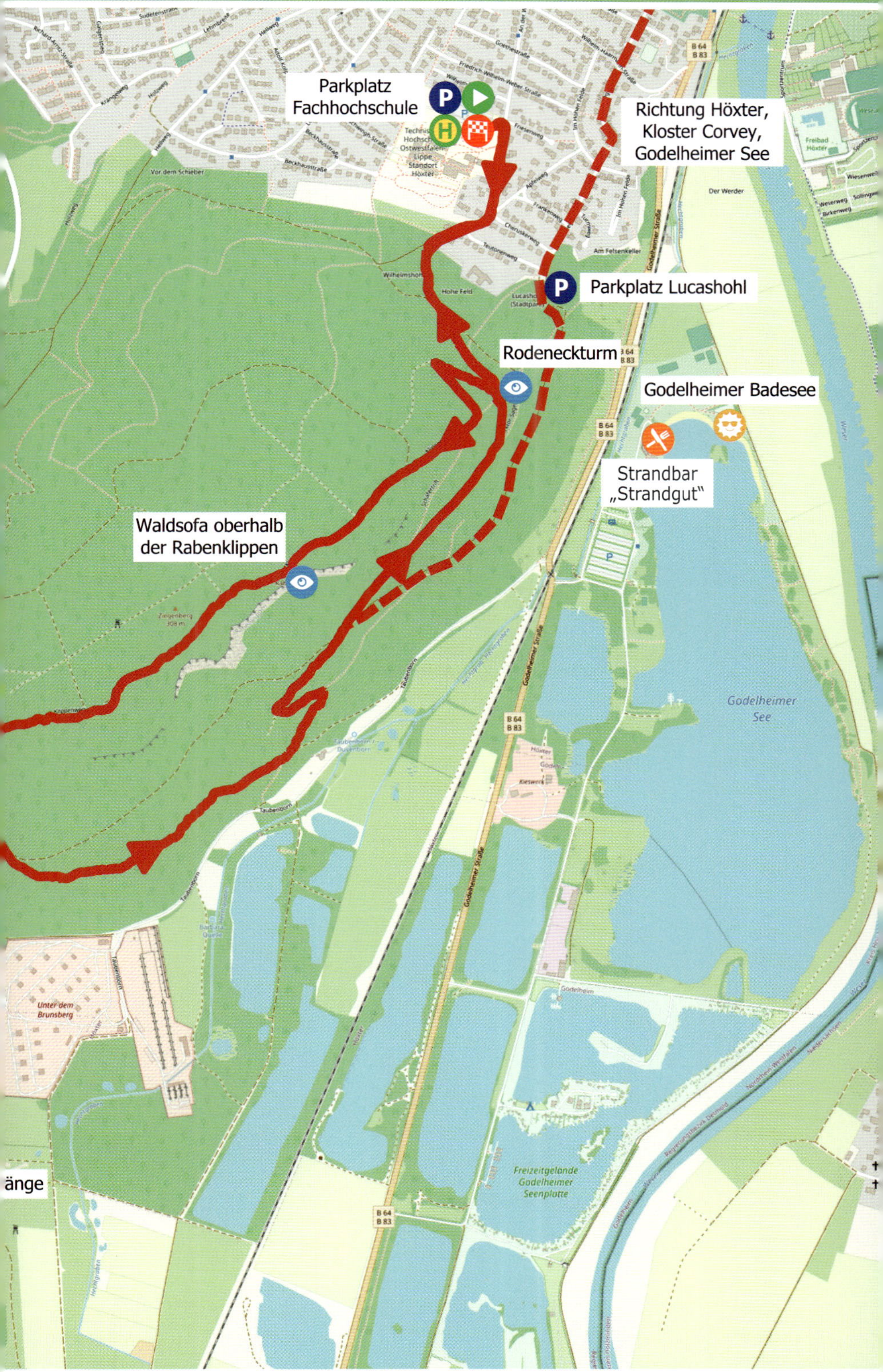
Parkplatz
Fachhochschule
Richtung Höxter,
Kloster Corvey,
Godelheimer See
Parkplatz Lucashohl
Rodeneckturm
Godelheimer Badesee
Strandbar
„Strandgut“
Waldsofa oberhalb
der Rabenklippen
Godelheimer
See
Freizeitgelände
Godelheimer
Seenplatte
änge

Grenzgänger

Durch das Emmertal bei Schieder

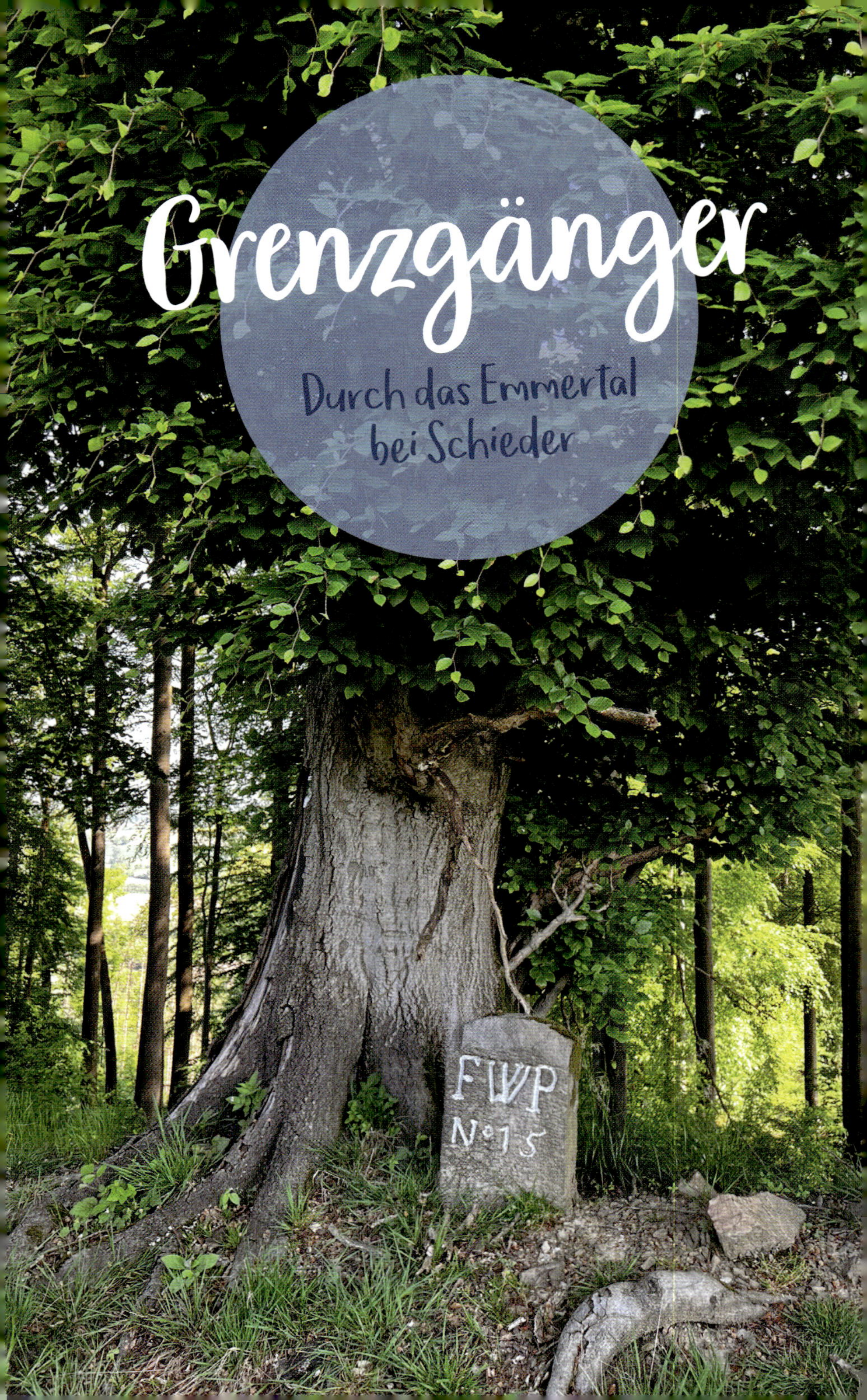

Abwechslungsreich und märchenhaft präsentiert sich auf dieser ausgedehnten Tageswanderung das Lipper Bergland. Zwei Berge wollen erklommen werden: Kahlenberg und Keuperberg. Beide fordern ordentlich die Wadenmuskulatur, aber belohnen mit beeindruckenden Panoramen. Dazwischen gibt es viel Gelegenheit, die Seele baumeln zu lassen: auf breiten Wegen im dichten Waldmeister-Buchenwald, auf schmalen, von Perlgras gesäumten Pfaden und am Ufer des Schiedersees mit seinen plätschernden Wellen. Zum Ausklingen dieses Wandertags habt ihr dann die Wahl zwischen Beachfeeling am Sandstrand oder Barockgarten mit Schlossblick.

Tour 9

6:00 Std. | 20,5 km | 455 m

Start/Ziel: Friedhof Schieder, Unter den Eichen 10, 32816 Schieder-Schwalenberg
Wegbeschaffenheit: asphaltierte Waldwege, Schotterwege, teilweise schmale Waldpfade
Parken: am Friedhof Schieder
Anreise mit ÖPNV: Bahnhof Schieder
Besonderheiten: Die Strecke lässt sich auch in zwei Etappen gehen. Dann kann man die Runde um die Herlingsburg am Keuperberg auch von einem der beiden Parkplätze am Sperrwerk aus starten.

Wegbeschreibung: Vom Friedhof aus lauft ihr hoch in den dichten Schwalenberger Wald und haltet euch an der Infotafel rechts. Gemütlich geht es auf einem asphaltierten Waldweg bis zum Ehrenhain. Danach verlasst ihr den breiten Weg und biegt nach links in einen schmalen Schotterpfad ab. Auffällig oft findet sich hier alle paar Meter eine Bank zum Ausruhen. In der Tat ist es ratsam, die Kräfte nun gut einzuteilen, denn es steht ein richtig steiler Anstieg an. Aber vorher umrundet ihr noch ein Bodendenkmal, die ehemalige mittelalterliche Befestigungsanlage „Alt-Schieder", vor der ihr links in einen Waldpfad einbiegt, auf dem es nun verwunschen auf weichem Waldboden weitergeht. Bald stoßt ihr auf eine Kreuzung, die sechs mögliche Richtungen anbietet, um den Weg fortzusetzen. Ihr nehmt die zweite nach rechts, auf der es steil in den Wald bergauf geht. An der nächsten Wanderwegkreuzung folgt ihr dem schmalen Hohlweg weiter nach oben. Zwei Bänke bieten zwischendurch einen Platz zum Durchatmen. Nicht nur gefühlt wird der Anstieg immer steiler, doch endlich ist der Kahlenbergturm erreicht. Nun heißt es tief Luft holen und noch die 102 Stufen auf die Turmspitze bewältigen. Der erstklassige Ausblick belohnt und lässt jede Anstrengung vergessen!
Wieder unten am Fuße des Turms angekommen lädt ein Picknicktisch zur Pause ein, bevor es weitergeht, und zwar gemütlich bergab. An der nächsten Wegekreuzung biegt ihr links ab. Dort steht eine schöne Schutzhütte, ebenfalls mit Picknicktisch. Nun geht es auf breiten Wegen durch das Naturschutzgebiet Schwalenberger Wald weiter. Orientieren könnt

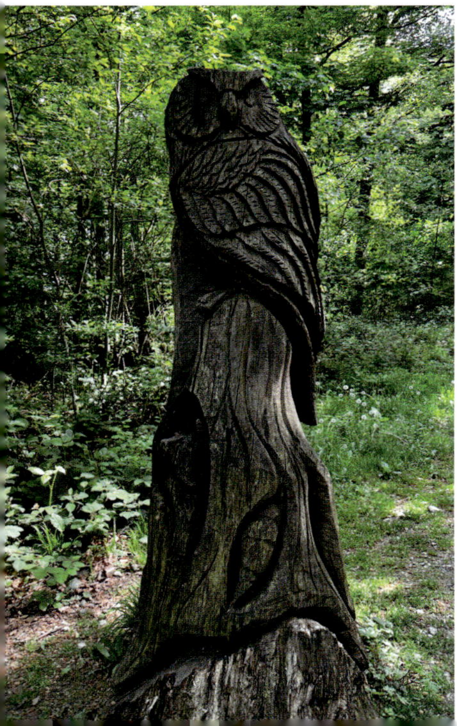

Holzskulptur vor dem Aussichtssteg am Schiedersee

Am Weg

Der Kahlenbergturm

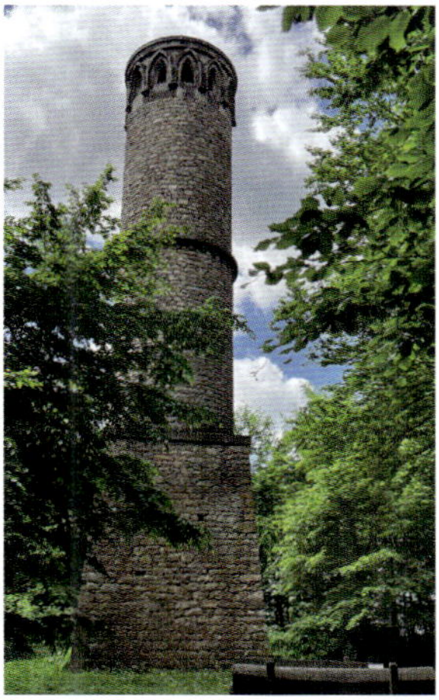

Der Kahlenberg ist längst nicht mehr kahl und weithin sichtbar ist der Kahlenbergturm auch nicht mehr. Aber noch haben die Buchen den 23 Meter hohen Turm nicht überwuchert. Wer die 102 Stufen erklommen hat, der bekommt durch die zwölf gotischen Fenster einen Panoramablick der Extraklasse. 1841 wurde der Turm auf Anweisung von Leopold II., Fürst zu Lippe, errichtet. Der Turm hatte in erster Linie eine repräsentative Funktion.

ihr euch an den Schildern in Richtung „Moses Hütte“, „Glashütte“ oder „Spazierweg Kahlenbergturm“, die euch den Weg zunächst nach rechts, dann nach links weisen. Einziger Wermutstropfen in diesem ansonsten bezaubernden Waldstück ist der asphaltierte Bodenbelag. Ihr bleibt auf diesem Weg, folgt einer Spitzkehre und nun begleitet euch plätschernd und recht pittoresk der Steinbach, mal rechts, mal links. An den nächsten Abbiegemöglichkeiten haltet ihr euch nun dreimal hintereinander rechts. Dann biegt ihr nach links ab und erreicht die Pyrmonter Straße. Auf der anderen Seite setzt ihr eure Wanderung fort und folgt dem Pfad vorm Fischanger nach links. Dieser schmale Waldweg führt euch direkt zum Schiedersee. Entlang der Staumauer folgt ihr der Straße „Waldweg“ weiter über die Emmer, vorbei am Lokal „Moses Hütte“ und über die Bahnschienen hinweg. Ausgeschildert ist hier nun der Burgensteig X2. Bei der ersten Gelegenheit wechselt ihr die Straßenseite und wandert rechts in den Wald hoch Richtung Lügde. Der schmale Weg führt leicht bergauf und ist asphaltiert. An der Bank im Wald biegt ihr nach links ab. Begleitet werdet ihr von einem tiefen Bachtal. Der

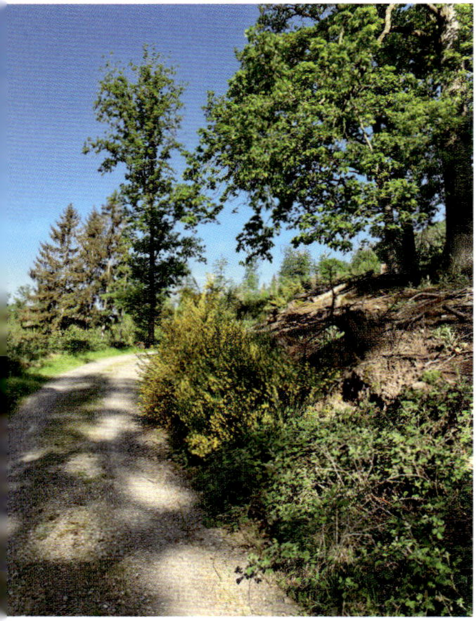
Aufstieg zum Keuperberg

Weg wird zum Schotterweg, was das Gehen angenehmer macht. Ihr bleibt nun immer auf dem Hauptweg, dem Burgensteig X2. Wenn ihr knapp die Hälfte des Anstiegs geschafft habt, ist es Zeit, kurz anzuhalten und auf dem Waldsofa das Panorama über die Wälder von Blomberg Richtung Glashütte zu genießen. Allein für diesen Ausblick hat sich der Aufstieg schon gelohnt! Aber lasst euch sagen: Es wird noch besser.

Nach wenigen Metern kreuzt der Mythenweg, erkennbar am gelben M auf grünen Grund, dem ihr nach rechts folgt. Auch hier steht wieder eine Bank bereit. Auf der rechten Seite begegnet euch der erste von vielen Grenzsteinen. Wenn ihr oben auf dem Plateau der Herlingsburg seid, begegnen euch noch eine ganze Reihe dieser schön verwitterten Steine, denn die ehemalige Grenze zwischen den Fürstentümern Waldeck-Pyrmont und Lippe verlief quer über den Rücken des Keuperberges. Der Wald wird nun

Am Weg

Die Herlingsburg

Ganz oben auf dem Keuperberg in 345 Meter Höhe, finden sich Überreste einer vorrömischen eisenzeitlichen Wall- und Fliehburg. Kulturhistorisch ist die Herlingsburg von großer Bedeutung, denn sie ist das am besten erhaltene Bodendenkmal aus dieser Zeit in Ostwestfalen-Lippe. Es ist nicht gänzlich geklärt, welchen Zweck die Herlingsburg hatte. Ob sie wirklich eine Fliehburg war, um den einfachen Menschen aus der Gegend Schutz zu gewähren oder ob sie zu Repräsentationszwecken erbaut wurde. Sie stand auf jeden Fall an einer wichtigen Handelsverbindung, die Paderborn und Pyrmont miteinander verband.

etwas lichter. Nach dem kühlen Wald tut die Sonne nun auch gut. An der ersten Gabelung haltet ihr euch links und bleibt damit auf dem Hauptweg. Rechter Hand begleiten euch jetzt am Wegesrand einige Infotafeln zum Lebensraum Wald und ihr erfahrt einiges über Mythen rund um den Keuperberg wie zum Beispiel über das Rätsel des Domhofs. Ihr bleibt auf diesem Weg, bis ihr die Bank des Känzlers erreicht, dort verlasst ihr kurz den Mythenweg und biegt nach links ab. Der Känzler war übrigens ein frecher Geselle, der für allerhand Schabernack bekannt war. Obacht also, wenn es euch plötzlich an den Hacken zwackt, wenn es nun wieder bergauf geht. Nach einer Weile stößt von rechts wieder der Mythenweg zu euch; ihr haltet euch weiter geradeaus. Nun horcht mal: Ganz still ist es hier. Man hört nur das fröhliche Gezwitscher der Vögel und ein leises Rauschen der Baumwipfel im Wind. Oder ist es mehr als nur der Wind? Denn auf der linken Seite steht die Bank des Versprechens, der Ort an dem ihr der traurigen weißen Frau aus der Sage begegnen könntet. Von diesem Hauptweg zweigt nach circa 300 Metern ein ziemlich schmaler Pfad nach links hoch in den Wald ab – ihr könnt ihn nicht verpassen, denn er ist gut in Richtung Herlingsburg ausgeschildert. Dann haltet ihr euch rechts und wandert immer weiter nach oben, bis der Weg sich erneut gabelt. Hier biegt ihr nach rechts in einen noch schmaleren, noch verschlungeneren Graspfad ab. Etwas versteckt findet sich an einem Baum auch ein gelbes „M“. Am Ende des Pfads steht wieder eine Bank mit einer Infotafel über Grenzsteine. Und: Ihr habt nun die beiden anstrengenden Passagen dieser Wanderung geschafft und das Plateau des Keuperbergs erreicht, auf dem einst die Herlingsburg thronte. Es folgt die Belohnung: Ein traumhafter Weg in Form einer Herzschleife einmal um das Bodendenkmal der Herlingsburg herum. Scharf nach links biegt ihr in den schmalen Graspfad ein. (Man kann auch geradeaus weiterlaufen, dann kommt man direkt zur Schutzhütte. Das würde einem aber eine herrliche Aussicht verwehren.) Ganz gemütlich wandert ihr auf weichem Gras auf ein unfassbar tolles Panorama zu. Nun können sich alle freuen, die mit dem Picknick gewartet haben. Einen schöneren Platz für eine Pause gibts kaum: Eine ausladende Eckbank mit Tisch steht bereit mit Blick auf Bad Pyrmont und Lügde!

Weiter geht's, dann erreicht ihr das Waldsofa und damit den höchsten Punkt des Bergs auf 359 Höhenmetern. Auch von hier könnt ihr natürlich einen wunderbaren Ausblick ins Tal genießen. Nur ein paar Schritte und ihr seht in der Ferne schon die Schutzhütte. Wer Glück hat, begegnet hier oben einem gut gelaunten Zwerg, der gewillt ist, den Eingang zum Berginneren freizumachen. Falls ja, schreibt es unbedingt ins Hüttenbuch! Schön mit Bäumen durchwachsen, läuft es sich traumhaft auf dem weichen Waldboden, der gesäumt ist mit glitzerndem Perlgras. Wenn ihr das Plateau umrundet, das Herz quasi geschlossen habt, wendet ihr euch an der Grenzstein-

Am Weg

Grenzsteine und der Keuperberg

Entlang des Walls finden sich noch alle paar Meter Grenzsteine. Diese Steine markierten ab 1713 die Territorien der beiden Fürstentümer Lippe und Waldeck-Pyrmont. Ein besonders schönes Exemplar findet ihr direkt an der Schutzhütte auf dem Keuperberg. Ganz in der Nähe der Schutzhütte soll sich übrigens ein geheimer Eingang zum Inneren des Bergs befinden. Allerdings braucht ihr euch nicht auf die Suche begeben, denn er kann nur dann gefunden werden, wenn das hier ansässige Zwergenvolk einen Grund sieht, warum ausgerechnet ihr den Eingang entdecken solltet. Seid ihr die Auserwählten, dann – und nur dann – wird euch ein Einblick in die Reichtümer im Inneren des Bergs gewährt werden. Es sind also die Zwerge, nach denen ihr Ausschau halten solltet. Eine andere Sage erzählt, dass Arminius, der Cherusker und Römerschreck, sich ebenfalls noch im Berg aufhält und auf eine gute Gelegenheit für seine Rückkehr wartet.

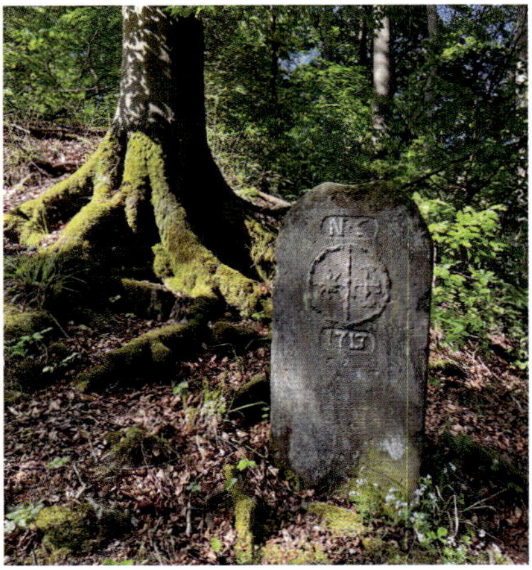

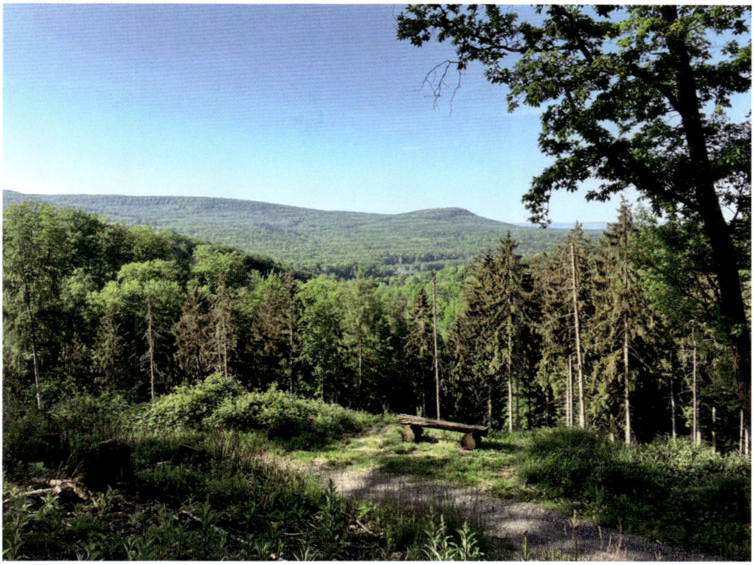

Weitblick über die Wälder von Blomberg

bank nach links und wandert den Schotterweg recht steil hinunter Richtung Glashütte. Auch hier weist euch wieder der Burgensteig X2 den Weg. An der nächsten Gabelung geht es nach links. Diesem Wirtschaftsweg folgt ihr, bis ihr eine Sitzgruppe erreicht, an der die Geschichte der Wolbecker erzählt wird. Hier biegt ihr nach rechts ab Richtung Glashütte und wandert auf einem breiten, forstwirtschaftlichen Weg weiter. An der nächsten Gabelung haltet ihr euch links und erreicht so die Bergstraße. Nach wenigen Metern zweigt ein Pattweg von der Straße ab und führt euch zurück an die Straße „Waldweg", auf der ihr das schon bekannte Stück zurück zum Schiedersee lauft. Ihr überquert das Sperrwerk und biegt dann am südlichen Ufer rechts auf einen gepflasterten Weg ab. Nach einer Weile gabelt sich der Weg, ihr orientiert euch für ein kurzes Stück nach rechts entlang der Straße, bis es nach einem Hochspannungsmast rechts auf einem kleinen Pfad weitergeht, der euch ganz nah an den See heranführt. Diesem Pfad folgt ihr, bis ihr einem Aussichtssteg erreicht, von dem ihr einen schönen Blick über den Schiedersee genießen könnt. Weiter geht es auf dem Pfad, dann kurz entlang der

Waldstraße, bis euch ein paar Treppenstufen und der Hinweis „Zum Kronenbruch" zurück zum Ufer führen. Am See könnt ihr euch ein Päuschen gönnen, ein Boot mieten, es euch im Café oder Bistro gemütlich machen oder einfach aufs Wasser schauen.
Weiter auf der Route gabelt sich nun der Weg. Ihr haltet euch links und erreicht so den Kurpark mit Schloss Schieder. Ihr flaniert die Terrassen des Barockgartens hoch, bis ihr die Keßler Straße erreicht.

Am Weg

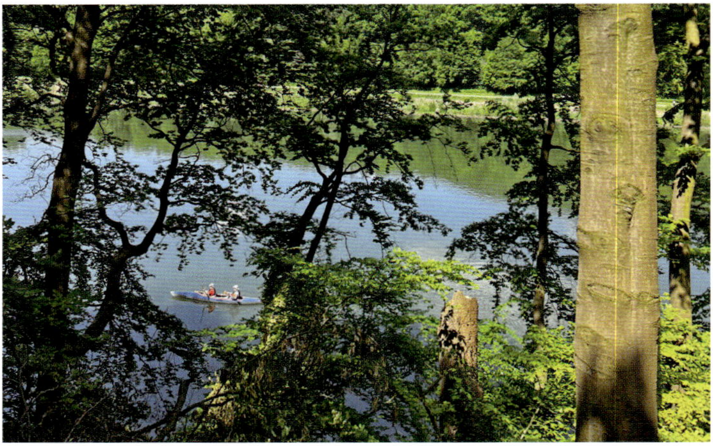

Schiedersee

Eigentlich heißt der See Emmerstausee und ist genau das: ein Stausee im Tal der Emmer. Er wurde in den 1970er Jahren angelegt, um die benachbarte Stadt Lügde vor Hochwasser zu schützen. Er ist aber auch ein Naherholungsgebiet, das gern von Seglern und Ruderern genutzt wird. Mit dem Motorschiff „Schieder See" kann man sich zu den verschiedenen touristischen Zielen schippern lassen. Auf dieser Wanderung lernt ihr die Südseite des Sees kennen. Der See kann aber auch komplett umrundet werden. Leider kann man im Schiedersee nicht baden, wohl aber Beachfeeling im weißen Sand erleben. Das Freizeitzentrum Schiedersee bietet einen Bootsverleih und allerhand Freizeitspaß am Wasser. Weitere Informationen: www.schiedersee.de und www.familienpark-funtastico.de

Info

Schloss Schieder

Nach niederländischem Vorbild ließ Graf Rudolph zu Lippe-Brake 1703 Schloss Schieder mitsamt dem Barockgarten erbauen. Nach der Novemberrevolution 1918 wurde der Freistaat Lippe Eigentümer der Anlage. Kurz danach bis Ende der 1960er Jahre war hier ein Kinderheim untergebracht. Heute ist das Schloss Eigentum der Stadt Schieder-Schwalenberg und beherbergt Volkshochschule, Musikschule, Stadtbücherei und das Haus des Gastes. Am schönsten präsentiert sich das Schloss von seiner Südseite von einer der Terrassen des Barockgartens aus.

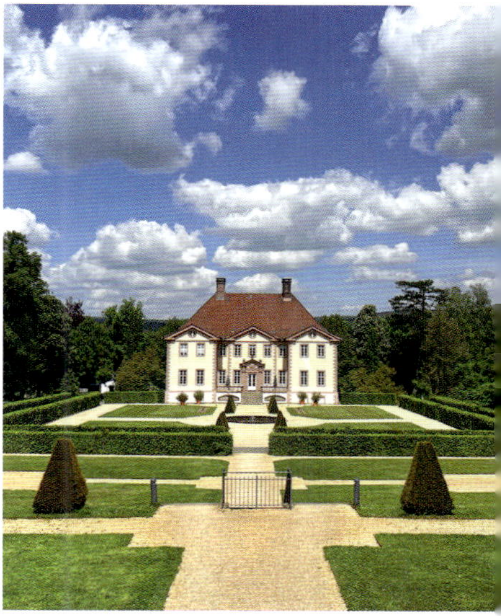

Haltet euch dort links und dann sofort wieder links auf die Pyrmonter Straße. Hier habt ihr auch noch mal die Möglichkeit, euch ein Eis zu gönnen. Dann biegt ihr nach rechts in die Friedhofstraße ein und seid wieder am Parkplatz. Wer mit der Bahn angereist ist, kennt das Schloss schon und biegt im Kurpark nicht nach links ab zum Schloss, sondern nach rechts zum Bahnhof, der nur 400 Meter entfernt ist.

Gastronomie

Café Restaurant „Breitengrad“ und Bistro „Bootshaus“ im Freizeitzentrum Schiedersee, Kronenbruch 3, 32816 Schieder, Tel. 05282/411, www.schiedersee.de

Moses Hütte am Nordufer, Am Staudamm 1, 32816 Schieder-Schwalenberg, Tel. 05282/1863, www.nordufer.de/moses_huette

Eiscafé Venezia, Pyrmonter Straße 10, 32816 Schieder-Schwalenberg, Tel. 05282/7719705

Auf immer und ewig

Arminius, der Fürst der Cherusker, soll die Herlingsburg auf dem Keuperberg belagert haben, um sich auf den entscheidenden Feldzug gegen die Römer vorzubereiten, von denen er im Jahre 9 nach Christi drei Legionen in der Varusschlacht vernichtend geschlagen hat. Eine Sage erzählt von einem tragischen Versprechen eines seiner Krieger an eine Magd.

Es war einmal, da trafen am Brunnen auf der Herlingsburg zur selben Zeit eine von Arminius' Mägden und einer seiner Krieger aufeinander, um sich am kühlen Brunnenwasser zu erfrischen. Als beide hochschauten und ihre Blicke sich trafen, da taten beider Herzen einen doppelten Schlag. Die beiden jungen Menschen verliebten sich ineinander und suchten von nun an, wann immer es ihnen ihr Tagwerk erlaubte, die Nähe des anderen. Oft war es nur ein Blick aus der Ferne, aber manchmal war Zeit für eine leise Berührung, einen zarten, schnellen Kuss, bevor die Pflicht sie wieder auseinanderriss. Am Ende eines jeden Tages aber, nach getaner Arbeit, konnte sie nichts mehr trennen. Da saßen sie eng aneinander geschmiegt auf einer schmalen Bank unterhalb der Burg, hielten sich fest an den Händen und träumten von einer gemeinsamen Zukunft.

Eines Tages trommelte Arminius, noch im Morgengrauen, seine Krieger zusammen und verkündete, dass sie in der kommenden Nacht aufbrechen würden, um den Römern aufzulauern und ihnen den Garaus zu machen. Er wisse von seinen Spähern, wo sich Varus, der Römerführer, mit seinen Legionen aufhielt. Und da der Cherusker den Teutoburger Wald wie kein Zweiter kannte, hatte er einen Plan, der zum schnellen Aufbruch zwang. Wie ein Lauffeuer verbreitete sich die Nachricht auf dem Burgplateau. Die Kunde vom Abmarsch der Krieger ereilte auch die schöne Magd. Aufgebracht stieß sie ihren Melkschemel weg und rannte unbeeindruckt von der protestierenden Ziege aus dem Stall. Als sie am Waldrand ankam, sah sie ihren Liebsten schon vor ihrer Bank stehen.

Er rannte ihr entgegen und schlang fest seine Arme um sie. So stand die Zeit einen Augenblick still. Dann nahm der Krieger das Gesicht der schönen Magd ganz zart in seine Hände, küsste ihre Stirn und sprach: „Ich habe keine Wahl. Wirst du auf mich warten? Ich werde bald zurückkehren. Ich verspreche es dir! Du hältst doch mein Herz!"
„Aber ja, mein Liebster! Ich werde warten! Auf immer und ewig!"
So lange sie konnten, hielten die beiden jungen Menschen sich noch in den Armen, voller Liebe und voller Hoffnung auf ein baldiges Wiedersehen. Als Arminius seine Mannen zusammenrief und das Signal zum Aufbruch ertönte, besiegelten die beiden Liebenden mit einem letzten Kuss ihr Versprechen. Dann lösten sie sich und sofort verschluckte der dunkle Wald den Krieger. Die junge Frau blieb allein im Mondlicht zurück, das ihre Tränen in kleine glänzende Perlen verwandelte.
Jeden Abend, zu jeder Jahreszeit, bei jedem Wetter ging sie von nun an zur Bank des Versprechens und wartete still, bis die Sonne die Nacht ankündigte und am Horizont verschwand. Dann stand sie auf und rief laut aus, was sie zutiefst glaubte: „Er wird zurückkommen, mein Geliebter! Morgen wird er kommen. Morgen!" Doch er kam nicht. Die Jahre gingen ins Land. Aus dem schönen Mädchen wurde eine alte Frau, deren Haar jedes Jahr etwas silberner schimmerte. Irgendwann blieb ihr Körper in ihrem Bett liegen. Ihr Geist aber wartet weiter unermüdlich jeden Abend. Heute, nach unzähligen Monden, die einst stolze Burg liegt längst in Trümmern, sieht man die zarte durchscheinende Gestalt noch immer einsam und traurig an der kleinen Bank stehen. Ihre Stimme ist leiser geworden, kaum zu unterscheiden vom Rauschen der Baumwipfel, aber sie ist da, wie eh und je und ruft nach ihrem Liebsten. Auf immer und ewig.
Vielleicht wird irgendwann ein Wanderer zu später Stunde am Keuperberg unterwegs sein und ihr Wehklagen hören. Und ganz vielleicht wird er ein so reines Herz in sich tragen, dass er es schaffen kann, das ihre zu erlösen, auf dass dann endlich auch ihr Geist sich schlafen legen kann.

Tour 9

Startpunkt

Zwischenziele

Parkplatz

Haltestelle

Zielpunkt

Gastronomie

Kulturstätte

Sehenswürdigkeit

Naturerlebnis

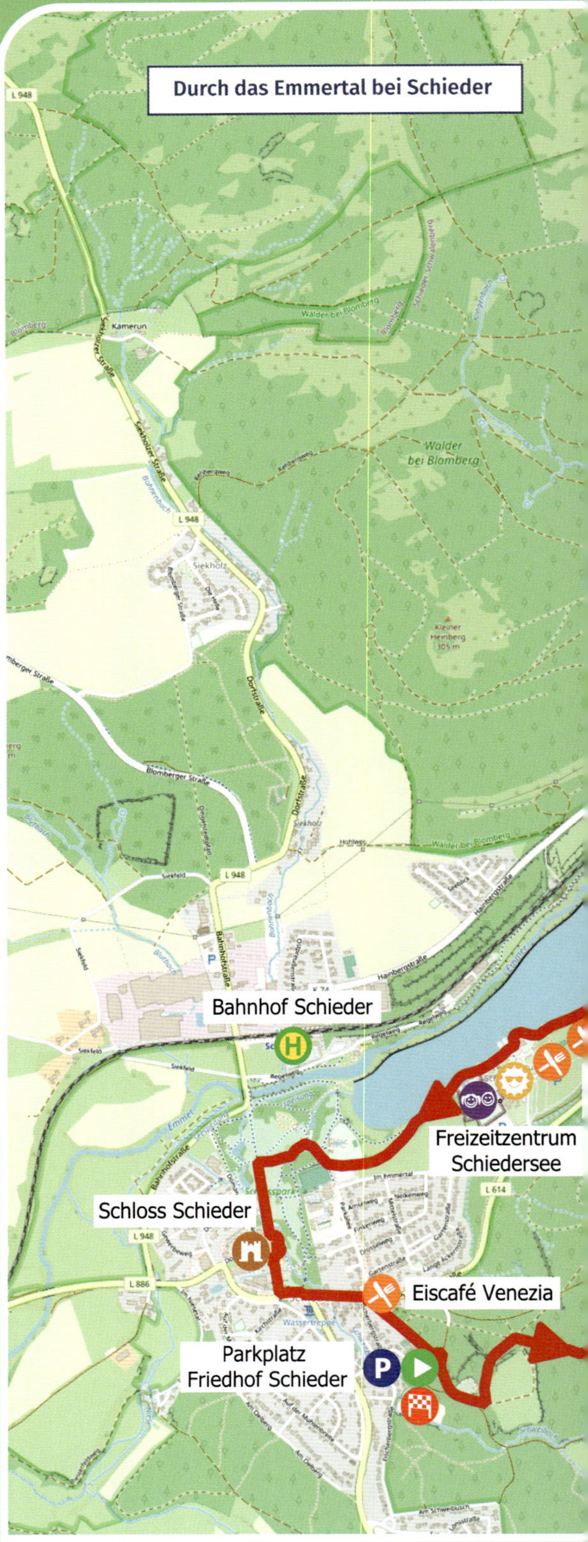

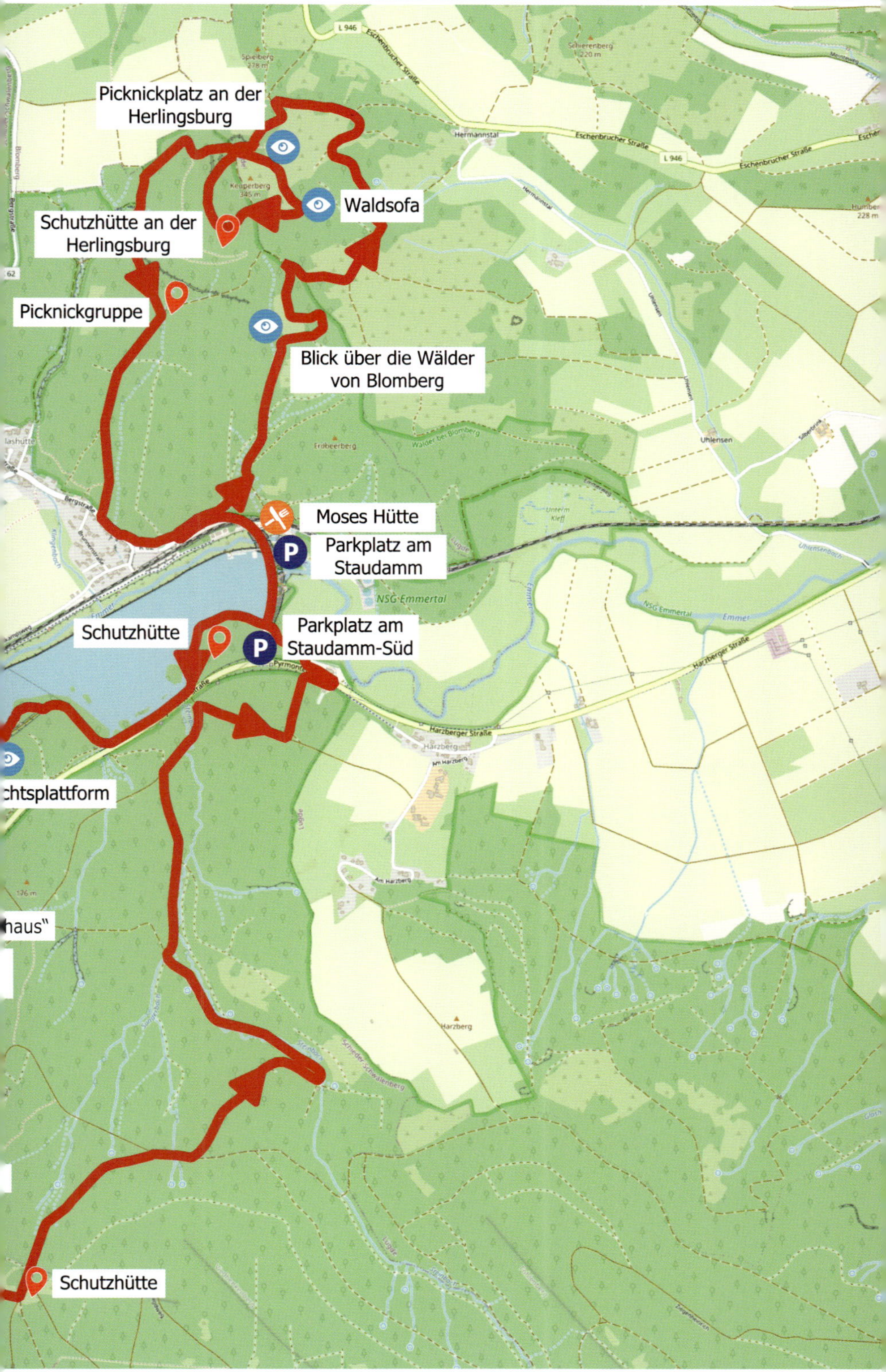

Picknickplatz an der Herlingsburg
Waldsofa
Schutzhütte an der Herlingsburg
Picknickgruppe
Blick über die Wälder von Blomberg
Moses Hütte
Parkplatz am Staudamm
Schutzhütte
Parkplatz am Staudamm-Süd
chtsplattform
haus"
Schutzhütte

Zwischen Wasserfällen und Findlingen

Durch Schluchten und Täler im lippischen Extertal

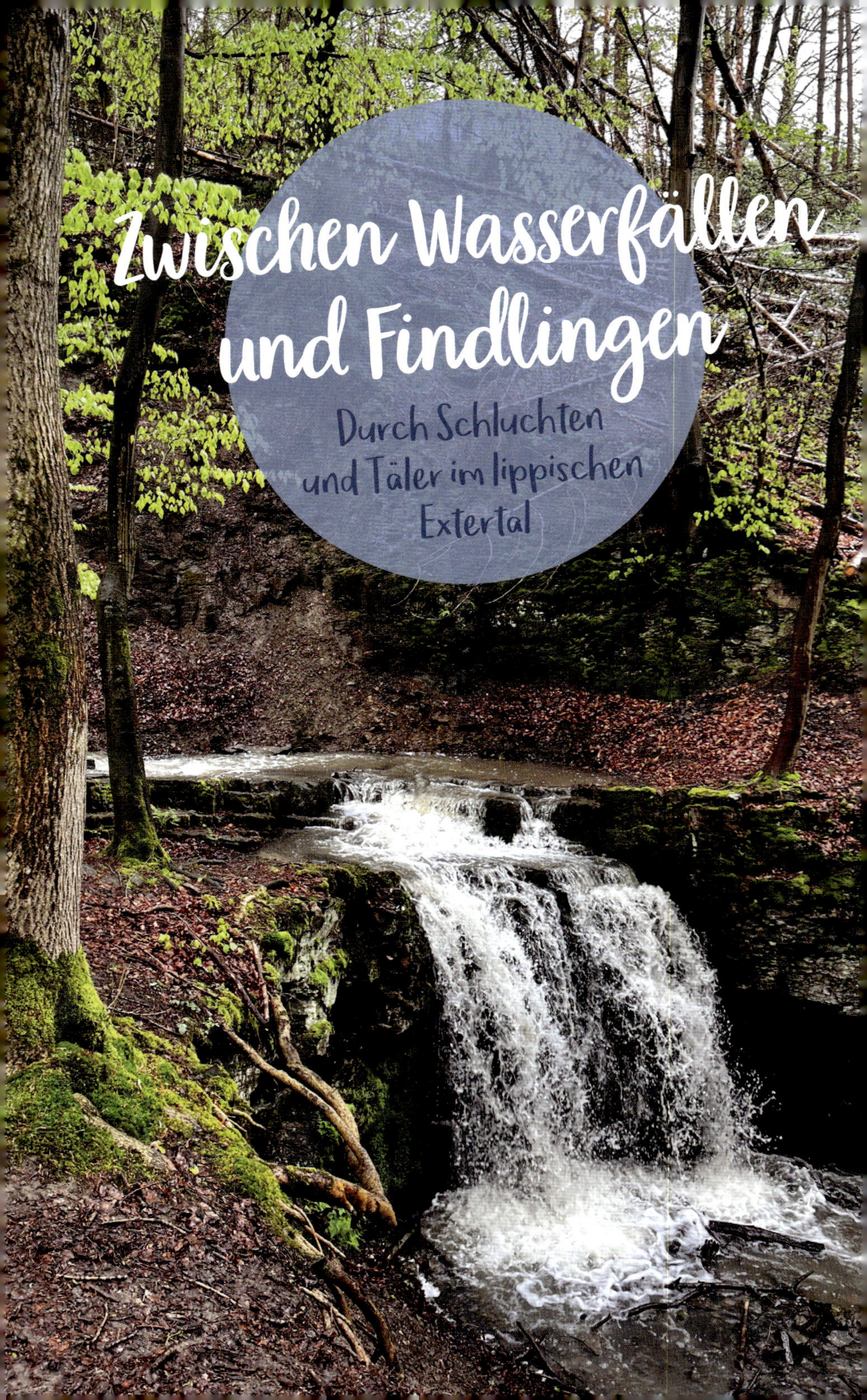

Ganz im Norden des Naturparks Teutoburger Wald/Eggegebirge liegt ein Paradies für Wanderer, die ein Kraxeln über Stock und Stein dem Flanieren über ebene Asphaltwege vorziehen. Auf dem Extertaler Patensteig wollen Schluchten überquert, Wasserfälle und Findlinge bestaunt, Feen- und Salamanderquellen entdeckt werden. Ihr könntet dem Büxenwulf begegnen, dem unsichtbaren Schneider oder den Geistern von vier Bösewichten. Für Verliebte gibt es eine romantische Verlobungsbank, für kleine Wandersleute einen Geheimpfad. Diese Tour ist so herrlich verwunschen, wie man es sich für eine sagenhafte Wanderung nur erträumen kann.

Tour 10

2:50 Std. | 6,5 km | 158 m

Start/Ziel: Wanderparkplatz Patensteig, Im Siek, 32699 Extertal-Fütig
Wegbeschaffenheit: größtenteils schmale, unebene Wege, teilweise müssen Stege und Furten überwunden werden, Schotterwege
Parken: Wanderparkplatz Patensteig
Anreise mit ÖPNV: Bushaltestelle Nalhof Fütig
Besonderheiten: Trittsicherheit und festes Schuhwerk sind ein Muss auf dieser Wanderung.
Der Wanderparkplatz am Patensteig ist klein und am Wochenende gut besucht. Wenige Meter weiter westlich entlang der Straße „Im Siek“ befinden sich links an der Straße „Im Fahren“ weitere Parkmöglichkeiten.

Wegbeschreibung: Direkt am Wanderparkplatz Patensteig beginnt die Tour abenteuerlich, denn zunächst passiert ihr über einen Steg den Siekbach. Auf der anderen Uferseite empfängt euch ein farbenfroher Schilderwald. Auf jedem der selbstgemalten Wegweiser steht „Patensteig". Kein Zweifel, hier geht es los! Doch in welche Richtung? Wer genau schaut, findet eine Empfehlung nach rechts und so ist die Route hier auch beschrieben.

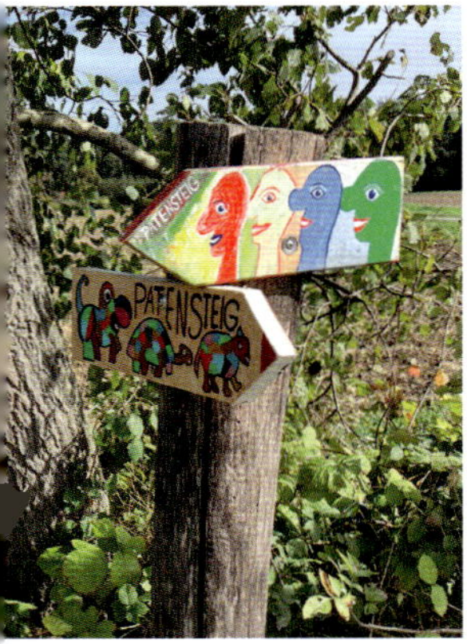

Verlaufen unmöglich!

Gleich hinter den Schildern fällt ein großer Picknickplatz auf – perfekt für einen gemütlichen Ausklang der Wanderung, sofern euer Rucksack vorab lecker befüllt wurde. Kaum zwei Schritte gegangen macht der „zerschossene Findling" auf sich aufmerksam. Und wieder drei Schritte weiter könnt ihr eine steinerne Sitzgruppe entdecken. Die Einfassungen der Sitzgruppen bestehen aus ganz besonderen Steinen. Aber dazu später mehr. Die bunten Schilder mit der Aufschrift „Patensteig" sind nicht zu übersehen, wohl aber die ein oder andere Wurzel, deshalb solltet ihr

Tipp

Geheime Routen und Zeichen

Für kleine Abenteurer gibt es einen „geheimen Kinderpfad". Wo er sich verbirgt, wird nicht verraten. Aber wer genau schaut, der wird ihn schnell entdecken, viele kleine Spuren geben Aufschluss.

Vielleicht wundert ihr euch, dass euch unterwegs hier und da ein Hinweis auf ein Passwort begegnet. Was hat es damit auf sich? Im Extertal gibt es einige Wanderrouten, die sich speziell an Familien richten. Auf jeder dieser Routen ist irgendwo ein Passwort versteckt. Die Passwörter können in einen Wanderpass eingetragen werden. Wer seinen Pass komplett hat, erhält eine Wanderurkunde und einen Button. Den Pass bekommt ihr entweder in dem kleinen Kasten vor dem ersten Steg über den Siekbach oder beim Marketing Extertal, www.marketing-extertal.com. Dort gibt es auch die Belohnung.

Am Weg

Dichter und Denker

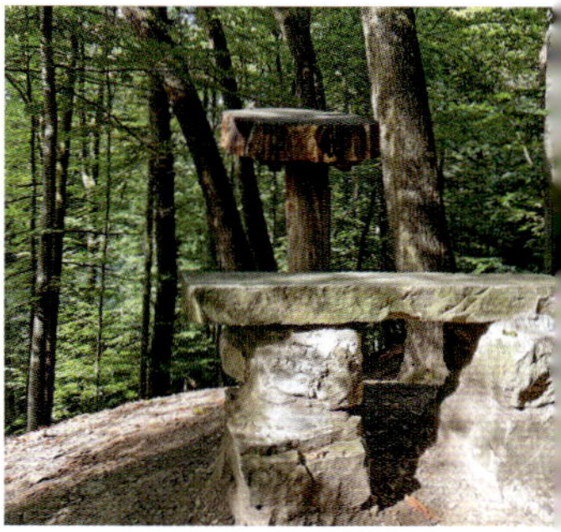

Die Dichterbank beschert euch eine Aussicht von recht erhabener Position. Die Bank geht zurück auf Dr. Wilhelm von Hase (1886–1966), der im Hauptberuf als Arzt in Almena lebte und sich gern auf diesen Bergsporn zurückzog, um sich in der Natur ganz dem Schreiben von Gedichten zu widmen. Seine „Burg“ nannte man im Dorf diesen erhabenen Platz mit herrlichem Weitblick.

schön auf den Weg achten. Der führt recht uneben durch die Landschaft, was ja gerade den Reiz dieser ereignisreichen Wanderung ausmacht. Und so liegen immer mal wieder große Findlinge mitten auf dem von Wurzeln und Stufen durchzogenen Weg. Das nächste Ereignis lässt nicht lange auf sich warten: Nach wenigen Metern stoppt euch die „Zigeunerbrücke“, richtiger gesagt, ein Schild, das euch über die Geschichte der Brücke aufklärt, die noch bis in die 1920er Jahre ein wichtiger Verbindungsweg von Hagendorf nach Almena und Fütig war. Kurz danach folgt auf der linken Seite die Feenquelle. Auch hier erzählt eine Tafel die dazugehörige Geschichte.
Über grobe Stufen aus dicken Steinen und Astwurzeln kraxelt ihr leicht bergauf, bis ihr die ehemaligen Schützengräben erreicht. Dann biegt der Weg scharf nach rechts ab und ihr überquert den Fahrenbach. Auf der anderen Seite wird es nun romantisch: Neben dem Fahrenbach-Wasserfall wartet die Verlobungsbank. Wer ein kleines Bügelschloss mitgebracht hat, darf es als Zeichen der ewigen Liebe an dem extra dafür installierten Gitter anbringen. Einmal kurz Platz nehmen lohnt sich nicht nur für Verliebte, sondern für alle: Die Aussicht von hier auf die gegenüberliegende Bachseite, von der ihr gerade gekommen seid, und über das Gersiektal ist einfach unfassbar schön. Übrigens lud die Verlobungsbank schon vor über 100 Jahren zum Schäferstündchen ein, und das ein oder andere Versprechen wurde auch nachweislich eingelöst.

Info

Wie der Patensteig zu seinem Namen kam – und zu seinen Sagen

Man sieht es gleich an den bunten Wegweisern überall entlang der Wanderstrecke: Dieser tolle Wanderweg wird gehegt und sehr liebevoll gepflegt. Die Idee für diese besondere Wanderroute entstand schon 2002. Zwei Gedanken steckten dahinter: zum einen diese besondere Landschaft der Bevölkerung zugänglich zu machen, zum anderen, insbesondere Kindern und Jugendlichen, die Natur näher zu bringen. Und tatsächlich hat dieser Weg ein Team an Paten, die sich für den Erhalt und die vielen Geschichten am Wegesrand einsetzen. Denn die Sagen, die mittlerweile ihren Einzug in die ostwestfälische Sagenwelt gefunden haben, sind noch gar nicht so alt, wie man meinen könnte. Erfunden hat sie einer der Initiatoren des Patensteigs, Hans Böhm.

An der nächsten Gabelung führt euer Weg geradeaus weiter. Vorher aber lohnt ein kleiner Abstecher nach links zur Dichterbank. Zurück auf der Route überquert ihr alsbald die Straße „Im Siek", nur um schräg gegenüber wieder im Wald zu verschwinden. Doch Achtung: Hier könnte euch der Büxenwulf begegnen, der in früheren Zeiten im Gersiektal sein Unwesen getrieben haben soll. Ein Ausläufer des Siekbachs begleitet euch bis zu einer Picknickbank, die über Stufen erreichbar ist. Unterwegs berichten Infotafeln von mysteriösen Ereignissen rund um die beeindruckenden Findlinge: Ihr erfahrt von tanzenden Hexen in Walpurgisnächten, einem Hügelgrabfund und dem spektakulären Umzug des Hexensteins durch pure Muskelkraft in den 1960er Jahren.
Hinter dem „verheilten Findling" überquert ihr erneut einen Steg und erreicht nach wenigen Stufen wieder die Straße, die ihr nach rechts überquert, und gleich nach links bergauf auf das Waldsträßchen „Im Fahren" einbiegt. Ihr folgt dem Weg nach links in den Wald. Oben angekommen wandert ihr an einem Wohnhaus, an Feldern und Koppeln und einem großen Bauernhof vorbei weiter auf die Meierberger Höhen zu. Am Ende des Feldrands steht, perfekt in

Richtung Weserbergland ausgerichtet, eine Bank, von der aus ihr panoramareich bis zum Kaiser-Wilhelm-Denkmal auf der Porta Westfalica und auf den Fernsehturm auf dem Jakobsberg (siehe Tour 11) schauen könnt.
Ausgeruht verlasst ihr dann die asphaltierte Straße und biegt nach links auf einen Wirtschaftspfad ein. An der nächsten T-Kreuzung weist euch ein buntes Schild nach rechts auf den Römerweg in Richtung Rickbachschlucht und Extertaler Wasserfall. Nach wenigen Schritten lenkt ein Schild die Aufmerksamkeit auf das Schicksal des armen Schneiders am Römerweg. Vor einigen Jahren stand sein windschiefes Haus noch, dann ist es eines Tages zusammengefallen. Seitdem haben die Steine des Schneiderhauses eine neue Funktion: Die eingangs erwähnte Sitzgruppe besteht aus ihnen.
Der Wanderweg windet sich durch ein kleines Wäldchen, dann wendet ihr euch auch schon nach rechts und überquert den plätschernden Rickbach über eine kleine Brücke und gelangt über krumme Stufen und Baumwurzeln direkt zum Bachbett. Ausgeschildert ist hier nun auch der Extertaler Wasserfall. Zwischen „Rickbach-Kaskaden“ und „Wasserfall “ entdeckt ihr bald die vier Räuber-Steine und kurz danach könnt ihr pittoresk am Wasserfall pausieren. Gleich ein paar Meter weiter liegen die beiden Salamanderquellen, die man gut an den aufgeschichteten Steinen erkennen kann. Wer geduldig ist, kann die scheuen Tiere auch antreffen. Sie mögen allerdings am liebsten feuchtes Wetter. Dann muss zweimal eine Furt gequert

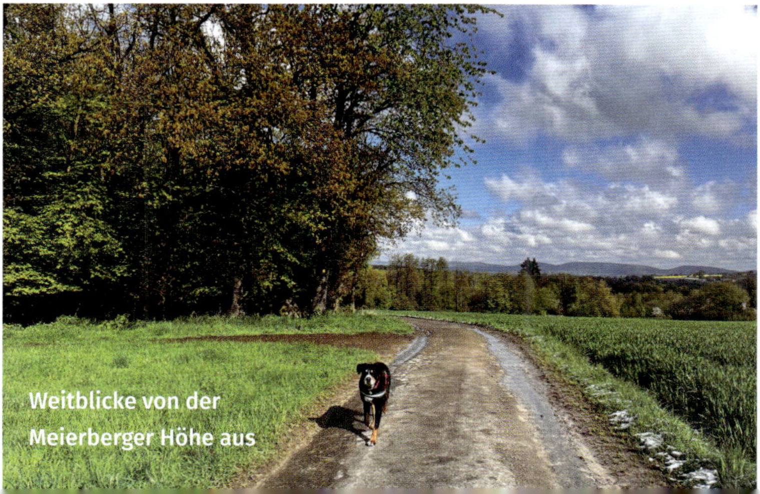
Weitblicke von der Meierberger Höhe aus

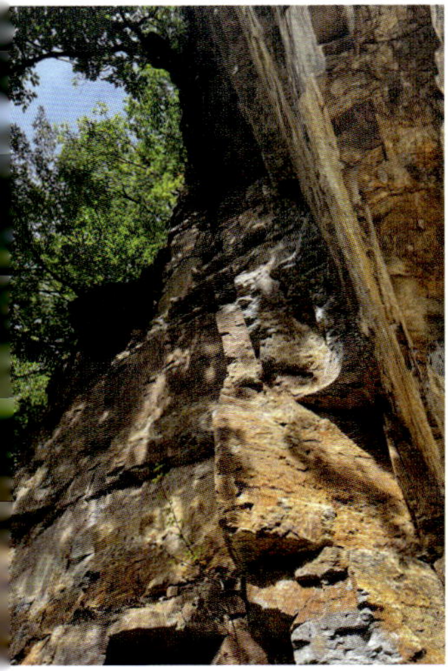

Mergelkuhle

werden und ein bunter Hinweis auf den Nasenstein macht neugierig. Was es wohl damit auf sich hat? Ihr werdet es bald erfahren. Entlang des Wegs bieten sich ein paar wirklich urige Sitzgelegenheiten an, die aus massiven Baumstämmen bestehen. Wer vorhin am Wasserfall keine Pause eingelegt hat, findet hier sicher ein Plätzchen. Weiter wandert ihr am Bach entlang. In diesem wilden Urwald sind teilweise die Baumwurzeln komplett unterspült und bilden bizarre Höhlen. Wer mag da wohnen? Und dann, ganz plötzlich ist er unverkennbar da: der Nasenstein, der sich hervorragend als Kletterstein eignet – und natürlich als Motiv für ein Erinnerungsfoto. Wahlweise kann man nun dem „Patensteig extrem", der steil nach unten links führt, oder dem etwas gemächlicheren Weg folgen. Beide treffen an einem Feld wieder aufeinander, das ihr auf einem grasbewachsenen Wirtschaftsweg nach links umrundet. So gelangt ihr wieder zum Schneiderhaus, biegt nach links auf den Römerweg ab und seid nach kurzer Zeit zurück an der Anschlussstelle. Ganz gemütlich spaziert ihr nun geradeaus auf einem bequemen, breiten Wirtschaftsweg, den Wald links, die Felder rechts, mit reichlich Panorama auf das hügelige Extertal und mit ein biss-

Am Weg

Das kostbare Nass

Quellwasser soll gut für die Gesundheit der Augen sein – ganz bestimmt bringt es auch Glück. Leider kommt es immer wieder vor, dass die Feenquelle kein Wasser mehr führt. Aber nicht nur an der Feenquelle werden die Auswirkungen des Klimawandels sichtbar, auch die anderen Bachläufe und damit die Wasserfälle entlang des Patensteigs fallen immer öfter trocken – mit fatalen Auswirkungen auf die heimischen Bewohner dieses Habitats, wie zum Beispiel die Feuersalamander, deren Larven den Bauchlauf brauchen, um zu überleben.

Am Weg

Der Büxenwulf

Er soll hier im Gersiek den Wanderern auf den Rücken gesprungen sein und sich so festgekrallt haben, bis sie ohnmächtig geworden sind. Als sie wieder zu sich kamen, hatte er ihnen schon ihr Hab und Gut geklaut und ist von dannen gezogen. Irgendwann wurde es dann einem Bauern aus Meierberg zu bunt und er hat dem Büxenwulf ein Schnippchen geschlagen. Der kräftige Mann fiel nicht in Ohnmacht, sondern trug den Büxenwulf kurzerhand nach Hause und setzte ihn mit dem Hintern auf die heiße Herdplatte. Seitdem hat niemand mehr den Wolf gesehen.

chen Glück reichlich Sonne im Gesicht. Wenn der Wirtschaftsweg in einen Graspfad mündet, seid ihr an der Wüstung Hilker Berg angekommen. Könnt ihr den Teufelsstein entdecken? Auf den letzten 460 Metern bis zum Parkplatz wird es noch einmal abenteuerlich: Der Weg mäandert schmal und knotig immer entlang an der Schluchtkante durch den Wald, während beeindruckend tief unter euch der Hilkersiek-Wasserfall rauscht – sofern er Wasser führt.

Kurz bevor es dann über den Steg geht, lohnt ein kleiner Abstecher. In 50 Metern erreicht ihr die „Mergelkuhle“, einen Pyritsteinbruch. Pyrit ist im Volksmund besser bekannt als Katzen- oder Narrengold. Und so spricht man auch vom Katzengoldsteinbruch. Vorsicht ist hier geboten, das Gestein ist sehr porös und ein Hinaufklettern ist lebensgefährlich.

Zurück auf der Route macht hinter dem Steg der Kreuzguck neugierig; der übrigens seinem Namen alle Ehre macht. Und dann ist man fast wieder an der Picknickgruppe und damit am Ende dieser wirklich sagenhaften Wanderung angelangt. Sind Tisch und Bänke schon besetzt, bietet vielleicht die schöne Bank auf der linken Seite noch ein Plätzchen.

Gastronomie

Im Ort Almena: **Restaurant Pireas**, Hauptstraße 27, 32699 Extertal, Tel. 05262/9943483, www.pireass.de

Die Verfluchten

Der Römerweg ist ein alter Weg, der früher die kleinen Dörfer im Extertal miteinander verband. Man kann ihn an manchen Stellen noch gut an den tief im Waldboden eingesunkenen Steinen erkennen, über die heute teilweise der Rickbach fließt. Was die Sage von den vier Räubern betrifft, die ist noch gar nicht so alt, und stammt aus der Feder des Extertalers Hans Böhm. Aber die Geschichte ist so schön und passend zur Landschaft der verschlungenen Rickbachschlucht, dass sie regional schon zur Wahrheit geworden ist.

Das Tageslicht war schon fast hinter dem Horizont verschwunden, als die alte Frau sich aufrichtete, ihre Kiepe fest verschloss und sich auf den Heimweg machte. Sie musste sich sputen, dass sie noch vor der Dunkelheit durch die Rickbachschlucht kam. „Du dummes Weib, du bist viel zu spät dran“, schalt sie sich selbst. Sie hatte in dem kargen Boden nach Wurzeln und unter den vertrockneten Sträuchern nach den letzten aromatischen Kräutern gesucht. Viel war es nicht geworden. Der Sommer im Jahr 1629 war kurz und jetzt im November war es ungewöhnlich kalt. Wenn sie erst die Schlucht durchquert hätte, würde es einfacher werden. Dieser Teil des Römerwegs war eng, steinig und wurzeldurchzogen. Immer mal wieder verschwand jemand.
„Es ist ja Vollmond. Ich werde es wohl schaffen“, machte sie sich selbst Mut. Ihre Gedanken schweiften ab zum kommenden Winter. Die Kiepe war kaum gefüllt. Genauso leer würde auch ihr Geldbeutel bleiben, wenn sie nichts zum Verkaufen hatte. Sie sah die Männer nicht kommen. Und was hätte es ihr auch gebracht? Die groben Kerle waren zu viert, groß und kräftig.
„Hey, Mütterchen, so allein hier unterwegs?“, ein dreckiges Lachen folgte, das von den Felsen widerhallte.
„Was hast du denn in deiner Kiepe?“, sagte eine hohe Stimme. Und schon hatte einer sie umgestoßen und ihr die Kiepe vom Rücken gerissen.

„Altes nutzloses Kraut", der Dritte schmiss ihre Kiepe einfach in den Rickbach. „Das ist aber nicht nett, dass du gar keine Beute für uns hast, altes Weib".

Der Vierte sagte gar nichts, sondern schlug ihr ins Gesicht.

Sie schrie und schrie, aber ihre Schreie verhallten an den felsigen Wänden der Schlucht.

„Du kannst so viel schreien, wie du willst, Mütterchen, es wird dich niemand hören!" Ganz dicht an ihrem Ohr vernahm sie die hohe Fistelstimme, die durch sie hindurchdrang. Die Vier schlugen und schubsten sie von einem zum anderen, zogen an ihren Haaren. Sie taumelte und verlor den Halt. Selbst als sie am Boden lag, hörten die vier nicht auf. Im Gegenteil. Nun traten sie auf die hilflose Frau ein. Sie wimmerte. „Es kommt niemand mehr, keiner hört mich", dachte sie, als ihr die Sinne zu schwinden drohten. Doch sie irrte sich. Es hatte sie jemand gehört. Ein Wassergeist, der im Wasserfall wohnte und sich von dem Lärm mächtig gestört fühlte, war Zeuge der niederträchtigen Tat. Die arme Frau aber hatte Glück im Unglück, denn was dann geschah, rettete ihr Leben: Nur in Vollmondnächten war es den Menschen vergönnt, Wassergeister zu sehen. Und so erschraken die vier Räuber, als der Geist plötzlich zwischen ihnen stand und mit schnarrender Stimme sprach: „Hey, ihr Dämlacke, was soll der furchtbare Lärm? Lasst ab von der Frau."

Die Räuber, die mittlerweile gelangweilt von ihrem Opfer waren, weil es weder lukrative Beute eingebracht hatte, noch sich für eine anständige Keilerei eignete, wandten sich nun wutfreudig dem Wassergeist zu.

„Und wer bist du, dass du dich einmischt?" Noch bevor der Geist antworten konnte, stürzten sich die vier auf ihn. Mit spitzen Ästen durchbohrten sie ihn regelrecht. Aber ein Geist ist ein Geist. Wütend sprach er einen mächtigen Fluch aus, der die vier Räuber augenblicklich in Steine verwandelte, in denen sie auch heute noch gefangen sind. Die Frau dagegen war so schnell sie konnte, hinunter ins Dorf gestolpert und hat allen von ihrem Retter erzählt.

Auch heute noch kann man alle vier Jahre, immer wenn der Vollmond im November die Rickbachschlucht erhellt, beobachten, wie sich die Verfluchten aus den Steinen erheben und den Wassergeist um Gnade anrufen. Aber bis heute hat er ihnen nicht verziehen.

Tour 10

- Startpunkt
- Zwischenziele
- Parkplatz
- Haltestelle
- Zielpunkt
- Aussichtspunkt

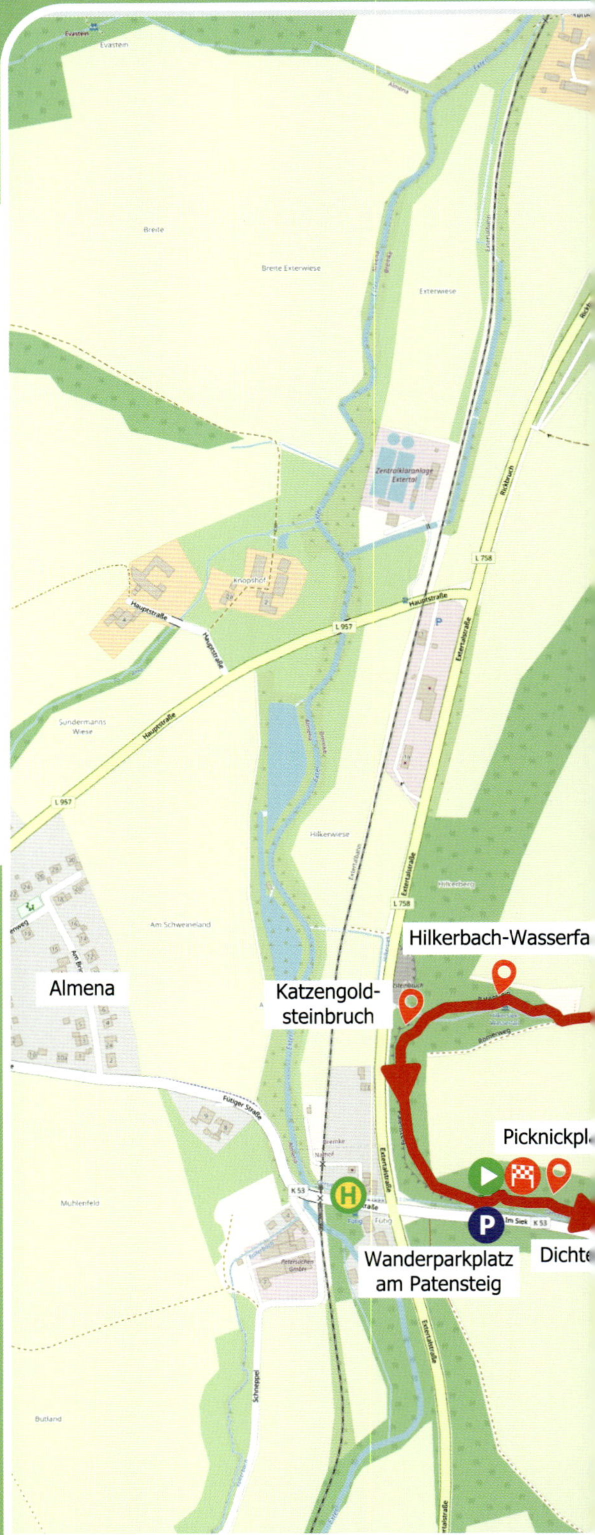

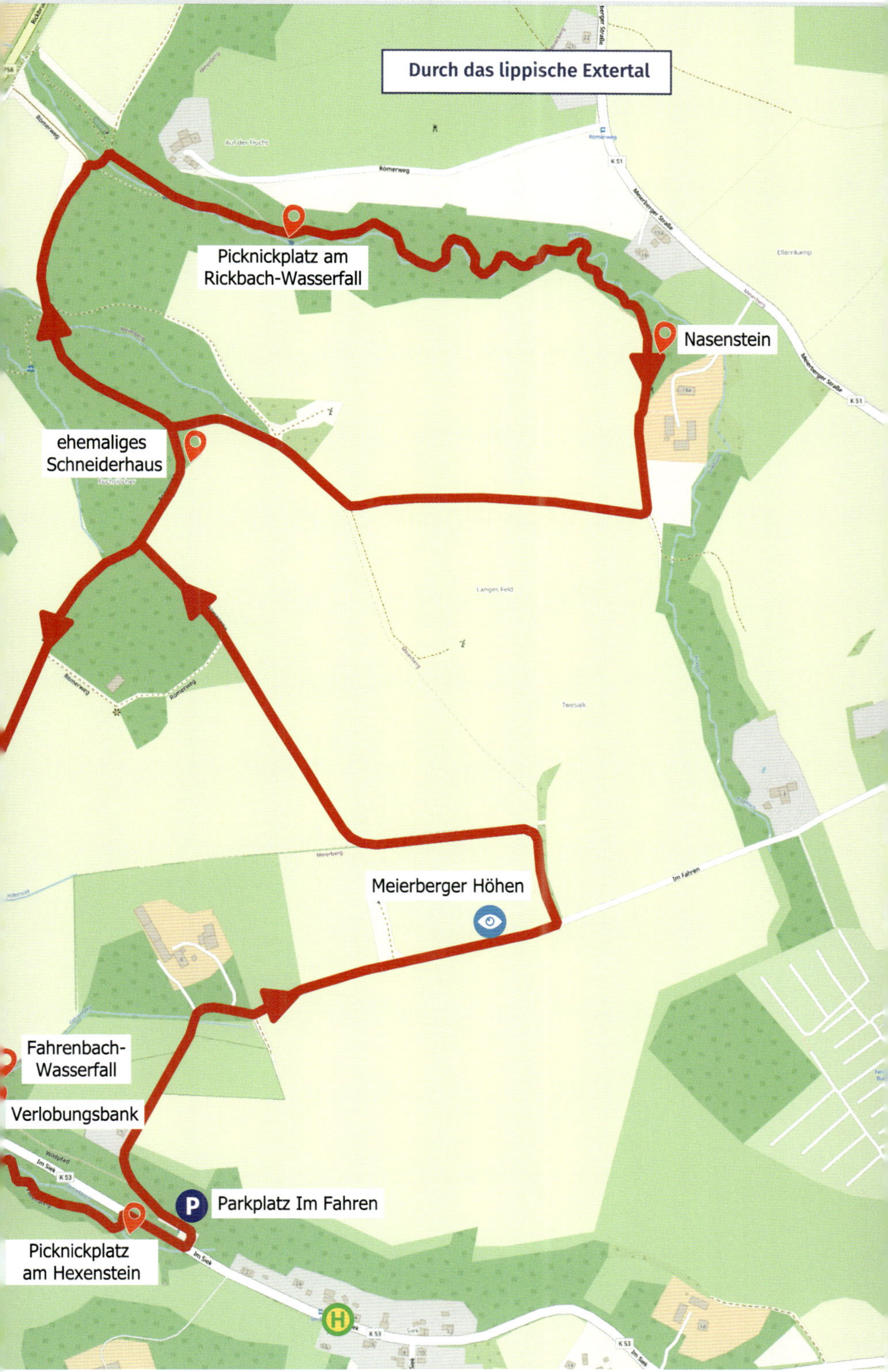

Durch das lippische Extertal
Picknickplatz am Rickbach-Wasserfall
Nasenstein
ehemaliges Schneiderhaus
Meierberger Höhen
Fahrenbach-Wasserfall
Verlobungsbank
Parkplatz Im Fahren
Picknickplatz am Hexenstein

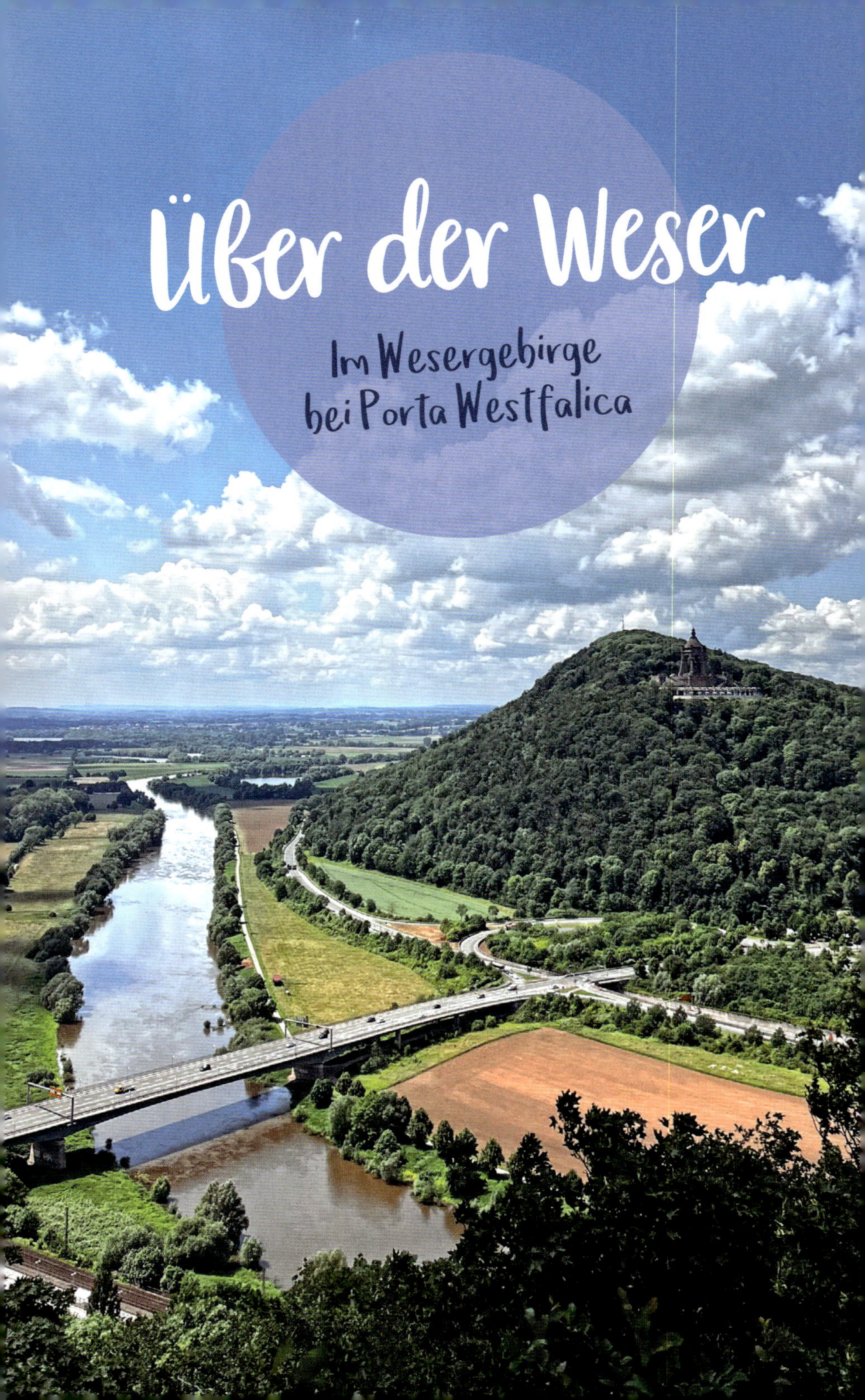
Über der Weser
Im Wesergebirge
bei Porta Westfalica

Die Westfälische Pforte, Porta Westfalica, nennt man den Ort, an dem die Weser Wiehen- und Wesergebirge voneinander trennt. Der Jakobsberg ist die erste Erhebung des Wesergebirges nach dem Weserdurchbruch. Es geht ein ums andere Mal bergauf und bergab. Etwas Kondition muss mitgebracht werden. Dafür werdet ihr mit atemberaubenden Ausblicken auf das Wesertal und auf das Wiehengebirge mit dem Kaiser-Wilhelm-Denkmal belohnt. Und fernab vom touristischen Trubel wartet ein echtes Juwel: das Naturschutzgebiet Nammer Klippen, das ihr auf schmalen, urigen Pfaden erkundet.

Tour 11

3:50 Std. | 14 km | 340 m

Start/Ziel: Wanderparkplatz „Am Leversiek", Frettholzweg, 32457 Porta Westfalica
Wegbeschaffenheit: Wald- und Schotterwege, teilweise sehr schmale Pfade auf unebenem Waldboden
Parken: Wanderparkplatz „Am Leversiek"
Anreise mit ÖPNV: Bahnhof Porta Westfalica
Besonderheiten: Wer mit der Bahn anreist, beginnt die Wanderung am Bahnhof: Gegenüber dem Bahnhofsvorplatz führen Treppenstufen hoch in den Wald. Über den Schwollmannsweg gelangt ihr zum Steinbruch und folgt von dort der Wegbeschreibung. Da ihr auf dieser Wanderung teilweise auf sehr steilen und äußerst schmalen Wegen unterwegs sein werdet, sind festes Schuhwerk und Trittsicherheit ein Muss. Wer Wanderstöcke besitzt, kann sie bei dieser Wanderung gut einsetzen.

Wegbeschreibung: Vom Wanderparkplatz „Am Levernsiek“ wandert ihr Richtung Osten direkt auf dem Königsweg in den Wald. Orientieren könnt ihr euch an den grün-blauen Schildern des „Weserbergland-Wegs“, denen ihr nun ein paar Kilometer folgen werdet. Der breite Königsweg führt euch unterhalb der Klippen des Roten Brinks zunächst gemütlich, fast Sonntagspaziergang-like bergan. Immer geradeaus kreuzt ihr den Frankfurter Weg und passiert die Infotafel zum Nammer Lager. Nach einem Kilometer folgt ihr dem Weserbergland-Weg nach rechts. Nach wenigen Schritten – und bevor ihr das Naturschutzgebiet Nammer Klippen erreicht – bietet ein Pilz Schutz und Platz für eine Brotzeit.
Eine zweite Pausenmöglichkeit erwartet euch nach einem weiteren Kilometer unterhalb eures Wegs: Korffs Quelle; ein paar Stufen führen euch runter. Zurück auf dem Weg wandert ihr weiter unterhalb der Nammer Klippen. Wenn der Weg sich gabelt, verlasst ihr den Weserbergland-Weg nach links auf einen wesentlich engeren Waldweg. Diesen

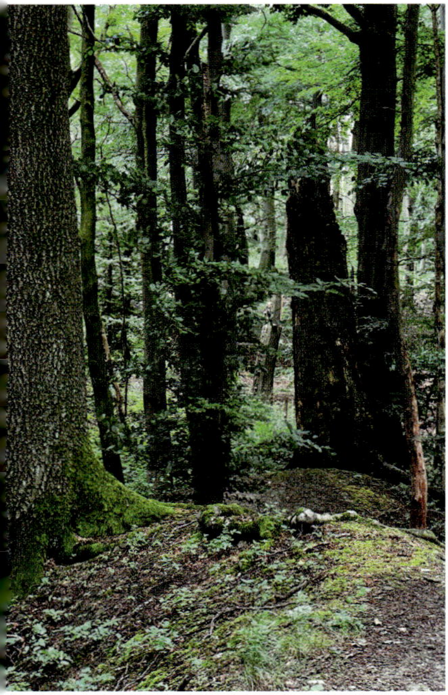

Naturschutzgebiet Nammer Klippen

Am Weg

Das Nammer Lager

Das fast 25 Hektar umfassende Gebiet des Nammer Lagers ist ein bedeutendes Bodendenkmal aus vorchristlicher Zeit. Die Fluchtburg war von zwei Wällen gut geschützt und bot den Menschen und ihren Tieren einen guten Schutz.

Am Weg

Der Lange Jakob

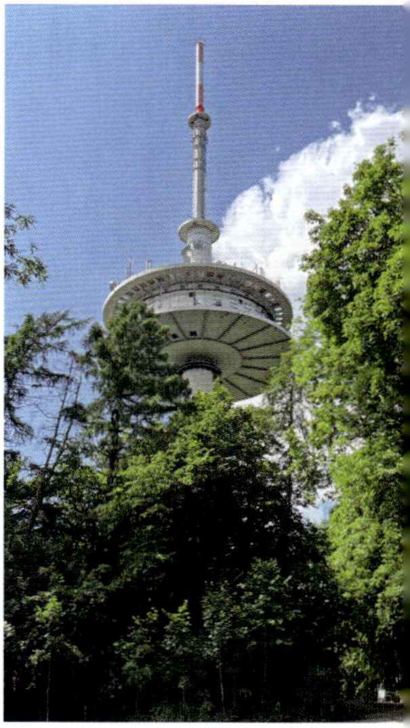

Oben auf dem Jakobsberg steht der Fernmelde- und Aussichtsturm: der 135 Meter hohe Lange Jakob. Er hat eine überdachte Aussichtsplattform in 23 Metern Höhe von der aus man ein 360-Grad-Panorama genießen kann. Tickets für die Turmbesteigung könnt ihr am Imbiss erwerben. Vorher stand an diesem Platz ein hölzerner Aussichtsturm, der dann 1901 durch eine Bismarcksäule ersetzt wurde. 1952 musste die Säule einem Fernsehturm weichen. Der heutige Turm stammt aus dem Jahr 1979. Zwischen Turm und Kiosk befindet sich ein kleines Museum, das Bismarckzimmer, dass vom Bismarckbund gepflegt wird. Den Namen Jakob haben Berg und Fernsehturm übrigens nach einem preußischen Zöllner, der hier den Berg in einen Weinberg verwandeln wollte.

wandert ihr bis zum Ende und biegt dann links auf einen breiteren Weg ein. Nun heißt es aufpassen: Nach guten 100 Metern führt ein wirklich ganz schmaler und unmarkierter Pfad extrem steil auf die Nammer Klippen hinauf. Oben angekommen muss man erst einmal Luft holen. Aber dann folgt ein wirklich feines Abenteuer – und der schönste Abschnitt der Wanderung: der Kammpfad entlang der Abbruchkante der Nammer Klippen. Teilweise muss man hier im Frühjahr und Sommer zwischen hohen Gräsern einen Fuß vor den anderen setzen, teilweise geht es über wurzelige Wege zwischen schiefen, knorrigen Bäumen hindurch. Am höchsten Punkt, auf 266 Meter Höhe, habt ihr den Nammer Kopf erreicht. Eine Aussichtskanzel ermöglicht ein Herantreten an den Klippenrand, ein Metallgeländer hindert euch am Hinabfallen. Was für ein fantastischer Blick über das Wesertal! Dann geht es weiter den verschlungenen Klippenweg entlang, der viel zu früh endet und euch wieder steil hinabführt. Bei der nächsten Gelegenheit biegt ihr nach links ab und

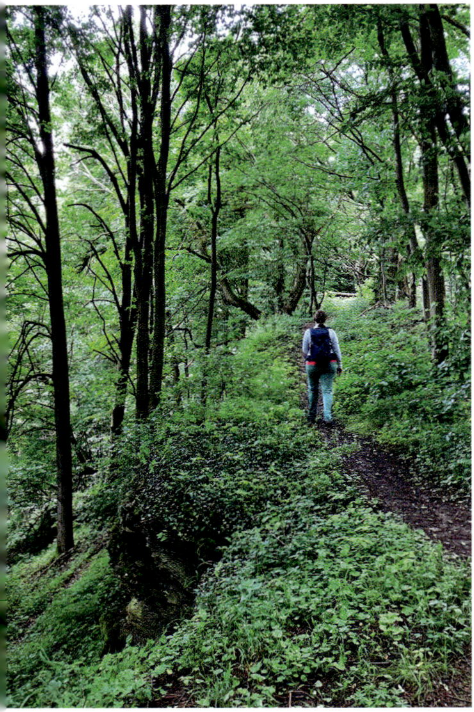

Auf dem Kammpfad Nammer Klippen

dann nach rechts zurück auf den Hauptweg, über den ihr auch gekommen seid. Nach 400 Metern gelangt ihr abermals an den Pilz, den ihr jetzt zu einer Stärkungspause nutzen solltet, denn nun kommt erstmal lange keine weitere Sitzgelegenheit.

Es geht weiter nach rechts entlang des Nammer Passes. Wenn ihr linker Hand den Zuweg zum Stollen erreicht habt, geht ihr zwei Schritte zurück. Links entlang des Zaunes führt euch ein enger Weg steil auf den Roten Brink. Wenn der Mittelweg kreuzt, wendet ihr euch nach links. Am Ende des Wegs erreicht ihr die Infotafel zum Nammer Lager, die ihr auf dem Hinweg schon passiert habt. Leichten Fußes geht es nun ein Stück des bekannten Wegs zurück. Kurz nach der Schranke, bevor

Info

Der Weserdurchbruch

Vor der Saalekaltzeit gab es noch keinen Weserdurchbruch, der Gebirgszug war geschlossen. Erst als Eismassen die Weser zum Umlenken brachten, ist die Westfälische Pforte entstanden. Laut einer Sage gibt es allerdings einen ganz anderen Grund für das geteilte Gebirge: Der Teufel höchstpersönlich wollte sich die Menschen untertan machen, als diese sich sträubten, wurde er irgendwann so wütend, dass er sich Luft machen musste. Er nahm einen riesigen Felsbrocken und schleuderte ihn so fest auf das Gebirge, dass es entzweibrach. So entstanden Wiehen- und Wesergebirge und die Weser übernahm die Formung des schönen Tals.

Am Weg

Unvollendetes Denkmal

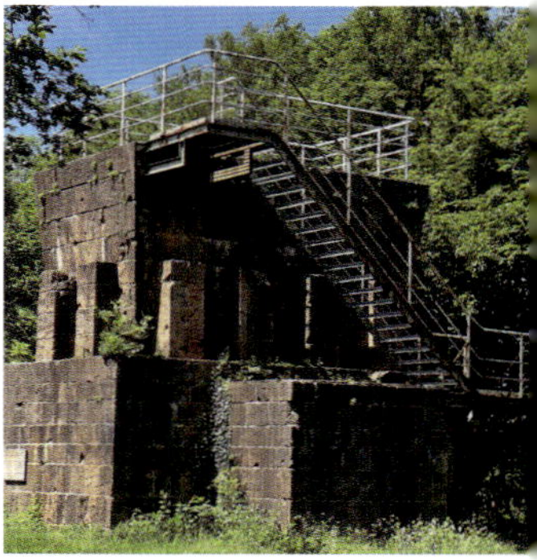

Die fast monströs wirkende Aussichtsplattform war ursprünglich der Sockel für ein von den Nationalsozialisten 1933 in Auftrag gegebenes Denkmal für den Soldaten und Freikorpskämpfer Albert Leo Schlageter. Es wurde jedoch nicht vollendet, da es zu einem Konflikt mit der Kirche kam, die sich gegen das geplante Kreuz als ein christliches Symbol an einem NS-Gedenkstein stellte – und Recht bekam. Ab 1958 wurde das nie fertiggestellte Denkmal in eine Aussichtsplattform umgebaut.

ihr wieder den Wanderparkplatz „Am Levernsiek" erreicht, biegt ihr rechts ab. Dieser kleine Weg führt euch an die Straße „Jakobsberg". Ihr überquert sie und taucht auf der anderen Seite sofort wieder in den Wald ab. Nun bleibt ihr parallel der Straße, aber im Wald und auf idyllischem Weg, und erreicht so den Fernsehturm, den Langen Jakob. Ihr überquert den Parkplatz und gelangt zum Imbiss. Und hier beginnt auch die letzte Etappe dieser Wanderroute: der Wald-Abenteuerweg. An elf Erlebnisstationen habt ihr Gelegenheit, euer Waldwissen zu schärfen. Nach etwa einem Kilometer erwartet euch nicht nur eine Schutzhütte, sondern auch ein markanter Aussichtsturm, das unvollendete Schlageter Denkmal.

Geradeaus gelangt ihr dann nach 150 Metern zur Portakanzel mit Blick auf das gegenüberliegende Wiehengebirge, wo Kaiser Wilhelm auf seinem Sockel dem grünen Blätterdach entsteigt.

Weiter geht es auf dem Wanderweg nun leicht bergab. Nachdem ihr die Treppen überwunden habt, biegt ihr nach links ab und von rechts stößt der Schwollmannsweg auf eure Route, der sich nach wenigen Metern gabelt. Geradeaus geht es zurück zum Fernsehturm. Ihr aber folgt dem Grottenweg nach rechts. Aber halt: Bevor ihr abbiegt, muss ein Abstecher gemacht werden. Im Frühjahr und Sommer kann man das Schild, das auf einen ehemaligen Stein-

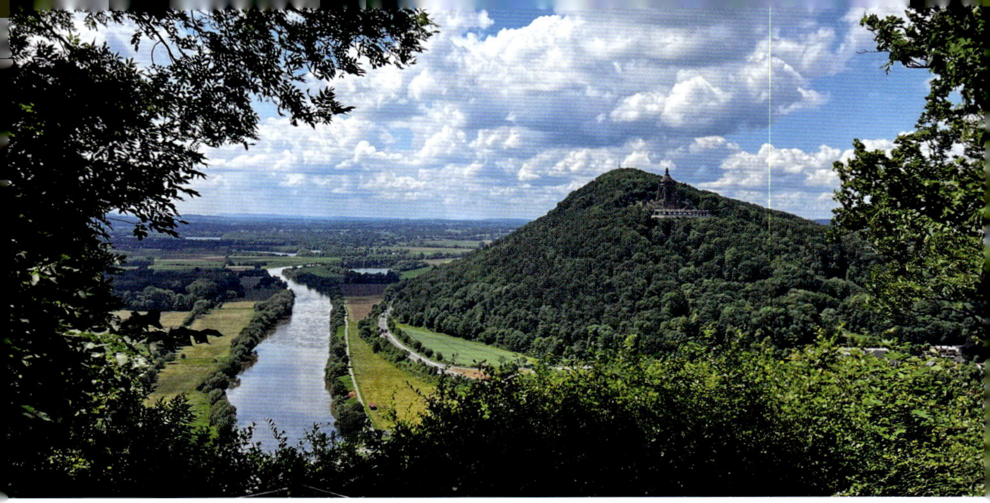

Blick von der Portakanzel auf das Kaiser-Wilhelm-Denkmal

bruch hinweist, schnell übersehen, da es sich im Blattwerk verbirgt. Aber den Steinbruch solltet ihr auf keinen Fall auslassen, denn er ist wirklich beeindruckend. Am besten ihr lauft einmal quer durch. Zurück auf dem Weg geht ihr die paar Schritte zurück, um anschließend über den Grottenweg zurück zum Parkplatz zu gelangen. Der

Am Weg

Ein dunkles Kapitel

Auch im Gebirge rund um Porta Westfalica gab es gegen Ende des Zweiten Weltkriegs Untertageverlagerungen von Fabriken, in denen Zwangsarbeiter unter unmenschlichen Bedingungen schuften mussten. Noch schlimmer müssen die Lager gewesen sein, in denen die Menschen zusammengepfercht, eingeschlossen und misshandelt wurden; eines ist der ehemalige Festsaal des Hotels Kaiserhof am Fuße des Wittekindbergs (unterhalb des Kaiser-Denkmals und heute eine Ruine); das andere, ein Frauenlager, befand sich unterhalb des heutigen Wanderparkplatzes am Frettholzweg. Die Gefangenen waren hauptsächlich Juden aus dem KZ Neuengamme. Weitere Information und Aufklärungsarbeit zu diesem entsetzlichen Kapitel sowie Führungen in den ehemaligen Bunkeranlagen bietet die KZ-Gedenk- und Dokumentationsstätte Porta Westfalica e. V., Kempstr. 1, 32457 Porta Westfalica, www.gedenkstaette-porta.de

Am Weg

Kaiser-Wilhelm-Denkmal

Von der Kanzel auf dem Jakobsberg ist er der Blickfang: das monumentale Denkmal von Kaiser Wilhelm I. (1797–1888). Schon von Weitem sichtbar thront der Kaiser über den Baumkronen am Wittekindsberg und blickt grüßend auf das Wesertal. Das insgesamt 88 Meter hohe Denkmal wurde 1896 eingeweiht. 2018 wurde die Ringterrasse nach historischem Vorbild neu aufgebaut. Hier befindet sich das Besucherzentrum des Landschaftsverbandes Westfalen-Lippe und ein Panoramarestaurant.

Grottenweg ist ein schöner Hangweg, der euch auch noch ein Highlight beschert: eine beeindruckend tiefe Felsspalte. Weiter verläuft die Route aber sehr gemütlich, auch wenn es rechts neben euch ebenfalls beeindruckend tief ins Tal geht. Eine schöne Picknickmöglichkeit erwartet euch auch noch. Nach insgesamt zwei Kilometern auf dem Grottenweg gelangt ihr an die Straße „Jakobsberg“ und seid dann auf der anderen Seite wieder am Parkplatz angelangt.

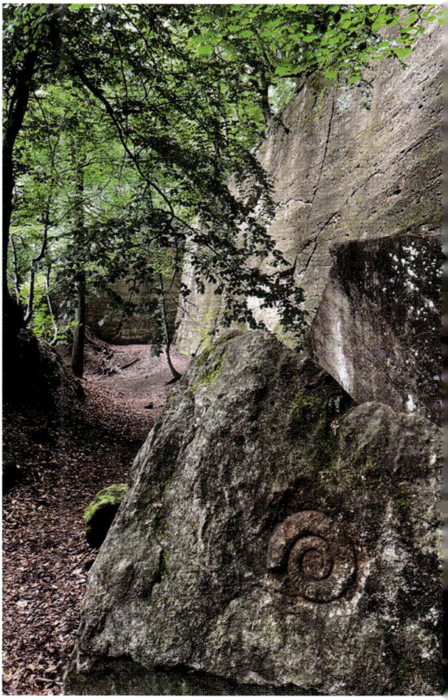

Steinbruch am Jakobsberg

Gastronomie

Kiosk am Fernsehturm, Jakobsberg 1, 32457 Porta Westfalica, www.bismarckbund-porta.de

Rucksackverpflegung ist empfehlenswert.

Die gefangene Prinzessin

Zahlreiche Sagen aus dem Weser- und Wiehengebirge ranken sich um das Leben in Höhlen und unterirdischen Korridoren. Die Eingänge der Höhlen werden entweder von Zwergen bewacht oder sie lassen sich nur durch eine besondere Blume öffnen, die sich alle Hundert Jahre einmal zeigt. Meist geht es um dort gebunkerte Schätze oder um frühere Herrscher, die im Berg auf einen Zeitpunkt für ihre Rückkehr warten. Auch der Sachsenherzog Wittekind soll sich noch im Wiehengebirge tief unter seiner Burg, der Babilonie, aufhalten. Was aber kaum noch jemand weiß: Unterhalb des Jakobsberges befindet sich ein ganzes Königreich, aus dem eine kleine Gestalt verzweifelt versucht, zu entkommen.

Es war einmal eine Zeit, da befand sich auf dem Jakobsberg bei Porta Westfalica ein prächtiges Schloss, in dem ein König mit seinen zwei Töchtern lebte. Gegenüber auf dem Wittekindsberg stand ebenfalls ein Palast. Er war das Zuhause einer Fee. Man lebte in guter Nachbarschaft und besuchte sich gern, spielte Spiele oder fuhr gemeinsam auf der Weser auf und ab. So gingen die Jahre ins Land, bis die Fee mit Argwohn beobachtete, dass besonders eine der beiden Schwestern sich auffällig entwickelte. Die ältere nämlich, wurde von Tag zu Tag schöner. Die Fee empfand bald nichts als Neid auf das Mädchen, dass sich gar nicht erklären konnte, warum die einst so fröhliche und freundliche Nachbarin sie nicht mehr mochte. Als die Prinzessin ins heiratsfähige Alter kam, hatte sich die Kunde von ihrer außergewöhnlichen Schönheit im ganzen Land herumgesprochen. Junge Mädchen aus den umliegenden Dörfern wollten so sein wie sie, trugen ihre Haare im selben Stil und versuchten, ihre anmutigen Gesten nachzuahmen. Die Fee in ihrem Schloss auf dem Wittekindsberg kochte vor Wut. Eines Tages stampfte sie mit ihrem zarten Fuß auf und verwünschte die älteste Prinzessin. Da geschah etwas Schreckliches: Das prächtige Schloss mit der Königsfamilie und allen Bediensteten versank im Jakobsberg. Es dauerte nicht

lange, da verstarben alle bis auf die älteste Königstochter, die nun unter der Erde ganz allein ihr Dasein fristete.
Alle Hundert Jahre ist es ihr möglich, ihr unterirdisches Gefängnis zu verlassen und um Erlösung zu bitten. Als sich wieder einmal das Tor zu unserer Welt öffnete, da überquerte gerade ein Bauer um Mitternacht den Jakobsberg, um von Lerbeck nach Lohfeld zu kommen. Er erschrak furchtbar, als er eine weiße Gestalt auf sich zukommen sah. Voller Angst, aber auch gebannt, blieb er stehen. Als er erkannte, dass die zarte Gestalt weinte, fasste er sich ein Herz und sprach sie an. Die weiße Frau sprach mit leiser Stimme und bat, sie doch bitte zu erlösen. Dafür sollte er auch gar nicht viel tun. Nur dies: „Komm in der dritten Nacht ins Levernsiektal. Da warte und schweige zu allem. Egal was passieren wird und ganz gleich, was du gefragt wirst. Du wirst es nicht bereuen und reich belohnt werden." Der Bauer war von der Schönheit der Gestalt derart geblendet, dass er gar nichts erwidern konnte. Er konnte nur immer wieder mit dem Kopf nicken. Die Prinzessin versuchte ein Lächeln und versprach ihm, ihn an all ihren Gütern zu beteiligen. Und außerdem würde er sofort drei Ballen Leinen am Kreuzweg finden, eine Belohnung vorab. Doch am nächsten Morgen war dem Bauern angst und bange. Er war außerstande, sich aus dem Haus zu bewegen. Dabei hätte die Prinzessin sicher ihr Versprechen gehalten und der Bauer wäre ein reicher Mann geworden, hätte er nur sein Wort gehalten. Am Kreuzweg nämlich hatte man drei Ballen Leinen entdeckt. Das war das Letzte, was man von der Prinzessin gesehen hatte. Solange aber die Prinzessin nicht von einem Wanderer erlöst wird, wird sie weiter ruhelos alle einhundert Jahre durch das Tor schreiten und traurig im Morgengrauen wieder zurückkehren müssen. Und die Fee, was ist aus ihr geworden? Auch die Fee und mit ihr das Schloss auf dem Wittekindsberg verschwanden, kurz nachdem sie ihr böses Werk verrichtet hatte. Wo sie hin ist, bleibt unbekannt, aber man munkelt, dass ein mächtiger Gott sie geholt hat und sie fortan und für immer für ihre frevelhafte Tat büßen muss.

Tour 11

Startpunkt

Zwischenziele

Parkplatz

Haltestelle

Zielpunkt

Gastronomie

Aussichtspunkt

Naturerlebnis

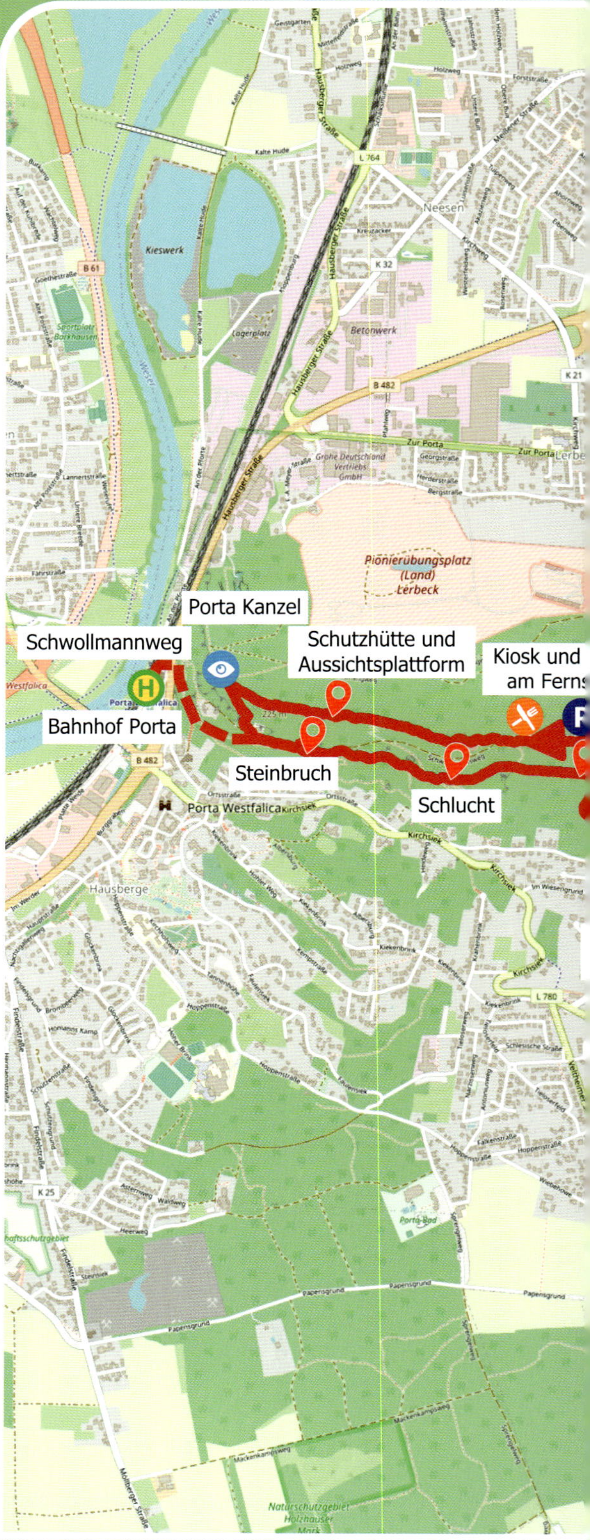

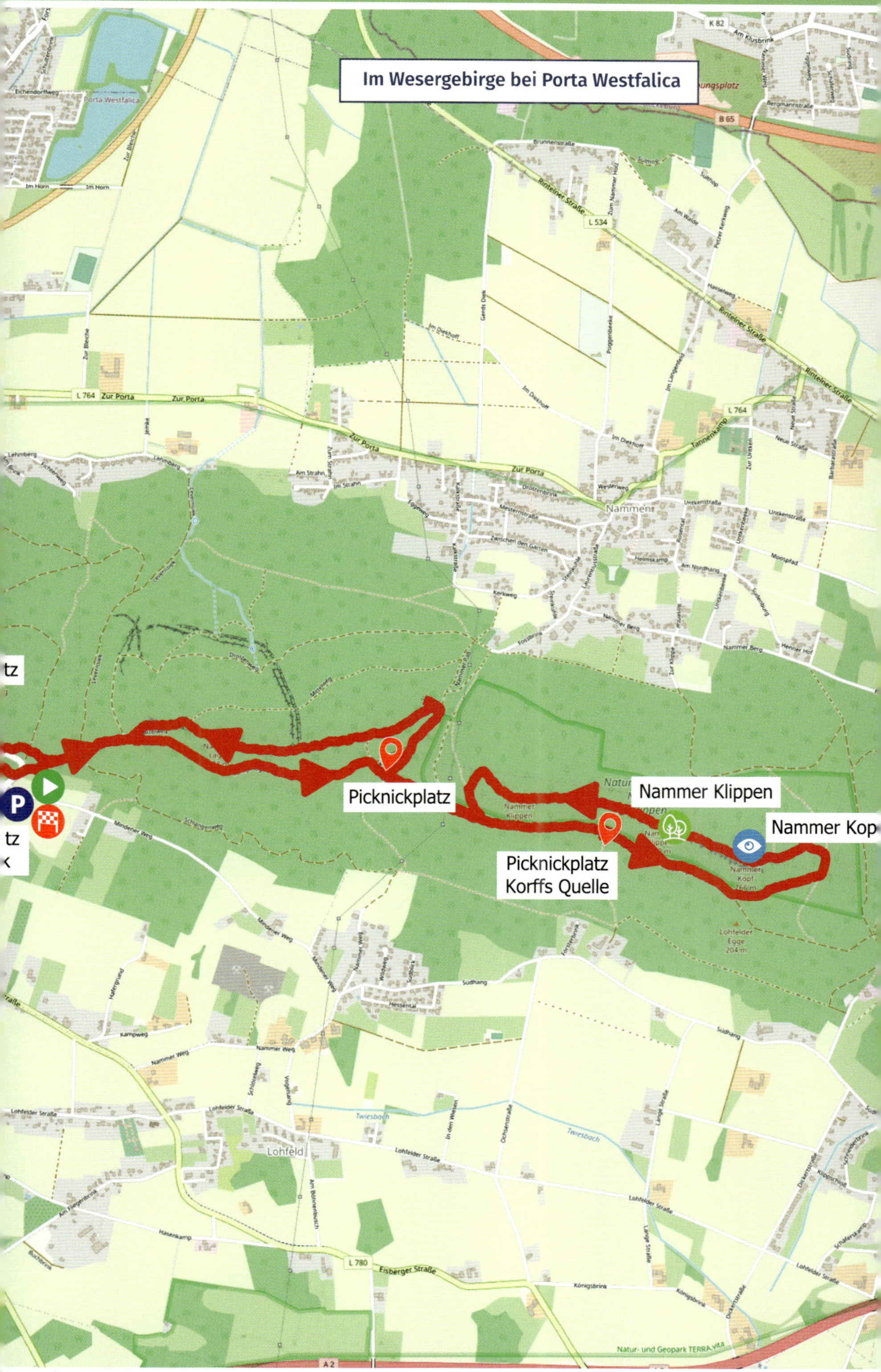
Im Wesergebirge bei Porta Westfalica
Picknickplatz
Nammer Klippen
Nammer Kop
Picknickplatz
Korffs Quelle
tz
tz
Nammen
Lohfeld

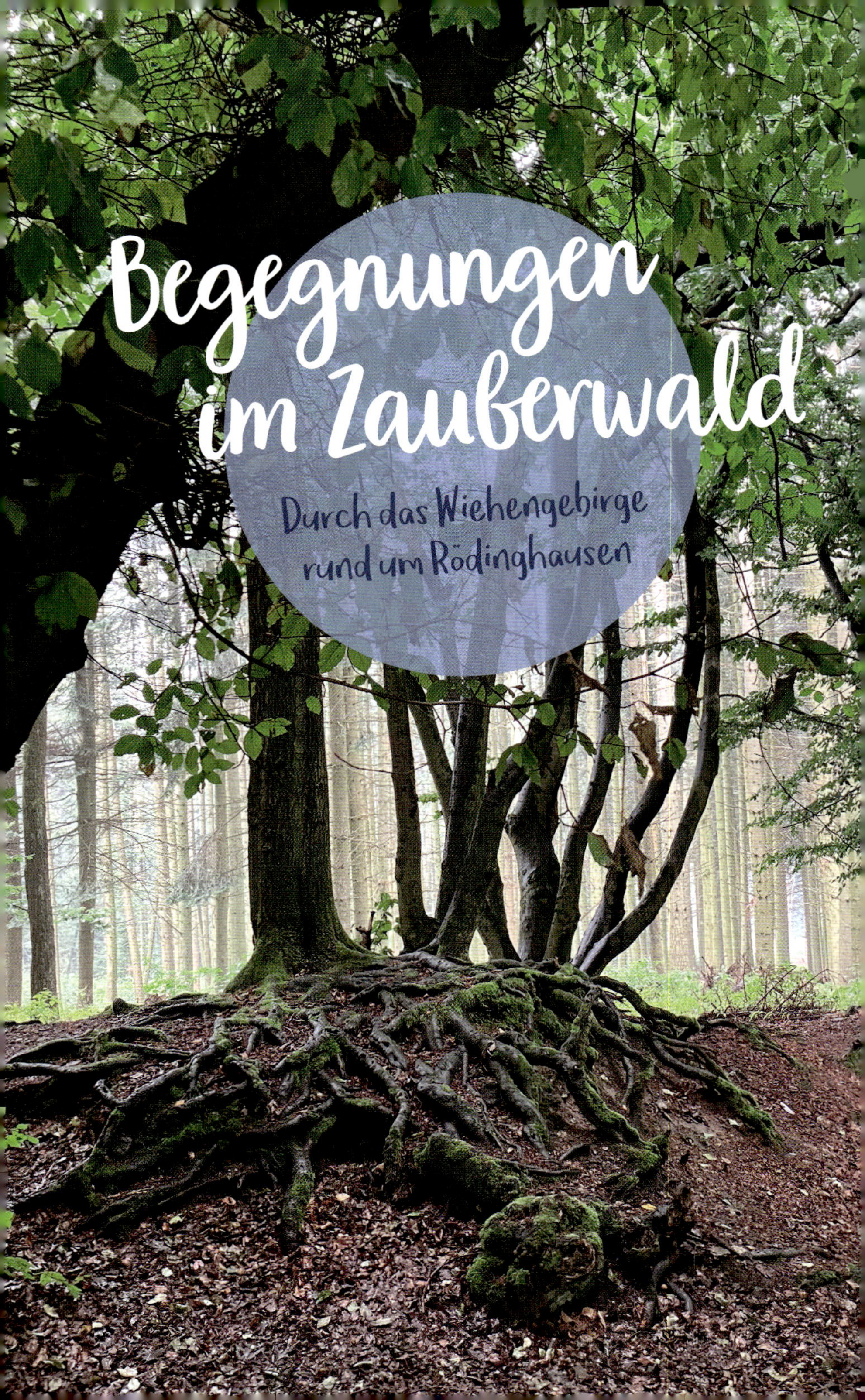
Begegnungen im Zauberwald
Durch das Wiehengebirge rund um Rödinghausen

Tief im Wiehengebirge bei Rödinghausen im Kreis Herford begebt ihr euch auf eine abenteuerliche Reise. Auf dieser acht Kilometer langen Waldwanderung durch das Naturschutzgebiet Gehle trefft ihr auf Wünschelwichtel, Kieselkobolde, einen Knabberknaus und einige andere hier heimische Waldbewohner. Die reine Gehzeit dieser Wanderung beträgt nur knapp 2,5 Stunden. Da ihr aber auf Schritt und Tritt von kleinen Kobolden und Geistern überrascht werdet, die euch einladen, vom Weg abzukommen, plant ihr besser das Doppelte an Zeit ein, besonders, wenn ihr mit Kindern unterwegs seid.

Tour 12

2:50 Std. | 7,8 km | 180 m

Start/Ziel: Infotafel Natur- und Geopark Terravita an der Ecke Zum Nonnenstein/In der Gehle, 32289 Rödinghausen
Wegbeschaffenheit: Wald- und Schotterwege, teilweise Asphalt
Parken: Wanderparkplatz Friedhof Rödinghausen, Zum Nonnenstein, 32289 Rödinghausen
Anreise mit ÖPNV: Bushaltestelle Rödinghausen/Amt
Besonderheiten: Die Haltestelle Rödinghausen/Amt wird nur nach Voranmeldung von einem Taxi-Bus bzw. Kleinbus angefahren. Infos unter https://teutoowl.de/

Wegbeschreibung: Vom Parkplatz aus folgt ihr der Straße „Zum Nonnenstein" in nördliche Richtung, bis euch die Infotafel des Natur- und Geoparks Terravita nach rechts in das Sträßchen „In der Gehle" und damit hinauf in den Wald führt. Ihr befindet euch nun auf dem Wanderweg A1/A2.
Durch den leichten Anstieg schön aufgewärmt bekommt ihr schon nach etwa 500 Metern Gelegenheit zu verschnaufen: Ein in den Berg hineingebauter Schrank macht neugierig. Was mag sich darin wohl verbergen? Das Öffnen der Türen ist ausdrücklich erwünscht, auch wenn der Schrank von einigen Kobolden bewacht wird, die in der mächtigen Baumwurzel über ihm wohnen. Im Inneren offenbart sich ein Blick in die unterschiedlichen Schichten der Erdgeschichte. Bevor es weitergeht, dürfen alle Wanderer sich aus einem Eimer einen Wunderkiesel mitnehmen. Vielleicht hilft der, einen Herzenswunsch zu erfüllen?
Weiter geht es bergauf. An der nächsten Kreuzung biegt ihr rechts und sofort danach wieder links ab. An der folgenden Gabelung trefft ihr auf den Wittekindsweg; hier trennen sich A1 und A2. Ihr wendet euch nach links und folgt der Markierung A2. Weiter geht es etwa

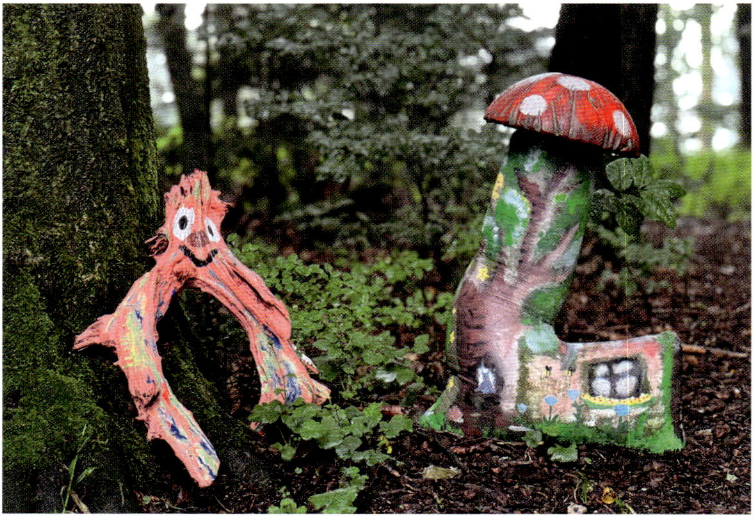

Bunte Waldgeister am Wegesrand

Am Weg

Grenzsteine

Im 19. Jahrhundert markierten Grenzsteine aus Sandstein die Hoheitsgrenze zwischen den beiden Königreichen Preußen und Hannover. 590 solcher Steine wurden 1837 auf der 200 Kilometer langen Strecke zwischen Wiedensahl und Bad Laer aufgestellt. Noch gut erkennbar zeigt dieser Stein auf der Ostseite ein P und das Jahr der Aufstellung, und auf der Westseite ein H mit der Nummer des Steines: 402. Heute verläuft entlang der ehemaligen Abgrenzung der beiden Königreiche die Landesgrenze zwischen Nordrhein-Westfalen und Niedersachsen – fast auf identischer Linie.

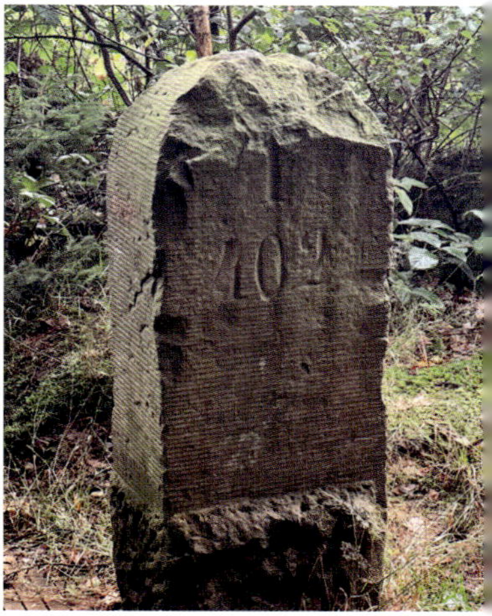

500 Meter sanft bergab dem Kamm entlang, bis ihr eine Bank erreicht, die oben auf einem Podest thront. Hinter ihr führen ein paar Stufen zu einem alten Grenzstein.

Ihr verlasst nun kurz Ostwestfalen-Lippe und geht auf Stippvisite ins niedersächsische Melle. Und auch hier beäugen und begleiten euch kleine Waldgeister. An der nächsten Wegzweigung biegt ihr links und kurz danach zweimal rechts ab. An der dann folgenden Gabelung verlasst ihr den Wittekindsweg und folgt dem A2 weiter nach rechts, bis dieser nach links in einen recht schmalen Patt abbiegt. Hier müsst ihr gut auf die Schilder achten: Zuerst nach rechts und gleich darauf geht es nach links. Dann folgt ihr einer langen Treppe nach unten. Der Drücke-Mühlenbach verrät sich durch immer lauter werdendes Plätschern. Sein Wasser fällt in glitzernden Kaskaden am Gestein hinab und mündet in den Grünen See, den ihr nun in wenigen Schritten erreicht. Über weitere Treppenstufen, diesmal hinauf, setzt ihr euren Weg fort. Wer nun etwas Hunger oder Durst verspürt, hat von den Treppen aus Zugang zur „Seehüt-

Am Weg

Der Grüne See

Der kleine See macht seinem Namen alle Ehre: tiefgrün, fast schon Türkis funkelt er wie ein wertvoller Smaragd. Aber woher kommt seine außergewöhnlich intensive Farbe? Zwischen 1917 bis 1936 betrieb der Landkreis Osnabrück dort, wo heute der See für Idylle sorgt, einen Steinbruch, in dem schieferartiges Gestein für den Straßenbau und Bruchsteine für Gebäude gewonnen wurden. Der Abbau musste dann wegen zu starken Zuflusses von Grundwasser eingestellt werden. Der Grund für das intensive Grün des Sees ist das Zusammenspiel aus seiner Tiefe und dem sich im Wasser spiegelnden Blattgrün der umgebenen Bäume.

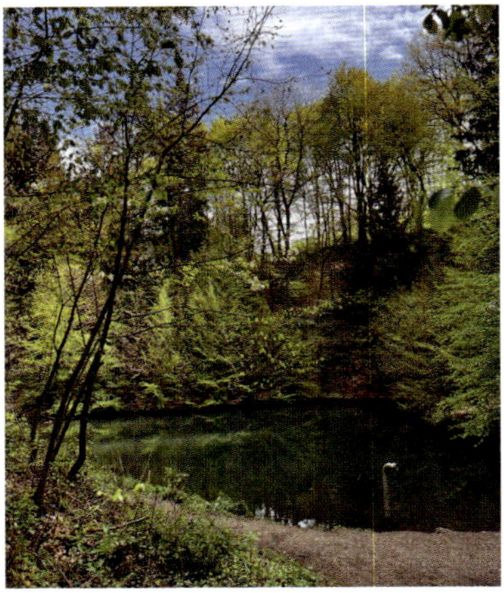

te". Wer ein lecker Bütterken im Rucksack trägt, sollte noch etwas weiterlaufen, denn ein schöner Rastplatz folgt in 2,5 Kilometern.
Der A2 schlängelt sich als schmaler Waldweg den Berg hinauf, bis ihr auf die Kellenbergstraße stoßt, der ihr etwa 250 Meter folgt. Dann wandert ihr nach rechts über breite Forstwege bis an die Straße „In der Gehle". Hier überquert ihr abermals die Landesgrenze, die man hier aber gar nicht wahrnimmt, und schon seid ihr wieder in Ostwestfalen-Lippe. Ihr folgt nun der Straße in den Wald hinein, vorbei an dem Mennonitischen Ferienheim und der Berghütte Rödinghausen, einem kirchlichen Freizeitheim, bis ihr schon von Weitem eine Schutzhütte erspäht, vor der zwei rosafarbene „Schweinhörner" neugierig machen. Rund um die Schutzhütte gibt es noch mehr zu entdecken, wie zum Beispiel den Schuhbaum. Auch ein Wanderbuch liegt aus, in das ihr eure Eindrücke verewigen könnt.
Ihr verlasst nun den A2, der hinter der Hütte in einem schmalen

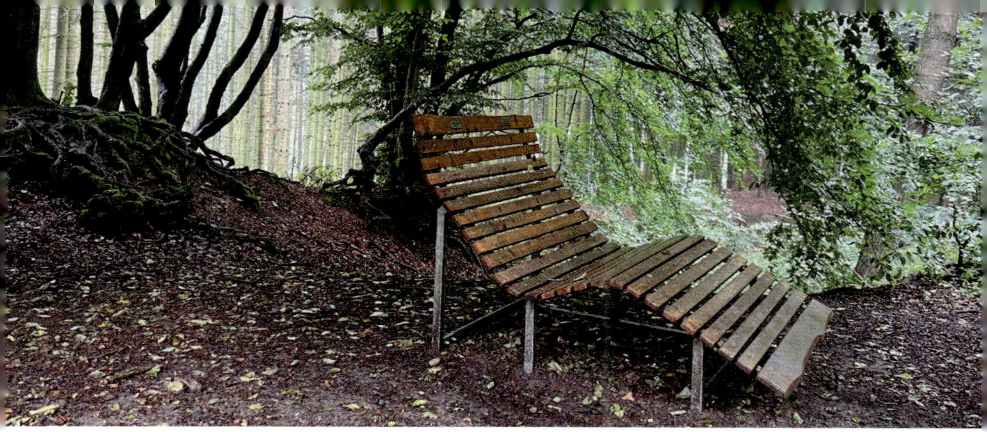

Waldsofa am Nonnenstein

Pfad weiterläuft und folgt dem breiteren A1 beziehungsweise nun auch wieder dem Wittekindsweg nach links. Es dauert nicht lange, dann überraschen euch wieder einige magische Waldbewohner. Bei dieser Wanderung muss man wirklich mit offenen Augen durch den Wald wandern! Und dann lassen euch mal keine Wichtel oder Kobolde innehalten, sondern eine imposante Steilwand. In den gut erkennbaren unterschiedlichen Gesteinsschichten finden sich Ablagerungen, die im Urmeer vor rund 165 Millionen Jahren entstanden sind. Wer genau hinschaut, kann vielleicht sogar ein paar ehemalige Bewohner entdecken.
Ein paar Schritte weiter bietet sich euch ein wunderschönes Panorama über Rödinghausen. Ein riesiger Bilderrahmen steht perfekt für ein Erinnerungsfoto. Je näher ihr nun dem Nonnenstein kommt, desto mehr kleine Geister tummeln sich in den Büschen.

Info

Der junge Zauberwald

So alt die Sagen vom Nonnenstein auch sind, der liebevoll angelegte Zauberwald entstand erst während des Corona-Lockdowns. Der Heimatverein Rödinghausen hatte ursprünglich zwei Routen angelegt, eine rote und eine blaue. Da die vielen „Baumgeister" entlang des Wegs aber eine stetige Pflege verlangen – und auch ständig neue dazukommen – gibt es seitdem nun nur noch die blaue Route, der die hier beschriebene Wanderung zum großen Teil folgt.

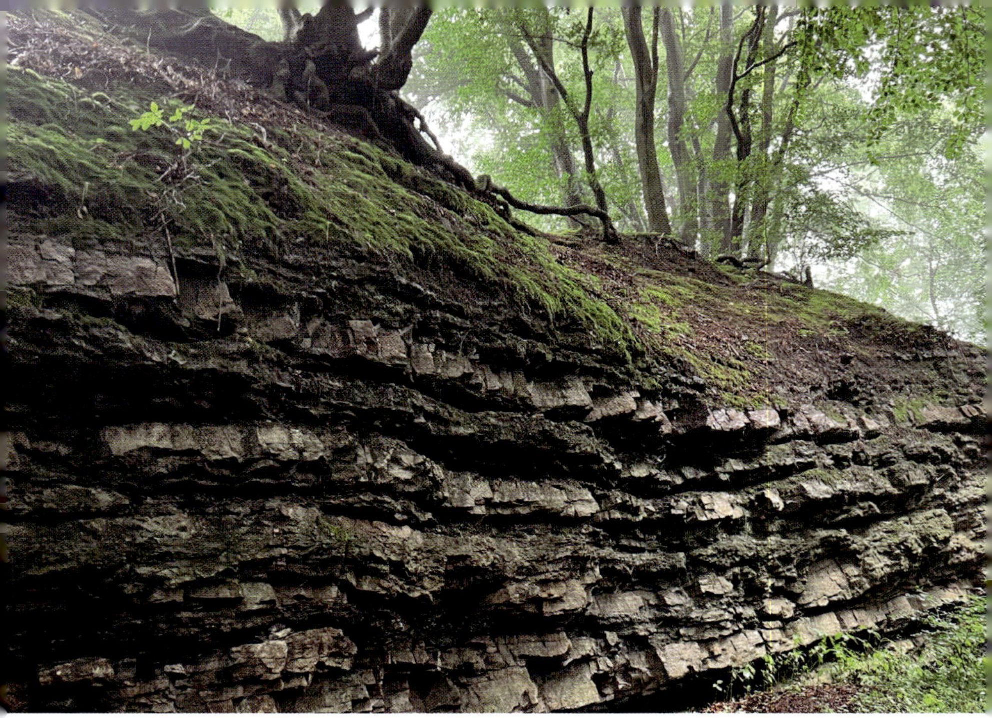

Viele Millionen Jahre alte Ablagerungen

Direkt hinter dem Nonnensteinturm folgt das Bismarck-Denkmal. Ihr folgt weiter dem A1. Auch der Wittekindsweg verläuft noch eine Weile parallel, bis euch der A1 rechts bergab führt. An der nächsten Kreuzung wendet ihr euch nach links und an der Gabelung, die fast in Wurfweite folgt, biegt ihr in einen asphaltierten Forstweg ab, den hier mitten im Wald ungewöhnlicherweise ein richtiges Straßenschild ziert: „Im Westerberg". Ganz gemütlich wandert ihr bergab und bald genießt ihr wieder einen herrlichen Panoramablick auf Rödinghausen. An der nächsten Abzweigung orientiert ihr euch geradeaus. Zum Abschluss präsentiert der Weg „Auf der Heide" noch mal einen malerischen Weitblick. Nach nicht mal einem Kilometer habt ihr die Runde geschafft. Links geht es zurück zum Parkplatz.

Gastronomie

Seehütte am Grünen See, Kellenbergstraße 18, 49328 Melle, Tel. 0179/69520266

Gasthof zum Nonnenstein, Kapellenstraße 3, 32289 Rödinghausen, Tel. 05746/8112, www.nonnenstein.de

Am Weg

Nonnenstein und Bismarck-Denkmal

Der Nonnenstein ist mit 273 Meter die höchste Erhebung in der Region um Rödinghausen und die zweithöchste des Wiehengebirges. An höchster Stelle steht ein Aussichtsturm, der schon seit weit über 125 Jahren Wanderer mit einem herrlichen Panoramablick belohnt, wenn sie die vielen Treppen erklommen haben. Der ursprünglich hölzerne Turm wurde 1897 durch einen neun Meter hohen „Kaiser-Wilhelm-Turm", ersetzt. Als 1968 die umgebenen Baumkronen immer höher und dichter wurden, wuchs auch der Turm. Heute kann man aus 14 Metern von der Aussichtsplattform das Panorama genießen und bei guter Sicht sogar das Hermannsdenkmal in südöstlicher Richtung am Horizont erkennen.

Wenige Meter hinter dem Aussichtsturm steht der Bismarckstein. Schon seit 1875 befand sich hier ein Denkmal, das aber erst nach dem Tod von Kaiser Wilhelm I. einfach in ein Bismarck-Denkmal umgemünzt wurde. Der Bismarckstein ist nicht das Original, sondern wurde in nur 27 Tagen 1911 auf Initiative von Einwohnern der Gemeinde Rödinghausen mit dem Turnverein Bünde, der auch das Original errichtet hatte, gebaut.

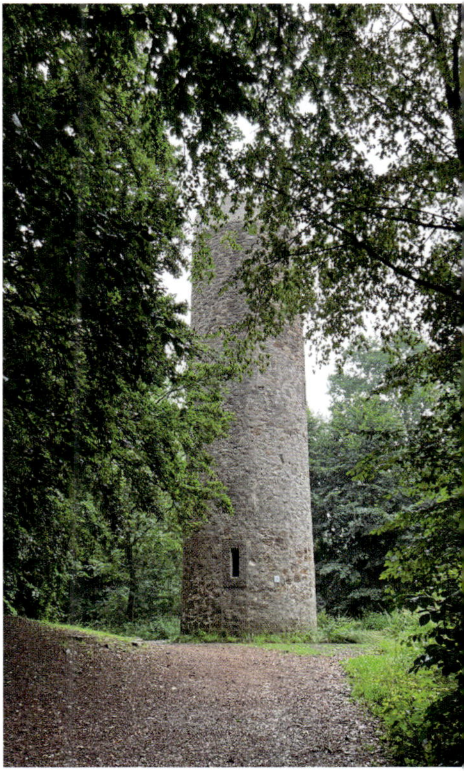

Was man sich heute kaum vorstellen kann: Vor über 100 Jahren war der Nonnenstein ein eher kahler Hügel. Aussichtsturm ebenso wie das Bismarck-Denkmal waren von weithin sichtbar. Warum dieser Ort den klangvollen Namen „Nonnenstein" trägt, erzählt die alte Sage am Ende dieses Kapitels.

Hildburgas Herz

Oben auf dem Nonnenstein, wo heute der schmale Aussichtsturm aufragt, soll einst eine Burg gestanden haben. Dort lebte der Graf von Reineck mit seiner Tochter, deren Herz auf fürchterliche Weise entzweibrechen sollte. Ihr Schmerz führte dazu, dass ein Grundstein gelegt wurde, von dem der Berg und der Turm ihren Namen haben.

Ein Graf lebte einst mit seiner Tochter in einer prächtigen Burg auf dem höchsten Berg im Wiehengebirge. Als Hildburga alt genug war, wollte der Graf sie verheiraten. Das sollte kein Problem darstellen, dachte er bei sich, schließlich war Hildburgas Schönheit und sein Reichtum im ganzen Land bekannt. Doch der Graf hatte nicht bedacht, dass seine Tochter eine ganz eigene Vorstellung von ihrer Zukunft hatte. Und so rief sie ihrem verdutzten Vater, als der ihr sein Ansinnen unterbreitete, mit leuchtenden Wangen, aber bestimmt zu: „Reichtümer sind mir egal. Und mein Herz ist bereits vergeben!“ Der Auserwählte war der Sohn des Ritters aus dem gegenüberliegenden Königreich.

„Der Limberger? Unmöglich, mein Kind!“ Der Graf war entsetzt. Sicherlich, der Limberger besaß ein gutes Aussehen, aber leider ansonsten nichts, außer einer völlig heruntergekommenen Burg. Hildburga aber dachte gar nicht daran, ihren armen Ritter aufzugeben. Ihr Herz war verschenkt, daran gab es nichts zu rütteln.

Als der Vater einsah, dass gegen das Band echter Liebe kein vernünftiges Argument stark genug sein würde, blieb ihm nur ein Ausweg. Er würde einer Vermählung nur zustimmen, wenn ihr ein ordentliches Duell vorausging. Nur einem Sieger würde er die Hand seiner einzigen Tochter überreichen. Als der Tag gekommen war, fanden sich reichlich Kontrahenten, alle in voller Rüstung auf prunkvoll geschmückten Rössern, in der Arena ein. Die Schaulustigen füllten die Ränge bis auf den letzten Platz.

Als die Sonne schon tief am Horizont stand, fanden sich die beiden letzten Reiter am jeweils anderen Ende der Arena ein. Die Fanfaren ertönten. Dann jagten sie mit den schweren Lanzen unter dem Arm aufeinander zu. Die Pferde glänzten vor Schweiß, ihre Mäuler schäumten, die Menge johlte. Der Sieger trieb sein Pferd vor die Empore, wo Hildburga mit ihrem Vater saß, und verbeugte sich tief. Als er sich erhob, schob er sein Visir nach oben und lüftete sein Antlitz. Es war der Limburger. Hildburgas Herz machte einen Sprung. Ihr Vater aber schrie mit kaum verhohlenem Zorn: „Noch hast du nicht gewonnen, du Narr! Du wirst noch mich besiegen müssen!“ Hildburgas Schreie gingen im Tumult unter, der augenblicklich auf den Tribünen ausbrach. Doch so geschah es. Graf und Ritter standen sich gegenüber, jeder entschlossen, den anderen zu besiegen. Diesmal bliesen keine Fanfaren, ein kurzes nervöses Tänzeln der mächtigen Streitrosse, dann durchbrach das Donnern der Hufe die Stille. Es war ein kurzes Duell. Beide Männer starben, indem sie jeweils ihre Lanze durch den Körper des andern bohrten. Im selben Augenblick sank mit ihnen die wahre Verliererin zu Boden. Hildburga, wandte sich voller Trauer fortan vom irdischen Leben ab. Sie wurde Nonne und befahl, aus der Burg ihres Vaters ein Kloster zu bauen. Hildburga war nicht nur äußerlich mit Schönheit gesegnet, auch ihre Seele war voller Güte und Mitgefühl. Und so war sie als Äbtissin ihres Klosters beliebt und geachtet. Es dauerte nicht lange, da blühte der Konvent auf, denn ihre Güte übertrug sich auch auf die anderen Nonnen. Die ehemalige Burg wurde zu einem Ort der Hoffnung.

Mit dem Tod Hildburgas kam eine neue Äbtissin. Sie war machtgierig und besaß ein Herz aus Stein. Auch ihr Verhalten färbte auf die anderen Nonnen ab. Immer unbeliebter wurde das Kloster bei der Bevölkerung. Als es dann im ganzen Land zu Missernten kam und die Menschen in Rödinghausen hungerten, während die Kornkammern und Kochtöpfe der Nonnen weiterhin gut gefüllt blieben, stürmten die Rödinghausener die Klostermauern. Sie vertrieben in ihrer Verzweiflung die Nonnen und zerschlugen das Kloster, bis es in Schutt und Asche lag. Nur den Grundstein, von dem der Berg seinen Namen hat, den konnte keiner bewegen. Er liegt noch immer da und dreht sich immer um Mitternacht einmal um.

Tour 12

Startpunkt

Zwischenziele

Parkplatz

Haltestelle

Zielpunkt

Gastronomie

Aussichtspunkt

Naturerlebnis

Familienfreundlich

Sehenswürdigkeit

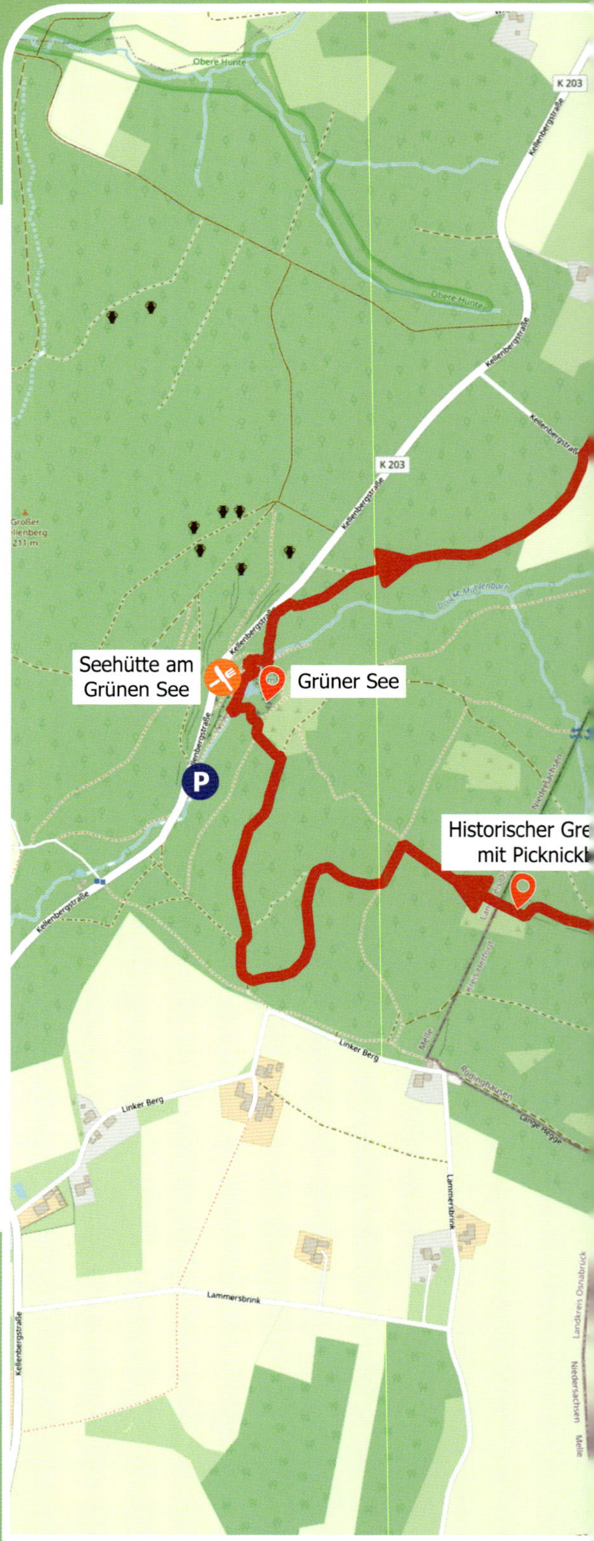